# Ser+ em Gestão do Tempo e Produtividade

**Capa e Projeto Gráfico:**
Danilo Scarpa

**Diagramação:**
Tiago Silva

**Revisão:**
Felipe Lima
Karina Cedeño

**Gerente de Projeto:**
Gleide Santos

**Diretora de Operações:**
Alessandra Ksenhuck

**Diretora Executiva:**
Julyana Rosa

**Relacionamento com o cliente:**
Claudia Pires

**Impressão:**
Imprensa da Fé

**Dados Internacionais de Catalogação na Publicação (CIP)**
**(Câmara Brasileira do Livro, SP, BRASIL)**

---

Ser+ em Gestão do Tempo e Produtividade – Estratégias e ferramentas para atingir a excelência no dia a dia / Coordenação editorial: Márcia Rizzi e Mauricio Sita – São Paulo: Editora Ser Mais, 2011.

Bibliografia.
ISBN 978-85-63178-18-3

1. Administração do tempo. 2- Sucesso em negócios.

CDD-650.1

---

**Índices para catálogo sistemático:**

1. Administração do tempo. 2- Sucesso em negócios.

Editora Ser Mais Ltda
av. Rangel Pestana, 1105, 3º andar – Brás – São Paulo, SP – CEP 03001-000
Fone/fax: (0**11) 2659-0968
Site: www.editorasermais.com.br e-mail: contato@revistasermais.com.br

# Índice

## Apresentação

*"Falta de tempo é desculpa daqueles que perdem tempo por falta de métodos!".*

Albert Einstein

Com certeza você já ouviu os clichês: "O tempo é o único bem não renovável e, o dia passa voando. As semanas estão cada vez mais curtas. Mal começa e já chega a sexta-feira."

"Natal? Como assim? O ano mal começou!"

Percebeu como nossas reclamações, com relação à insistência do tempo passar rapidamente, estão cada vez mais comuns e frequentes?

Bem, com certeza você encontrará neste livro lições preciosas para administrar melhor o seu tempo, ganhando em eficácia e em produtividade.

Concluirá com sua leitura que administração do tempo tem a ver com qualidade de vida. Há os estressados por que não arrumam tempo para nada, e os que não arrumam tempo por que estão estressados. A vida fica em total desequlíbrio, com impactos no rendimento profissional e na qualidade de vida como um todo, inclusive na pessoal e familiar.

Quando a Márcia Rizzi falou-me sobre as reações espetaculares das pessoas que participam dos seus cursos de gestão do tempo e produtividade, de imediato surgiu a ideia de criarmos este livro. Como ela é pesquisadora e estudiosa do tema e já contribuiu para a transformação de milhares de pessoas, convidei-a para "parceirar" comigo na coordenação editorial. Sua contribuição foi extraordinária.

Esta obra com certeza mostra os caminhos para se atingir um melhor equilíbrio e qualidade de vida.

Os livros da nossa coleção têm mais uma característica criativa e inovadora. Eles não terminam na última página. Por meio do *site* *www.revistasermais.com.br* é possível manter-se atualizado, uma vez que todos os coautores têm sua página e darão continuidade ao tema. Você poderá interagir com todos e tirar suas dúvidas.

Além da Márcia Rizzi, aproveito para agradecer também a todos os coautores por nos transmitirem seus conhecimentos. Quem seguir apenas algumas das muitas orientações, produzirá importantes mudanças na sua vida. Para melhor.

Boa leitura!

**Mauricio Sita**
**Coordenador da Coleção Ser+**
**Presidente da Editora Ser Mais**

**Ser + em Gestão do Tempo e Produtividade**

# 1

# Como manter as mesmas oito horas diárias de trabalho e aumentar a sua produtividade?



Preparei esse artigo com cinco dicas valiosas para aumentar sua produtividade mantendo suas oito horas diárias de trabalho. Essas dicas revelam alguns dos segredos de grandes profissionais de sucesso do mundo empresarial e com certeza vão agregar muito valor à sua vida

**Adriana Albuquerque**

As pessoas atualmente reclamam da falta de tempo! Muitas falam que o dia deveria ter 48h e que ainda assim faltaria tempo para se fazer tudo o que é necessário.

Talvez você se sinta como a maior parte dessas pessoas, achando que de fato o tempo é curto para fazer tudo o que precisa e deve ser feito.

Provavelmente no final de mais um dia de trabalho perceba que a sua produtividade foi baixa e precisaria ter feito muito mais para dar conta das inúmeras pendências que possui. Talvez isso te gere um sentimento de frustração e impotência, e você fique ansioso, almejando uma solução para esse problema que parece não ter fim.

Sabemos que a maior característica do mundo atual é a velocidade com que as mudanças acontecem e, por isso, trabalhar com foco em produtividade é fundamental.

Todos os dias empresas cortam centenas de pessoas do seu quadro de funcionários e mantêm aqueles que "herdam" a tarefa de dobrar a sua produtividade, pois além de suas atividades rotineiras eles precisam se responsabilizar pelas atividades dos que foram demitidos.

A famosa frase: "Todos possuímos as mesmas 24h" continua sendo falada por consultores de diversas áreas, pois sabemos que não é o tempo em si que conta, mas como o gerimos, ainda mais quando nos damos conta do número de papéis que exercemos em nossa vida. Só na minha vida profissional exerço os papéis de: palestrante, instrutora de cursos e seminários, coordenadora de projetos de capacitação, professora de pós-graduação, escritora, *coach* e empresária, ufa! E você, quais exerce? Liste-os para facilitar a sua compreensão de como gerir o seu tempo com maior efetividade e dar a cada papel a sua devida parcela de atenção.



Para apoiar você na realização de atividades e no alcance de suas metas, preparei esse artigo com cinco dicas valiosas de como aumentar sua produtividade continuando com suas oito horas diárias de trabalho. Essas dicas revelam alguns dos segredos de grandes profissionais de sucesso do mundo empresarial e com certeza vão agregar muito valor à sua vida.

### A primeira dica é: trabalhar com blocos de atividades

Do que se trata?

Quando você classifica as suas atividades em blocos, toma consciência do grau de atenção que deve dar a cada uma delas, pois apesar de ambas serem importantes, umas te mantêm no emprego enquanto outras te desenvolvem na carreira. Observe que as suas atividades podem ser divididas em:

- **Atividades rotineiras e atividades estratégicas**

Atividades rotineiras são aquelas que, apesar de serem comuns do dia a dia, precisam ser feitas para que se mantenha no cargo onde se encontra e garanta o seu salário atual.

Atividades estratégicas são aquelas que te impulsionam! Realizando-as você dá saltos quânticos e abre um leque muito maior de possibilidades de ascensão na sua carreira profissional.

Vou exemplificar... Como falei anteriormente, desenvolvo muitos papéis profissionais e como tal, tenho inúmeras atividades a realizar por dia. Já há algum tempo trabalho com blocos de atividades e isso tem sido extremamente eficaz. Uma das minhas atividades estratégicas é escrever artigos ou livros porque ambos impulsionam minha carreira, já que me tornam referência na área em que atuo e me dão maior visibilidade no mercado, apoiando as pessoas a realizarem os seus objetivos. Reservo um tempo para essa atividade e me dedico a ela integralmente durante uma parte do dia, em dois dias da semana e com isso consigo escrever inúmeros artigos para revistas e livros como este que está lendo.



**A segunda dica é: priorização!**

Escreva uma lista de atividades que serão realizadas no dia de hoje (ou na semana, ou ainda no mês) e analise:

- O que é delegável?

Delegue!

Mas atenção! Delegue para quem de fato tenha competência para fazer. Se essa pessoa não sabe, treine-a. Se ela não quer, motive-a! E acompanhe os resultados.

- O que só você pode fazer? Respondida essa pergunta, passe para a segunda parte da priorização:
- O que é mais importante ser feito? Foque nisso!
- O que é mais urgente? Faça já!
- O que é secundário? Faça no final do dia.

Feito isso, estipule tempo para cada uma das suas atividades (10min, 30min, 1h) e aja!

Essa dica é muito importante porque também apoia em esvaziar o seu cérebro e colocar TUDO no papel. Assim, você poderá ficar tranquilo quanto ao que precisa ser feito durante o seu dia e focar nas suas atividades sem mais preocupações ou dispersões desnecessárias que geram perda de tempo.

**A terceira dica é: foco total!**

Quando estiver realizando uma atividade, esqueça o resto. Realize-a como se de fato só existisse ela na sua vida. Se entregue a ela dedicando TODA a sua atenção. É impressionante como a produtividade aumenta! Quando estou realizando uma palestra, ou escrevendo um artigo como agora, estou 100% no momento presente. Entrego-me completamente e o meu cérebro produz de uma forma espetacular! Já viram como os jogadores talentosos se preparam para bater um pênalti que irá decidir um campeonato? Foco total. Concentração milimétrica e... Gol!

Faça os seus gols de placa, eles te levarão para campeonatos ainda mais importantes e decisivos para sua carreira. Dê foco ao que está fazendo e usufrua dos resultados.

**A quarta dica é: faça pausas necessárias**

"Não sois máquinas... Homens é o que sois!" Portanto, parar é necessário. A cada atividade de uma hora ou uma hora e meia, faça uma pausa. Eu costumo parar e tomar um café ou ligar para alguém que não falo há algum tempo. Um amigo, um irmão, minha mãe e noooossa! Como isso me energiza. Outras vezes, vou tomar um café ou um chá, uma água, ou simplesmente caminho um pouco na empresa e vou falar com as pessoas. Conto uma piadinha rápida, rimos juntos e volto às minhas atividades.



Pausas precisam ser feitas para que o cérebro relaxe e retome o trabalho com mais atenção e tranquilidade. Veja que tipo de pausas funcionam pra você e lembre-se... Elas precisam ser prazerosas.

**A quinta dica é: crie os seus rituais!**

Nosso cérebro se acostumou com rituais, pois nós os utilizamos desde crianças. Lembra o que tinha para fazer antes de ir para a cama? Sua mãe dizia: - Vá tomar banho para jantar, depois arrume o material da aula de amanhã e vá dormir. Ah, e não esqueça de rezar!

Lembro do meu pai todas as noites sentado à beira da cama, fazendo suas orações antes do merecido descanso noturno depois de um dia de trabalho cansativo. Era impressionante como, independente do que acontecesse durante o dia, ele tinha o mesmo ritual: chegava em casa, tomava um banho para jantar, assistia ao *Jornal Nacional*, depois à novela das oito, subia para o seu quarto, escovava os dentes e ia rezar para depois dormir.

Aprendi com meu pai a importância de se cultivar os rituais. Manter os meus rituais me dá a certeza de uma noite de sono tranquila e o despertar para um dia que certamente será muito produtivo. Ao acordar, ainda deitada, dou aquela espreguiçada, agradeço a Deus por mais um dia, rezo e decreto que este será maravilhoso, cheio de bênçãos! Que cumprirei tudo o que for necessário e que seguirei avançando cada vez mais, expandindo o meu trabalho de apoio às pessoas na realização de seus objetivos e sonhos. Depois disso faço a minha higiene matinal, troco de roupa, saboreio um belo café da manhã e sigo para o trabalho, onde revejo a minha lista de atividades do dia, priorizo e executo!

Após um dia produtivo, chego em casa, faço um lanche, tomo um banho, revejo o que tenho para amanhã, leio dois capítulos de um bom livro, faço minha orações de agradecimento e durmo tranquila o sono dos justos!

Seguir rituais passa a seguinte mensagem para o cérebro: o dia está começando, e muitas substâncias como a endorfina e adrenalina são lançadas para que o mesmo seja prazeroso e produtivo, ou ainda: o dia está acabando e uma sensação de paz é bem-vinda para que possamos recarregar as baterias e processar informações importantes durante o sono. Isso tem funcionado muito bem para mim. Experimente!

Crie os seus próprios rituais. Um ritual define como vai ser o seu dia e consequentemente a sua vida. Se você tiver dias produtivos, sua semana será produtiva, se tiver semanas produtivas, terá meses produtivos, se os seus meses forem produtivos os seus anos serão produtivos e se tiver anos produtivos, terá uma vida produtiva e uma existência que valeu a pena ser vivida!



*"Faça o que é necessário, depois o que é possível e quando menos esperar estará fazendo o impossível!"*

Francisco de Assis

Boa sorte! Encontraremos-nos cruzando a próxima linha de chegada!

**Referências**

Grün, Anselm. Administração espiritual do tempo / Anselm Grün, Friedrich Assländer; tradução de Paulo F. Valério. – Petrópolis, RJ: Vozes, 2010.

Bazbauta, Leo. Quanto menos, melhor / Tradução de Maria Alice Capocchi. Rio de Janeiro: Sextante, 2010.

## Adriana Albuquerque

15

Palestrante, conferencista nacional e internacional, *coach* com certificação internacional pela SBC – Sociedade Brasileira de *Coaching* / licenciada pelo BCI – *Behavioral Coaching Institute* e pelo ICC - *Internacional Coaching Council.* Formação em Líder *Coaching* pelo *Coaching Club*, membro da Academia de Letras do Brasil/DF, cadeira 31. Escritora na área de realização profissional, excelência pessoal, planejamento estratégico, motivação e resultados. Especialista pela UNB – psicometria/RH, MBA em gestão de pessoas, graduada em psicologia pela UFC, professora de pós-graduação e de MBA em gestão de pessoas, gestão de projetos e gestão empresarial, especialista em Tanatologia pela Universidade Holística de Brasília – UNIPAZ, Formada em Relações Interpessoais pelo Instituto Dale Carnegie – Líder mundial em treinamentos empresariais, Diretora da Inovação Training Consultoria e Assessoria LTDA, consultora organizacional e eterna aprendiz.

**Contatos:**
www.adrianaalbuquerque.com.br
adriana@adrianaalbuquerque.com.br
www.adrianaalbuquerque04.blogspot.com
(61) 3962-2921 / (61) 8131-6253

# Anotações

# 2

# Reuniões eficazes



Como tornar as reuniões mais eficazes, reduzir a perda de tempo
e aumentar a produtividade nas organizações

**Adriano César Rosa da Costa**

Definitivamente, não há nada mais desgastante e antiprodutivo no mundo comporativo do que reuniões mal conduzidas! Tanto que praticamente já viraram sinônimos de perda de tempo e de chateação, em especial para os que veem na objetividade e na simplicidade das coisas o melhor caminho para a solução dos problemas organizacionais.

Ao contrário do que se possa imaginar, reuniões não são um fim em si mesmas. Tampouco o fato de realizar reuniões periódicas simplesmente torna a empresa mais ou menos produtiva. Tudo dependerá de uma conjunção de fatores que vão desde a preparação (planejamento) da reunião, à forma como a mesma é conduzida, o grau de participação e de aprendizagem das pessoas que dela participam (e não simplesmente assistem ou se fazem "presentes") e, principalmente, dos resultados gerados após a reunião, ou seja, os seus desdobramentos e acompanhamentos. Aproveitando o ensejo, a credibilidade desse instrumento está diretamente associada a duas questões: ao grau de participação e envolvimento dos colaboradores e da efetividade das reuniões para a solução de problemas.

A maioria das reuniões é realizada para que uma ou outra pessoa domine o uso do tempo, seja para se autopromover ou para promover a sua área/departamento (nesse aspecto, assemelham-se muito aos comícios políticos). Não é à toa que muitas pessoas dizem que vão assitir (ao invés de participar de) uma reunião. Ao contrário, são desencorajadas para tal, especialmente em virtude de gestores que insistem em não querer escutar outras pessoas que não a si mesmos, subutilizando o potencial criativo de suas equipes e "patinando" nos resultados que "coincidentemente" insistem em não querer expressar.



## A lição do velho lenhador

*Certa vez, um velho lenhador, conhecido por sempre vencer os torneios de que participava, foi desafiado por outro jovem e forte lenhador para uma disputa. Muitos acreditavam que o velho, finalmente, perderia a condição de campeão dos lenhadores, em função da grande vantagem física do jovem desafiante.*

*No dia marcado, os dois competidores começaram a disputa. O jovem se entregou com afinco e estava convicto de que seria o novo campeão do torneio. Todavia, de tempos em tempos, olhava para o velho e, às vezes, percebia que ele estava sentado. Logo, pensou que o adversário estaria velho demais para a disputa e continuou cortando lenha com todo vigor.*

*Ao final da competição, ao medirem a produtividade dos dois lenhadores a plateia ficou estarrecida: o velho vencera novamente e por larga margem aquele jovem e forte lenhador.*

*Inconformado com o resultado da competição, o jovem lenhador questionou o velho:*

*-Não entendo. Muitas vezes olhei para o senhor durante a competição e notei que estava sentado, descansando e, no entanto, conseguiu cortar muito mais lenha do que eu. Como pode?!*

*-Engano seu, disse o velho. Quando você me via sentado eu estava, na verdade, amolando meu machado. E percebi que você usava muita força e obtinha pouco resultado.*

Assim sendo, em várias organizações, em especial as de pequeno e médio portes, atualmente reuniões são vistas como pura perda de tempo. E o (mau) exemplo vem de cima. Sócios que quase não se reunem para conversar sobre oportunidades de negócios, alinhamento de estratégias, ou mesmo para solucionar os problemas do cotidiano. Em outros casos, o sentimento de incredulidade é ainda maior e mais imcompreensível, pois as organizações até costumam realizar sistematicamente reuniões nos mais diversos níveis hierárquicos, porém os resultados não se frutificam na mesma proporção e expectativa desejadas.



**Dicas e recomendações importantes para tornar as reuniões mais produtivas**

Diante dos cenários acima retratados, seguem abaixo, sob a forma de recomendações, algumas soluções para tornarem as reuniões mais produtivas e menos desgastantes:

1. **Planeje a reunião com a antecedência requerida:** uma boa reunião inicia-se antes mesmo da chegada dos participantes ao local onde será realizada. Boa parte do sucesso de uma reunião é atribuído ao momento de sua preparação e planejamento. Para tanto, recomenda-se primeiramente que todos os participantes tenham ciência prévia de todos os assuntos que serão tratados (pauta da reunião), além de serem informados quanto ao horário, ao local, ao tempo de duração de cada um dos assuntos e os objetivos da reunião para a qual estão sendo convocados[1]. Isso permitirá que os mesmos pos-

[1]Utilizou-se o termo convocados, pois trata-se efetivamente de uma convocação, não de um convite. A diferença entre o primeiro e o segundo termo é que a convocação é determinante, ou seja, exige a necessidade da presença do colaborador, pois assuntos de seu interesse ou que lhes digam respeito serão tratados. Caso lhe fosse dirigido um convite ao invés de uma convocação, por sua vez, este mesmo colaborador teria, em tese, o direito de aceitar ou não o convite, a exemplo de qualquer um outro tipo que se apresente.

sam se preparar psicológica e tecnicamente para uma melhor participação e aproveitamento na reunião;

2. **Definição dos papéis na reunião:** em toda reunião, independentemente do tempo de duração e da quantidade de pessoas envolvidas, deverá sempre haver o desempenho dos seguintes papéis, a seguir detalhados: coordenação geral da reunião; controle e medição do tempo destinado na pauta para cada assunto; secretariamento e elaboração da ata (para tanto, pode-se recorrer ao uso de equipamentos eletrônicos – gravadores, filmagens, etc. –, desde que haja o conhecimento e o consentimento dos participantes);

3. **Coordenação geral:** geralmente realizada pelos gestores, mas não necessariamente, deve ser objetiva, zelar e atentar para o foco e para os objetivos da reunião (alinhamento de diretrizes, tomada de decisões, solução de problemas, aprendizagem etc.), bem como zelar para que a reunião não seja monoplizada por um ou por outro e incentivar a participação de todos;

4. **Controle e medição do tempo:** toda reunião deve ser secretariada por alguém previamente designado para tal. A essa pessoa também podera ser atribuída a responsabilidade pelo controle do tempo;

5. **Secretariamento e elaboração do registro da reunião (ata):** toda reunião deve ser documentada de algum modo para o registro das informações e deliberações nela geradas. Em seguida, disponibilizadas para que todos os participantes realizem eventuais ajustes. Por fim, as atas devem estar acessíveis, a qualquer tempo, não somente para os que participaram da reunião, mas para todos os de interesse nos assuntos abordados;

6. **Estabelecimento de uma agenda de providências:** mesmo que a reunião seja pontual, ou seja, não se preveja no curto prazo a necessidade de realização de uma próxima reunião, faz-se sempre necessário o estabelecimento de uma agenda mínima de providências que deverão ser adotadas após a reunião, estipulando-se, para tanto, e de forma negociada, as pessoas responsáveis e os prazos máximos para a conclusão de cada providência;

7. **Tornar a ata ou o registro da reunião acessivel para todos os participantes;**

8. **Acompanhar o desdobramento das providências:** conforme ressaltado no início desse artigo, os dois fatores mais relevantes que conferem credibilidade às reuniões quando bem conduzidas e dotadas de sentido são: (1) a efetiva participação das pessoas e (2) a adoção de providências para o devido tratamento dos assuntos pautados nas mesmas. Assim sendo, faz-se mister que ao final de toda reunião seja gerada uma agenda de providências na qual constem não somente as providências (ações) em si mesmas, mas também quem serão os responsáveis pela execução de cada uma delas e o prazo acordado para as suas finalizações. Recomenda-se que a pessoa então responsável pelo registro e secretariamento das reuniões tenha também a missão de acompanhar a evolução dessa agenda de trabalho pós-reunião. Essa agenda, inclusive, deverá ser ponto permanente do início de cada reunião subsequente ocasião em que cada um dos responsáveis pelas providências deverá comunicar aos demais participantes os resultados obtidos.

Além das reuniões ordinárias para tratar de assuntos e problemas do cotidiano, recomenda-se que as organizações sistematizem nos mais diversos níveis hierárquicos a adoção de encontros/oficinas de aprendizagem como forma de instituir e estimular a cultura de aprendizagem, sinergia da equipe e geração de novas ideias e projetos factíveis.



Felizmente, práticas e iniciativas nesse sentido ("*Open Days*", uso da metodologia *Action Learning* etc.) passaram a ser adotadas por organizações em todo o mundo. Em alguns casos, sob o guarda-chuva das universidades corporativas, vê-se, inclusive, a presença não somente dos colaboradores internos mas, também, de parceiros, clientes e fornecedores. Certamente tratam-se de organizações que enxergaram na inovação o caminho mais adequado para a longevidade/perpetuação e sustentabilidade dos seus negócios.

Por fim, como toda e qualquer ferramenta organizacional que se preze, a sistemática de condução de reuniões em uma organização nunca deixará a mesma em ponto neutro; tenderá sempre a conduzi-la, seja para o extremo da produtividade ou para o seu oposto, a improdutividade.

# Adriano César Rosa da Costa

23

Sócio-diretor, consultor organizacional e palestrante da FATORH Consultoria. Graduado em Psicologia e Doutorando pela Universidade Federal do Rio Grande do Norte (UFRN), Mestre em Administração pela Universidade Estadual do Ceará (UECE). *Personal & Professional Coach* pela Sociedade Brasileira de *Coaching* (SBC). "*Black Belt*" em *Six Sigma*. Mais de dez anos de experiência em projetos de consultoria nas áreas de planejamento estratégico, gestão de pessoas e gestão da qualidade. Foi consultor interno de Recursos Humanos e executivo do Banco do Nordeste do Brasil S/A (BNB). Consultor credenciado do SEBRAE/AL. Professor de cursos de graduação e de pós-graduações nas áreas de Gestão de Pessoas e de Gestão de Negócios. Membro do Instituto Brasileiro de Governança Corporativa (IBGC).

**Contatos:**
www.fatorhconsultoria.com.br
adriano@fatorhconsultoria.com.br
(82) 9944-8338

# Anotações

# 3

# Planejamento – Aprenda a dirigir suas ações a partir de suas decisões



Tarefas planejadas são aquelas conhecidas por nos fazer poupar tempo, muito tempo. Por que, então, não nos dedicarmos com verdadeiro afinco em planejar tudo aquilo que fazemos?

**Adriano Ferraz Cese**

Adriano Ferraz Cese

De um pequeno povoado na Polinésia, no oceano Pacífico, Amanaki, um jovem guerreiro, partiu em sua nau para desbravar terras novas e distantes e, por obra do imprevisto, sua embarcação naufragou muito distante de sua terra de origem. Como era um bom nadador e muito persistente, atingiu uma ilha muito pitoresca com vegetação abundante. Logo o jovem aventureiro, movido por sua energia e ímpeto de ação, pôs-se a visualizar e planejar como escaparia de seu presídio natural. Percebeu, então, que poderia fazer uma pequena canoa escavando o tronco de uma das palmeiras da ilha.

De posse de instrumentos rudimentares, Amanaki, cujo nome significa "esperança" no dialeto polinésio, trabalhou incessantemente para atingir seus objetivos. Após dias trabalhando em seu projeto e movido por seus sonhos, concluiu a embarcação, porém, para sua surpresa, não conseguia levá-la até a água. Por mais que usasse todo o seu vigor físico, não conseguia movê-la um palmo sequer de onde a tinha construído.

Amanaki tinha visualizado o que fazer, mas não tinha planejado as ações lógicas e sequenciais para atingir seus objetivos. Amanaki tinha um plano, mas não um planejamento.

A maioria das pessoas, ao pensar em seus projetos pessoais e profissionais, procede como o jovem guerreiro, vislumbra seus sonhos e começa a agir desordenadamente, mas não para sequer um minuto para planejar seu modo de agir, perdendo assim um tempo precioso, pois não definiu estrategicamente um plano de ação na execução.

*"Se eu tivesse oito horas para cortar uma árvore, passaria seis afiando um machado."*

(Abraham Lincoln)

As pessoas simplesmente fracassam em seus projetos por não saberem dirigir suas ações a partir de suas decisões planejadas. Planejamento gera uma enorme economia de tempo, já que cada minuto gasto com ele poupa o equivalente a cinco minutos em sua execução.

Mas, afinal, o que é planejamento?

De forma prática e operacional, definimos que planejar é listar as atividades desejadas e necessárias e organizá-las numa sequência lógica, com base no conhecimento que se tem. Em essência, planejar é ter os olhos voltados para o futuro e saber exatamente onde se quer chegar, criando uma visão clara de seus objetivos, porém sistematizando e organizando ações específicas com metodologia e avaliações, prevenindo, assim, o inesperado.

As características pilares de um bom planejamento e que proporcionam enorme economia de tempo são: primeiro estar voltado para o futuro, visando a tomada de decisões no presente e usar os recursos que se têm na mão. O jovem Amanaki fez tudo isso, mas se esqueceu de uma característica primordial – tratar as atividades que envolvem o planejamento de forma coordenada, ou seja, ele visualizou e agiu de pronto, construindo sua embarcação, mas não planejou de forma eficaz como levá-la até o mar e morreu na ilha.

É isso que primariamente precisamos assimilar. Planejar é um processo permanente, com visão sistêmica constituída de começo, meio e fim, através da elaboração de um processo de mudança. Para isso, as pessoas precisam agir estrategicamente de forma ordenada, levando em conta sua realidade, mantendo a frente o foco em seus objetivos preestabelecidos. O ciclo abaixo encerra de forma objetiva as etapas de um planejamento estratégico lógico constituindo assim um modelo de ação.

Planejamento Estratégico em 5 etapas.

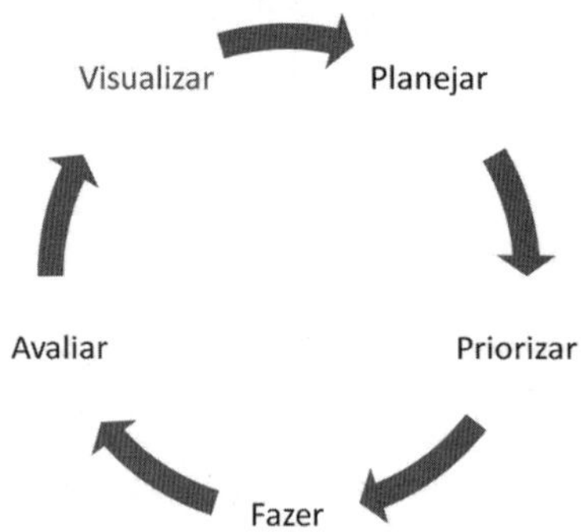


Lao Tsé, um sábio chinês, profetizava que "*uma jornada de mil milhas começa com o primeiro passo*", mas, dado os tempos modernos, de mudanças rápidas, acrescentaria no provérbio: "*tendo às mãos um mapa do território e, como recurso, mudar de caminho quando necessário*".



**1- Visualizar:** possuir uma imagem muito clara de suas metas, uma visão específica de onde se está no presente e do direcionamento para seu futuro. Uma visão clara gera entusiasmo e comprometimento com a execução das tarefas do planejamento.

Quando Walt Disney idealizou a construção da Disneylândia, visualizou exatamente o que seria o parque, seu tamanho, o local aonde seria construído e todos os detalhes do empreendimento. O custo seria de 17 milhões de dólares e, embora já um homem de sucesso e de grande criatividade, Disney foi desacreditado por seus credores, afinal, o alvo das empresas Disney era a excelência nos estúdios cinematográficos e não construir parques de diversão.

A paixão e visão de Disney o fizeram concretizar seu sonho em 1955. A Disneylândia foi inaugurada onde antes havia um grande laranjal numa cidade há 40 km de Los Angeles. Hoje o parque rende por ano cerca de 3 bilhões de dólares. É preciso criar o hábito e destinar um tempo para pensar e visualizar com clareza o resultado final de seus objetivos. Colocar no papel é o primeiro passo, mas implementar as ações de forma sistemática é algo bem diferente.

**2- Planejar:** conheça exatamente seus objetivos/projetos. Descreva-os para tornar conscientes seus sonhos, caso contrário, serão apenas promessas pessoais. Para isso, construa respostas específicas às perguntas: O quê? Quem? Por quê? Quando? Onde? Como? Quanto? A ferramenta denominada 5W2H constitui a essência de um bom planejamento, pois responde questões que encerram e definem o desenvolvimento das atividades.

• *What* (O quê) – É detalhar com minúcias o que deseja, para que o sonho possua uma forma tão concreta que será mais fácil visualizá-lo e manter o foco no caminho.

• *Who* (Quem) – É explicar o responsável para a execução ou coordenação do ato. De quem será o comprometimento para levar até o fim a execução da tarefa.

• *Where* (Onde) – Especifica o local onde será executada a ação ou sua abrangência. Quando nos localizamos no espaço onde será realizada a ação, já a materializamos.

• *Why* (Por quê) – Explicar a finalidade pela qual a ação deve ser executada proporciona a motivação e a energia para realizar. É o que nos move incessantemente para perseguir nossos projetos. Revela a clareza do propósito.

• *When* (Quando) – Especifica o prazo para executar a ação ou quando ela ocorrerá. É definir data de início e prazo para conclusão das tarefas.

• *How* (Como) – Especifica a forma pela qual a ação deverá ser executada. O como é a estratégia a ser utilizada, é a forma de atuação para implementar as ações.

• *How much* (Quanto) – Informação sobre o custo do orçamento necessário para executar a ação.

É preciso ter em mente que planejamento não é um gesso, mas uma bússola que dá direcionamento ao nosso destino e flexibilidade para alterá-lo a qualquer momento.

**3- Priorizar:** execute as tarefas que são realmente importantes. Geralmente fazemos aquilo que já sabemos ou as tarefas menores, com menos importância. A agenda diária é uma ferramenta indispensável no planejamento estratégico. É essencial manter uma lista mestra, ou seja, uma lista de afazeres diários onde são escritos item a item todos os compromissos e decisões do dia a dia, colocados em ordem de prioridades.

O princípio de Pareto, ou regra 80/20, afirma que 80% dos resultados que obtemos estão relacionados com 20% de nossos esforços. Trabalhar de forma inteligente e dar ênfase ao prioritário gera 80% da sua produtividade.

Muitas vezes perdemos o foco e falhamos no planejamento porque a rotina de urgência é opressora em nosso dia a dia. Parece que não temos tempo suficiente para finalizar o que foi planejado.

Peter Drucker possui quatro perguntas valiosas que, se respondidas diariamente, levam a efetivar o uso do tempo e aumentar a produtividade.

a. O que eu estou fazendo e não precisa ser feito?
b. O que eu estou fazendo e poderia ser feito por outra pessoa?
c. O que eu estou fazendo e só eu posso fazer?
d. O que eu deveria fazer e não estou fazendo?

**4- Fazer:** execute as tarefas de forma sistemática, iniciando e concluindo-as, e então passe para a tarefa seguinte. Duas perguntas para viabilizar o tempo daquilo que foi planejado são: "o que precisa ser feito especificamente para não perdermos o foco?" e "quando deve ocorrer o próximo passo sequencial?". Lembre-se de que todas as suas decisões e implementações têm que estar coordenadas com a agenda diária e se há outras pessoas envolvidas, delegar tarefas que geram economia de tempo.

O fazer requer disciplina diária na busca das metas e a agenda pessoal é um instrumento que materializa as tarefas a serem concluídas, porém isso não cria a química do comprometimento que possibilita manter o foco no resultado final. As tarefas na agenda são, no máximo, como elos, precisam traduzir nossa real necessidade e expectativa de mudança.

Estar comprometido é terminar tudo aquilo que foi começado, cumprindo prazos e horários, agindo para construir sua realidade. A pessoa comprometida não descansa enquanto não cumprir suas tarefas.

*"Existe um tempo para melhorar, para se preparar e planejar; igualmente, existe um tempo para partir para a ação."*

(Amyr Klink).



**5- Avaliação:** faça e avalie sistematicamente o resultado. Não deixe de averiguar os resultados obtidos. Faça a coleta e análise de dados para gerenciamento dos planos. Faça avaliação sistemática e perceba o que está funcionando e o que precisa ser modificado.

Avaliar requer uma competência obrigatória na arte do planejamento, que é a capacidade de aprender com erros e acertos do plano e da execução. Esse aprendizado só é possível quando aceitamos a responsabilidade pelos possíveis erros na execução e sabedoria para criar novos desvios de rota. Disponibilidade para aprender é considerar quais alternativas poderiam ser utilizadas e não foram consideradas no planejamento. Procure entender por que o erro aconteceu, investigue para conhecer suas causas. Lembre-se de que você não pode mudar seus erros, mas pode escolher como responder a eles. Algumas perguntas podem ser respondidas diariamente para auxiliar na avaliação:

Quais iniciativas concluí? Com quais desafios me deparei? Quais decisões tomei? Quais lições aprendi com minhas decisões? Quais metas realizei? Fiz tarefas que eram importantes? Quais foram as tarefas que não realizei? O que me impediu de fazer essas tarefas? O que precisa ser modificado?

Pergunte com intenção, ouça sem sabotar a verdadeira análise da resposta e faça o que tem que ser feito.

Aliás, se Amanaki tivesse uma segunda chance, o que teria planejado para levar o barco até a água? Agora é com você. Se com planejamento há falhas, se não planejar, então...!

# Adriano Ferraz Cese



Formação acadêmica em Odontologia pela Universidade de São Paulo (USP), pós-graduação em Programação Neurolinguística pela Facis- Faculdade de Ciências da Saúde São Paulo, MBA em Gestão de Recursos Humanos pela Fatec- Grupo Educacional Uninter e formação em *Coach* Estrutural pelo IDPH. Extensão em Pensamento Estratégico pela FGV e certificação em Liderança Sistêmica. Palestrante e facilitador em treinamentos organizacionais, escritor /colunista na área de comunicação e comportamento humano, além de atuar como *coach* de alta *performance* no desenvolvimento do potencial humano como elemento de autorrealização. Mentor do Instituto Focus Desenvolvimento Humano.

**Contatos:**
www.focusdesenvolvimento.com.br
contato@focusdesenvolvimento.com.br
(11) 2086-7499

# Anotações

# 4

# Existe uma fórmula para administrar melhor o tempo?



Este artigo é direcionado a todos os leitores que buscam novas ferramentas para gerir melhor o tempo, fazendo com que se sintam mais realizados e felizes em relação aos resultados apresentados em sua vida pessoal e profissional. Boa leitura!

**Alexandre Barros Carmona**

Uma vez recebi uma mensagem que começava assim: *imagine você acordando e recebendo de presente em sua conta corrente R$86.400,00 (oitenta e seis mil e quatrocentos reais) para você gastar com o que quiser; só que no final do dia o saldo é zerado, independentemente se você usou ou não, sendo creditada no dia seguinte a mesma quantia, o que você faria?* Essa metáfora é chamada de "A conta bancária da Vida" ou "Banco do Tempo". Todos os dias você ganha do Universo 86.400 segundos para utilizar da melhor forma possível.

Gosto muito de uma frase de Jean-Louis Servan-Schreiber, que diz que o tempo é "*o mais democraticamente repartido de todos os recursos; o poderoso ou o miserável, o trabalhador ou o vagabundo, o inteligente ou o burro, cada um tem estritamente o mesmo à sua disposição*". Realmente todos nós temos a mesma quantidade de tempo, a qual é intransferível e não passível de armazenamento, sendo que os resultados vão depender da forma que lidarmos com ele.

Outra mensagem interessante que recebi falava sobre uma cena no filme *Perfume de Mulher*, em que um personagem cego, vivido por Al Pacino, tira uma moça para dançar e ela responde: "Não posso, porque meu noivo vai chegar em poucos minutos. "Mas em um momento se vive uma vida" - responde ele, conduzindo-a num lindo passo de tango.

Muitas pessoas dizem viver correndo atrás do tempo, mas parece que nunca o alcançam. Vivem o que é conhecido hoje como "síndrome da pressa", fenômeno estudado por pesquisadores que ainda não consideram isso uma doença, mas um facilitador para o seu aparecimento. Para outros, o tempo demora a passar. Ficam ansiosos com o futuro e se esquecem de viver o presente, que é o único tempo que realmente possuem. Ninguém tem mais ou menos do que 24 horas por dia. A diferença é o que cada um faz do seu próprio tempo.



Uma filosofia que vai contra a síndrome da pressa e que está mudando a vida de muita gente, em diversos países, é o *slow movement* (movimento "devagar"). Ela sugere que façamos tudo num ritmo de harmonia e atenção, vivenciando o presente.

Segundo algumas buscas que fiz na *internet*[1], há diversos *sites* que contam a história de um dos precursores do movimento, Jean Carl Honoré, jornalista, escritor e também pai de dois filhos, na época um de sete e outro de quatro anos. Foram justamente esses meninos que o fizeram perceber que sua velocidade na vida estava passando dos limites. Ele lia histórias para eles com pressa, sem paciência. Até que se viu pensando em comprar uma coleção que permitia contar as histórias em apenas um minuto.

Ele disse uma vez que estava tentando fazer mais e mais coisas em cada vez menos tempo: era quantidade antes de qualidade em tudo, todos os momentos do dia eram uma corrida contra o relógio, então decidiu dar uma virada em sua vida, cortou da agenda tudo o que achou que estava em excesso. Passou a fazer diversas pausas durante o trabalho e a praticar meditação diariamente. As histórias para os filhos começaram

[1]sobre "slow movement"

a durar 45 minutos e eles começaram a dizer que seu pai é o melhor contador de histórias do planeta.

Desacelerar é difícil - Honoré reconhece que a velocidade é uma droga de nosso tempo. Aceleramos por um vício do corpo, para evitar pensar sobre questões profundas e porque ser rápido é sinônimo de prestígio na nossa cultura. Então, desacelerar é uma tarefa desafiadora.

"Uma ironia é que nós somos tão impacientes hoje que até queremos desacelerar rápido! Leva tempo", diz. "Mas quando você percebe que velocidade não é sempre bom, que muito da nossa pressa não faz sentido (como correr para chegar rápido ao farol vermelho) então é possível ir mais devagar".

Para quem quer tentar, uma de suas primeiras dicas é eleger prioridades na vida profissional e pessoal - não dá para fazer tudo de uma vez, e é preciso aceitar isso. Dessa forma, sobra tempo para se concentrar no que é importante.

Aproveitando a dica de Honoré, para sabermos sobre nossas prioridades, acredito que seja interessante entrarmos no campo do autoconhecimento, ou seja, o conhecimento que se tem sobre si mesmo.

Nos meus atendimentos de *coaching* sempre começo o processo com a Roda da Vida, pois a vejo como um mecanismo poderoso para mostrar como andam nossos resultados. Cada fatia da roda tem dez subdivisões e cada divisão corresponde a um ponto, dessa forma, não pintar significa dar "nota 0".



Observe o desenho abaixo e pinte cada área da sua vida (fatias da roda), colocando uma nota de 0 a 10 em relação a sua satisfação. Busque em cada área o seu próprio significado, como por exemplo: para uma pessoa LAZER significa viajar, andar de bicicleta e para outra pessoa pode significar ler um livro, descansar numa rede, jogar bola ou ter uma tarde de sono durante a semana.

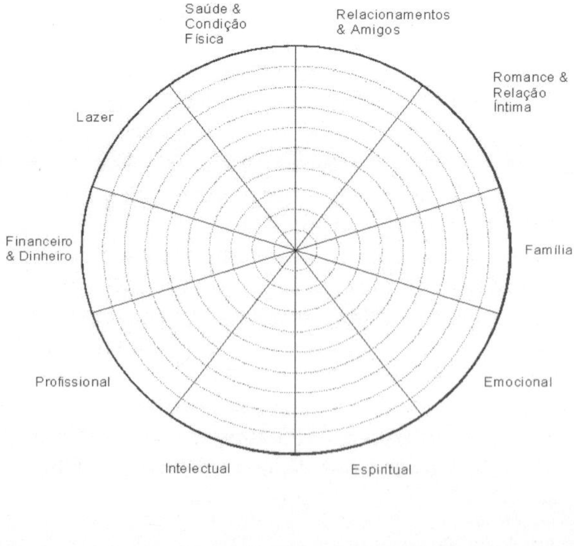

Depois de pintado, faça a seguinte reflexão:

A minha roda da vida está girando? Se estiver girando, ela está em harmonia?

Estou dando atenção suficiente em cada área da minha vida?

Onde estou passando a maior parte do meu tempo? Estou colhendo os resultados que gostaria?

O que eu quero da minha vida pessoal? O que eu quero da minha vida profissional?

Quais são as coisas mais importantes da minha vida?

Qual é o meu sonho? Qual é a minha missão de vida?

E agora vem a pergunta poderosa: suas ações diárias estão levando você ao encontro das respostas das três últimas perguntas?

Para entender mais sobre o nosso tempo acredito que a "Tríade do Tempo" é um dos métodos mais eficazes atualmente.

Christian Barbosa, criador do método e autor do livro "A Tríade do Tempo", propõe a divisão das nossas atividades em três critérios: Importância; Urgência e Circunstâncias. Seguem abaixo as explicações;

**IMPORTANTE:** a esfera a ser priorizada é aquela que contém as atividades verdadeiramente importantes em sua vida — aquelas que trazem os resultados mais efetivos. Nela estão as ações que feitas hoje fazem diferença na sua empresa, no seu emprego, na sua comunidade e para as pessoas que vivem com você. Fazem, enfim, diferença em sua vida.

Quando você tem sua vida baseada na esfera da importância, está andando pela estrada que o levará ao ponto em que você quer chegar. Cada ação importante que é realizada dá a sensação de dever cumprido.

**URGENTE:** é toda tarefa que deve ser feita imediatamente, que gera algum tipo de problema se não for executada. Uma tarefa urgente não tem prazo, ela tem de ser feita já!

Um ponto importante e diferente na Tríade do Tempo em relação a outras metodologias é que as esferas não se misturam. Logo, não existe alguma coisa que seja importante e urgente ao mesmo tempo. Se for importante, tem prazo, não gera estresse, não exige atenção imediata.

A tarefa urgente pode ter sido importante um dia, mas a partir do momento em que ela foi adiada, deslocou-se sozinha para a esfera da urgência.

**CIRCUNSTANCIAL:** de todas as esferas da Tríade, a que exige maior preocupação e atenção. A definição para circunstância é qualquer tipo de atividade a qual você é levado a fazer em função de uma situação, condição, ambiente ou de outra pessoa – sem a sua vontade total.

Alguns exemplos de tarefas circunstanciais são: aquela pessoa que liga no meio do expediente para vender seguro de vida para seu cachorro e não quer desligar; a conversa na cozinha da empresa; os relatórios que nunca serão utilizados; a perda de tempo com a leitura de *e-mails* desnecessários; os programas de TV inúteis; aqueles pedidos para os quais você não consegue dizer não e muitos outros.

É claro que alguns desses exemplos podem variar de esfera conforme a sua interpretação. Por exemplo, passar o dia no *shopping* pode ser uma tarefa importante de lazer para você e uma perda total de tempo para outra pessoa. O principal é descobrir o que essa tarefa representa para você e em que esfera ela se situa.

Seguem abaixo dados publicados sobre a pesquisa feita por Christian com 15.324 pessoas, até 28/12/2007; das quais, 46% são mulheres e 54% homens (7.050 mulheres e 8.274 homens). A idade média geral do teste é de 33 anos. No caso das mulheres, a idade média é de 32 anos e a dos homens é de 34 anos.

- O brasileiro dedica apenas 30% do seu tempo para as atividades importantes de sua vida.
- A Tríade feminina é composta da seguinte forma: Esfera da Importância = 30,99% - Esfera da Urgência = 44,39% e Esfera Circunstancial = 24,62%.
- A Tríade masculina é composta da seguinte forma: Esfera da Importância = 27,80% - Esfera da Urgência = 36,73% e Esfera Circunstancial = 35,47%.



No ***modelo ideal***, em seu conceito da Tríade do tempo, a esfera da importância deve ter maior percentagem e as demais, percentagens menores.

**IMPORTANTE = 70% - URGENTE = 20% - CIRCUNSTANCIAL = 10%**

E você, qual a percentagem que acredita estar vivendo, em cada critério?

Acho muito interessante a Tríade do Tempo e percebo que a Esfera da Importância tem uma relação direta com a Roda da Vida, ou seja, que para ter notas altas de satisfação em cada área da vida é necessário saber o que é importante e dar atenção suficiente, isto é, investir tempo em nossas prioridades.

Respondendo ao título desse artigo, eu acredito que sim, mas o que deixa isso mais desafiante é que cada pessoa deve encontrar a sua própria fórmula, deve buscar "dentro de si mesmo" ao invés de procurar uma fórmula pronta.

Para melhor produtividade, a fórmula pode ser criada a partir de uma nova conscientização sobre o que é importante em nossa vida + a combinação de planejamento, criação de metas, organização, estabelecimento de prioridades diárias, saber dizer não na hora certa (para você, quando sai do foco, e para os outros) e agir de forma diferente, colhendo, assim, resultados diferentes.

SUCESSO!

# Alexandre Barros Carmona

*Coach* Pessoal, Executivo e Empresarial, Consultor em Desenvolvimento Empresarial, Palestrante em assuntos de *Coaching* e Empreendedorismo e Empresário. Formado em Administração de Empresas com Especialização em Gestão Empresarial e Negócios. Pós-graduado em Gestão de Recursos Humanos (MBA). Possui quatro certificações em *Coaching*, sendo elas; *Coaching* Estrutural (IDPH), *Coaching* com PNL (Arline Davis), ABRACEM (Associação Brasileira de *Coaching* Executivo e Empresarial) e pela Academia Brasileira de *Coaching* com certificação Internacional pela BCI (*Behavioral Coaching Institute*). Apaixonado pelo comportamento humano e pelo estudo do Eneagrama, *Practitioner* em PNL, Empreteco (Sebrae) e certificado pelo método exclusivo de Orientação para Escolha Profissional, Empregabilidade e Empreendedorismo. Membro da ICF (*International Coach Federation* - EUA) e membro fundador da ICF - Regional São Paulo.

**Contatos:**
www.abccoaching.com.br
www.abccoaching.com.br/blog
abc@abccoaching.com.br
Skype: abc_coaching
Twitter: abc_coaching
(11) 2376-7003 / (11) 8832-2756

# Anotações

# 5

# Tempo, trabalho e felicidade



É possível ser feliz e altamente produtivo no trabalho
e na vida pessoal

**Alexandre Fortes**

*"O trabalho consiste em qualquer coisa que um corpo é obrigado a fazer; divertir-se consiste em qualquer coisa que um corpo não é obrigado a fazer."*

Mark Twain

Será que é possível ser feliz trabalhando? Inúmeras vezes, durante minha vida, fiz esta pergunta para mim mesmo e sem ter muita convicção sobre qual a melhor resposta, deixei para pensar a respeito depois. Obviamente, em boa parte das situações a resposta foi "não", mas eu queria entender o porquê da dúvida ou da resposta negativa, e quem sabe, encontrar uma resposta diferente.

Entender melhor o conceito de tempo foi uma das formas que encontrei para começar a elaborar uma resposta aceitável. Na nossa vida moderna, o tempo é um fenômeno determinante, que nos diz o que devemos fazer e demonstra a nossa dependência em relação ao tempo cronológico no qual nos encontramos, e muitas vezes nos submete à tirania dos compromissos e prazos que as nossas atividades, tanto pessoais quanto profissionais, nos impõem.

É muito comum ouvir alguém dizer que não sabe o que faz com seu tempo, e até mesmo que não sabe o que está fazendo com sua vida. Uma maneira que encontrei, e acredito ser muito eficaz para ajudar na busca por algumas respostas interessantes, é o exercício a seguir:

1. Escreva em uma folha de papel o seguinte título: "Não tenho tempo para...", e em seguida faça uma lista de tudo que você gostaria de fazer e não tem tempo suficiente.

2. Com a relação completa, modifique o título para "Não quero...", leia toda a lista cuidadosamente e reflita a respeito daquelas atividades que você realmente quer fazer ou se você poderia mudar algo e fazer diferente.

Alguns exemplos presentes frequentemente nesta lista:

- Não tenho tempo para praticar esportes.
- Não tenho tempo para visitar os pais.
- Não tenho tempo para aprender um novo idioma.
- Não tenho tempo para iniciar um novo projeto.
- Não tenho tempo para treinar minha equipe.
- Não tenho tempo para conversar com...
- Não tenho tempo para...

Quando você muda de "Não tenho tempo para..." para "Não quero...", muda significativamente a sua forma de perceber o tempo. Na segunda opção está presente a possibilidade de escolha. E quando há a possibilidade de escolha deixamos de agir reativamente ao tempo, que parece nos escravizar e conseguimos priorizar o uso deste recurso extremamente valioso, focando em ações alinhadas com aquilo que realmente importa para nós: nossos valores.

Nossos valores são o primeiro aprendizado da infância, e estes permanecem guardados lá no fundo da nossa mente, na maioria das vezes, de maneira inconsciente. Quando não temos claro quais são os valores fundamentais em nossas vidas, acabamos por agir reativamente, ora por falta de prioridades, ora por falta de escolhas.

Uma das formas que encontrei para descobrir o valor, ou os valores envolvidos numa escolha, foi fazer perguntas que ajudam a eliciar aquilo que realmente importa quando estamos agindo. Poderia exemplificar ao menos algumas perguntas que considero poderosas para este objetivo:

1. O que você ganha com...?
2. O que isto lhe traz?
3. O que está em jogo nisto?

Quando a resposta encontrada é um exemplo de algo que você realmente valoriza, podemos dizer que haverá congruência na sua escolha. E também podemos dizer que esta escolha lhe trará a sensação de satisfação ou felicidade, com maior probabilidade.

Imagine que você precisa decidir se vai fazer uma especialização na sua área de atuação profissional. Ao fazer as perguntas acima, provavelmente você obterá respostas como: ganho mais conhecimento na minha área, ganho segurança e prestígio, isto me trará mais oportunidades de trabalho, e está em jogo o meu crescimento e reconhecimento profissional. Se estas respostas são coerentes com o que você valoriza – seus valores – haverá uma grande probabilidade de você encontrar a felicidade nesta especialização.



Quando escolhemos nossa atividade profissional, por exemplo, muitas vezes não refletimos a respeito destas perguntas de valor ou paramos para refletir sobre o que valorizamos na vida. Talvez seja um dos grandes motivos pelos quais as pessoas têm grande dificuldade em encontrar a felicidade em sua atividade profissional, sem o alinhamento prévio entre o que é importante para elas e o que estão fazendo profissionalmente.

Outro fator que interfere significativamente na forma com que percebemos a felicidade é a relação entre trabalho e tempo. Se considerarmos os deuses gregos do tempo, *Chronos* e *Kairos*, e o nosso relacionamento com o trabalho, fica evidente que nos dias de hoje nos orientamos unilateralmente pelo deus grego *Chronos*, o deus da quantidade do tempo. É o tempo corrente, mensurável, do relógio, dos compromissos, do prazo. Nós tentamos dominar este tempo quando medimos os processos de trabalho, planejamos e calculamos tudo que é possível. No entanto, somos dominados por este tempo, que nos pressiona por prazos, nos provoca o medo de não atingir a meta, de não cumprir o prazo etc. Da mesma forma com que na mitologia grega Chronos emasculou seu pai e devorou seus próprios filhos, administrar o tempo somente quantitativamente nos remete ao medo de fazer e de não fazer, e demonstra o alto grau de tensão que há entre manter como está e mudar.

Outra forma, mítica, de relacionar o tempo com o trabalho é nos orientarmos pelo semideus grego *Kairos*, venerado como o deus da ocasião propícia e do momento adequado. Atribui-se a *Kairos* a grande importância ao momento justo, à qualidade do tempo, ao tempo das oportunidades. Trata-se, portanto, de fazer o que é certo na hora certa. *Kairos* nos desafia não só a reconhecer "que a oportunidade chegou", como nos desafia a "aproveitar e trabalhar a oportunidade", quando ela chega.

Para processarmos melhor esta análise mitológica em torno do tempo, do trabalho e da felicidade, poderíamos ampliar nosso hábito de pensamento voltado exclusivamente para metas e resultados e nos voltarmos também para a melhor percepção do aqui e agora, reconhecendo oportunidades no tempo presente e aprendendo que o tempo é valioso, mas não escasso. Encontrar o equilíbrio entre estas duas abordagens é difícil, mas está aí um caminho para se encontrar a felicidade em tudo que fazemos.

O conceito de trabalho, nos dias de hoje, precisa ser entendido de uma forma ampla, onde as pessoas precisam produzir, mas também podem se desenvolver e se divertir enquanto trabalham. Algumas empresas já se deram conta desta nova abordagem e não estão mais cobrando o cumprimento rigoroso de horários de trabalho, mas medindo o desempenho das pessoas. Quando pensamos em medir desempenho, temos que ter em mente a definição clara, específica, temporal e mensurável de metas e o uso sistemático de indicadores, que mostrem o andamento e permitam a correção de rumo das atividades realizadas para o cumprimento das metas.



É comum encontrarmos uma equipe desmotivada no trabalho, por exemplo, num verão muito quente, torcendo para chegar o final do expediente de trabalho na sexta-feira, quando todos irão juntos para uma casa na praia. Todos combinaram que já na sexta-feira à noite, às 20 horas haverá um churrasco de picanha e costela, acompanhado da cerveja marca "xyz", e já está definido quem assará o churrasco, e cada uma das demais atividades para a realização da festa já estão distribuídas. Então, por que as pessoas estariam desmotivadas no trabalho? Será que não é falta de metas claras e a definição do papel de cada uma na realização destas? E será que as pessoas não estão sendo desafiadas a partilhar algo maior, uma meta de longo prazo, por exemplo, o que seria mais motivador ou daria um sentido no seu trabalho do dia a dia? Com certeza, todo trabalho que realizamos, e que tem um propósito mais definido, e que nos faz saber da importância da nossa colaboração para a realização de algo maior, que nos desafia a fazer algo para deixarmos um legado, mesmo quando temos que nos esforçar para fazê-lo, trará uma sensação prazerosa tanto durante a realização, quando acontecem as pequenas conquistas e aparecem os obstáculos, quanto no momento de entregar o resultado. E quando este resultado do trabalho está alinhado com os valores de quem o realiza, podemos dizer que é possível ser feliz trabalhando.

O conceito de que é possível ser feliz trabalhando é fácil de entender, mas muito difícil de praticar. Acontece que a maioria das pessoas foca sua energia no "o que" e no "como" fazer, mas esquece de definir o "porquê" fazer. Se existir uma recompensa clara para quando a meta for alcançada, é mais provável que as pessoas ajam para realizá-la. Encontrar os porquês é, mais uma vez, uma reflexão em torno do que realmente importa: nossos valores. Alinhar os valores pessoais ao trabalho e a um sistema de metas aumentará significativamente o envolvimento e a aplicação do tempo às atividades profissionais, provavelmente melhorando resultados e trazendo um significado maior no que se faz, e por que não dizer, felicidade.

Minha conclusão a respeito da pergunta se é possível ser feliz trabalhando é sim. Se você tiver coragem para pensar a respeito e atitude para mudar, aqui vão algumas perguntas poderosas:



Onde você está profissionalmente agora e aonde quer chegar?

Que tipo de pessoa atinge suas metas e providencia mais escolhas profissionais? Você é uma dessas pessoas? Que tipo de profissional você quer ser?

Por que você seria assim? Como você explicaria para alguém o porquê e o que está em jogo na busca dos seus sonhos?

Como você vai fazer para realizar seus sonhos? Do que você já é capaz e o que ainda vai aprender para ser feliz e realizado no trabalho?

Quais as principais etapas para você transformar seu sonho em realidade? Quais os prazos destas etapas intermediárias?

O que você vai fazer primeiro e diferente do que faz atualmente para começar a jornada rumo à felicidade trabalhando? Qual o primeiro passo? Quando você vai fazer?

Comece a responder as questões acima, e saiba que não basta apenas encontrar uma boa resposta se você não persistir para sempre em busca do que você sonha e deseja intensamente. Eu me pergunto se você se dá conta de que quando queremos profundamente conquistar algo, pagamos o preço. Desistir se faz uma só vez. Persistir é para sempre.

*"Não há vento favorável para quem não sabe em que porto quer chegar."*

Sêneca

## Alexandre Fortes



Sócio-diretor da ALFAFOX – *Coaching* and *Training*, *coach* membro da ICC (*International Coaching Community*), contador, MBA em Gestão Empresarial pela Fundação Getúlio Vargas, *practitioner* em PNL pela DolphinTech.
Atua como *coach* profissional há mais de cinco anos e já ministrou treinamentos e palestras para milhares de pessoas nos temas liderança, comunicação e negociação, vendas e produtividade. Também é coautor dos livros *Ser+com Coaching* e *Ser+ em T&D* – Editora Ser Mais. Entre as empresas que já desenvolveu seu trabalho de *coach*, professor ou palestrante estão Red Bull, Lojas Colombo, Walmart, Cooperalfa, Cravil, Rio Grande Energia (RGE), Apisul, Latina Combustíveis, Fundação Banrisul, Sadia, Deca, Vonpar (Coca-Cola), Unimed Paraná, Sicredi, AGCO, Tintas Killing, Klabin e Dimicron em eventos pela ALFAFOX – *Coaching and Training* e como professor da INTEGRAÇÃO – Escola de Negócios.

**Contatos:**
www.alfafox.com.br
fortes@alfafox.com.br

# Anotações

# 6

# Eu crio meu dia?



A importância de se adequar ao tempo presente e saber administrá-lo é essencial para o gerenciamento do nosso tempo, seja para fazê-lo durar mais, para melhor aproveitá-lo ou, simplesmente, vivê-lo

**Ana Da Luz Monteiro**

*Alice: Quanto tempo dura o eterno?*
*Coelho: Às vezes, apenas um segundo.*
(Lewis Carroll *in Alice no País das Maravilhas*)

Você já pensou nos problemas que tem com o tempo? Você sabe quais ideias, crenças ou limitações lhe percorrem a mente para que não consiga organizar o seu tempo? O que você faz com o seu tempo?

Em geral, as pessoas são pouco conscientes do uso que fazem do tempo. Ampliar a consciência sobre a forma como se utiliza o tempo pode trazer benefícios concretos para a qualidade de vida, os relacionamentos e a própria produtividade, melhorando a utilização dessa matéria-prima essencial.

Um bom começo para se tornar mais consciente sobre esse tema é dar-se conta de que o relacionamento primordial da nossa vida é aquele que estabelecemos com o agora, com o momento presente.

A forma como percebemos, entendemos e agimos com o agora é decisiva para a melhoria de nosso uso do tempo. Quando não temos um claro entendimento da importância do agora, ou se tivermos uma ideia distorcida dele, há uma grande possibilidade dessa distorção se refletir em todos os aspectos da nossa vida: relacionamentos, produtividade, resultados etc.

Vivemos uma era extremamente materialista, em outras palavras, nossa cultura está muito mais interessada no que acontece "fora" de nós e não muito interessada no que se passa "aqui dentro" de cada um de nós. O resultado dessa situação é a dificuldade que a maioria das pessoas encontra para responder a perguntas simples sobre si mesmas. Questões como:

- Qual a sua maior força pessoal?
- Qual a sua melhor competência?
- O que você poderia fazer para usar melhor o seu tempo?

Perguntas dessa natureza costumam deixar a maioria das pessoas embaraçadas e até confusas. Percebo que a falta de atenção consigo mesmo acarreta dificuldades em vários aspectos da vida e o mesmo acontece com relação ao tempo.

Quando voltamos a atenção para dentro, estando mais interessados no conteúdo do nosso eu, passamos a ter acesso a um conjunto mais ampliado de informações que podem trazer resultados efetivos sobre nossa forma de viver.

Viver tem como principal insumo a capacidade de lidar com o tempo. Então, se buscamos nos tornar mais conscientes sobre como estamos lidando com ele, seremos capazes de escolher que tipo de relacionamento queremos ter com um dos aspectos do tempo: o presente.

O momento presente e a vida são inseparáveis. Quando decidimos pensar sobre o agora, estamos pensando sobre a vida. Quando melhoramos nossa capacidade de compreensão sobre o presente, estamos, em última análise, melhorando também a capacidade de compreender mais a nossa própria vida.

O tempo pode ser um aliado ou um inimigo de cada um de nós e ninguém pode estruturar o seu tempo a não ser você mesmo.

A decisão de converter o momento presente em nosso aliado é estar consciente de que só existe vida no aqui, no presente. Usar o tempo como inimigo é fazer o oposto disso. Significa ocupar a mente com o passado ou o futuro, estando em muitos momentos da vida ausente do que está acontecendo dentro e fora de nós.

Observe seus pensamentos e veja que boa parte deles representa conteúdos do passado ou do futuro.

Com relação ao futuro, ocupamos nosso cérebro por longos períodos pensando em fatos e situações que ainda não ocorreram. Consumimos muito tempo com ansiedade, expectativas e medos de situações que ainda não aconteceram e que nem sabemos se acontecerão. Dito de outra forma: quando estamos ocupando nossa cabeça com o futuro, não permanecemos no agora porque estamos ocupados com um tempo que ainda não veio. Estamos no momento presente, apenas aparentemente. Quando esse padrão de pensamento se torna constante, o momento presente se torna uma espécie de obstáculo. É como se pudéssemos adiantar o relógio e já saltar para aquele dia desejado, para aquelas situações em que o futuro nos parece atraente. Estamos no presente, apenas aparentemente.

O mesmo acontece com o passado. Nosso cérebro se ocupa intensamente com episódios e lembranças ocorridos há tempos atrás, como se estivessem acontecendo agora. Internamente revivemos situações e experiências antigas, dialogando em nosso cérebro com o passado, enquanto o presente acontece.

Com relação ao passado, geralmente ocupamos nosso cérebro com situações traumáticas que ocorreram há tempos atrás. Nossos pensamentos revivem situações, diálogos e vivências que não voltam mais, nos desviando do momento presente onde a vida acontece de fato.

Nas duas situações relatadas, nos tornamos impacientes e permanecemos num estado de tensão permanente. Acredito que você conheça pessoas assim, sempre tensas, agitadas, correndo, se queixando de sua constante "falta de tempo". Para muitas pessoas essa é a realidade cotidiana e representa seu estado normal de ser. Nem se dão conta que não estão no presente. A vida que ocorre no agora acaba por representar um obstáculo, pois estão sempre focados em alguma coisa que já aconteceu ou que ainda não aconteceu.

Tornarmo-nos conscientes dessa situação é o primeiro passo para que uma nova forma de relacionamento com o tempo se instale: parar essa voz tagarela que a todo o momento vem em nossas mentes para ocupá-la com os traumas do passado ou a ansiedade pelo futuro e acessar o momento presente.

Só é possível existir vida no agora e, considerando que a vida e o tempo presente são essencialmente a mesma coisa, vale refletir que tipo de relacionamento estamos estabelecendo com o tempo.

Para nos tornarmos mais conscientes do uso que fazemos do tempo, é pertinente fazermos algumas perguntas:

- Qual é o tipo de relacionamento que temos com o presente, com o agora?

- Será que percebo o presente como um obstáculo que está me impedindo de estar em algum outro tempo?

Claro que o tempo do relógio é importante, sempre. É impensável um mundo sem a existência do tempo cronológico, seja para marcar um encontro, uma reunião, uma viagem. A forma como utilizamos o tempo cronológico depende da maneira como ele está estruturado na nossa mente.

O tempo interno, aquele que está dentro de cada um de nós, pode estar contaminado em demasia pela presença do passado e do futuro. Viver no presente é estar inteiro e atento àquilo que acontece agora, seja interna ou externamente. Quanto mais inteiros e atentos ao presente, mais fortes e produtivos nos tornamos. Ficamos mais capazes de usar toda a nossa potencialidade.

Quando vivemos no presente tendo o passado ou o futuro ocupando nosso cérebro, ficamos divididos, desatentos e despendemos uma grande quantidade de energia para obtermos resultados. Nossos diálogos internos com o passado e o futuro nos impedem de dar atenção às pessoas e situações que estão no momento presente. Muitas vezes não ouvimos o que os outros dizem, precisamos pedir que repitam e muitas vezes fica claro para a outra pessoa que nossa atenção não estava direcionada para ela. Enquanto os outros falam, estamos num incessante diálogo interno que nos impede de conectar e absorver tudo que está se passando.

É comum chamarmos esse estado de viver no passado ou futuro de "piloto-automático". Estamos tão ausentes do agora, que em algumas situações não nos lembramos se fizemos determinada tarefa ou não. Outras vezes, a "ausência" do presente é tanta que não nos lembramos de ter realizado uma atividade e a fazemos pela segunda vez.

O consumo de energia que viver fora do momento presente acarreta é elevado, sem falar no desperdício de tempo, na baixa produtividade, retrabalho ou, dizendo de outra forma, no desperdício de vida.

Mais do que administrar o tempo, temos que deixá-lo em seu devido lugar.

Não por acaso, o agora é chamado de presente. Dê o presente de presente para você mesmo!

**Referências**


- Vitale, Joe.Limite Zero.Rio de Janeiro; Rocco,2009.
- Arntz, Willam, ET AL. Quem somos nós? Rio de Janeiro; Prestígio Editorial,2007.
- Tolle, Eckhart. Um Novo mundo. O despertar de uma nova consciência.Rio de Janeiro; Sextante,2007.
- Tolle, Eckhart. O Poder do Agora.Rio de Janeiro; Sextante,2005.
- Tolle, Eckhart. Praticando o Poder do Agora.Rio de Janeiro; Sextante,2006.
- Tolle, Eckhart. O Poder do Silêncio. Rio de Janeiro; Sextante,2006.
- Losier,Michael.A Lei da Conexão.Rio de Janeiro, Ediouro, 2010.
- Lipp, Marilda.Sentimentos que causam stress.São Paulo, Papirus, 2010.
- Sharp, Anna. A vida tende a dar certo.Rio de Janeiro, Rocco,1996.
- Goleman, Daniel.Mentiras Essenciais,Verdades Simples.Rio de Janeiro,Rocco, 1997.
- Goleman, Daniel. A MenteMeditativa. São Paulo,Editora Atica, 1997.

## Ana Da Luz Monteiro



Consultora com larga experiência em Desenvolvimento Humano nas Organizações. Psicóloga formada pela Universidade Federal do Rio de Janeiro, com mestrado em Gestão Empresarial, Pós-graduação em Planejamento Estratégico. Ocupou cargos de Gestão em Recursos Humanos em empresas de grande porte. Cerca de 20 anos de experiência profissional na área de Desenvolvimento Humano, através de consultoria, palestras motivacionais, desenvolvimento de gestores e equipes, *coaching*, perfis de personalidade, *mentoring*, dentre outros. Criou e implantou o projeto Encontro com Notáveis, ciclo de palestras que, em 11 anos de atividade, realizou mais de 120 palestras com mais de 70 mil participantes.

**Contatos:**
anamonteiro@wnetrj.com.br

# Anotações

# 7

# Lições para se tornar mais produtivo com maior qualidade de vida



Podemos melhorar o uso desse recurso chamado **Tempo**, revendo nossas atitudes tradicionais, readequando-as ao momento atual e aos papéis que vivemos e consideramos importantes. Invista alguns minutos do seu precioso tempo para poder ganhar na forma de usá-lo

**Bete D'Elia**

Durante muitas décadas, tornar-se mais produtivo era sinônimo de trabalhar mais horas e abrir mão da qualidade de vida.

Esse paradigma, orquestrado pela **tirania do "ou"**, prevaleceu até início dos anos 90.

Produtividade e qualidade de vida eram objetivos totalmente antagônicos. Obrigavam as pessoas a optar por um deles, gerando prejuízos e lacunas no trabalho e na vida.

Felizmente, atualmente, há permissão para conciliá-los, bem como incentivo para que sejam incorporados ao dia a dia, visando um modelo de vida e trabalho mais saudável.

**A magia do "e"** ganha terreno e inaugura um formato mais coerente com os valores do século XXI.

Produtividade e qualidade de vida já saíram do plano utópico e passaram de forma concreta para o nosso cotidiano?

Ainda é cedo para uma resposta conclusiva. Deixamos, recentemente, o círculo vicioso e estamos construindo, gradativamente, o virtuoso.

Essa travessia exige mudanças, novas escolhas e, principalmente, novos comportamentos.

É possível enxergar luz no final do túnel e caminhos possíveis, por quem está disposto a ter uma postura inclusiva, aliada a um novo olhar para o trabalho e para a vida.

Optar por um novo padrão de conduta exige coragem para fazer um diagnóstico e perceber quais são as atitudes nocivas à produtividade e à qualidade de vida.

Leia as situações e atitudes abaixo e avalie se você se identifica com alguma(s) delas:

- Sente-se "produtivo" porque está sempre ocupado e correndo;
- Está sempre com pressa de chegar a algum lugar, que não sabe ao certo qual seria;
- Qualquer mudança na agenda sempre repleta de compromissos provoca ansiedade e frustração;
- Acha que dormir de seis a oito horas diárias é pura perda de tempo;
- A atenção se dispersa em direção aos inúmeros assuntos que, diariamente, está tratando;
- A atitude diária pode ser comparada àquela de um piloto, que está sempre acelerando, sem ter a oportunidade de admirar a paisagem;
- Estabelece cada dia metas mais altas, forçando-se a fazer cada vez mais e numa velocidade maior;
- Tem dores no estômago, de cabeça, nas costas e outros sintomas típicos do estresse do mundo atual.

Caso tenha se visto em alguma dessas situações, relaxe. Você não é o único.

Você pode desacelerar, produzir mais, ter saúde e ser feliz!

Você merece essas novas condições. Elas não acontecem como num passe de mágica. É possível aprendê-las e incorporá-las nos seus hábitos.

Então, mãos à obra. Prepare-se para aprender, reaprender e, talvez, desaprender.

A primeira atitude é acreditar que pode sair da condição de vítima da vida, assumir suas rédeas e controlá-las.

A desaceleração é um processo interno, de fora para dentro. Os rearranjos externos, mesmo que radicais, normalmente não funcionam porque são superficiais; não mexem com os pensamentos, nem com a forma equivocada de perceber a vida..

Mudar a linguagem e os diálogos internos pode ser uma medida salutar. Na maioria das vezes, utilizamos, inconscientemente, palavras de pressão e estimulamos falas internas de cobrança ininterrupta.

Acionamos, sem perceber, o botão interno da adrenalina, usando com convicção as expressões **"não tenho tempo, não vou conseguir cumprir o prazo, estou atrasado, não consigo chegar no horário, não dou conta de tudo que tenho para fazer e outras similares**, que nos tiram do equilíbrio, diminuindo o foco e a concentração.

Que tal substituí-las por palavras mais nutritivas e que expressem possibilidades, tais como: **tenho tempo, estou no prazo, consigo coordenar as prioridades, posso chegar no horário, mereço negociar prazos mais adequados para o trabalho, posso ser produtivo com um ritmo equilibrado**.

Isto ainda lhe causa estranheza e soa como algo irreal?

Esse sentimento é natural. Sair da zona conhecida causa desconforto.

As grandes mudanças começam com pequenas atitudes. Aliás, elas se iniciam primeiro com a nossa observação, reflexão e, depois, a ação.



**Foco e atenção ao momento presente**

"***Nossa energia flui para onde a nossa atenção está***"
(pressuposto da PNL – Programação Neurolinguística)

**Podemos colocá-la a favor ou contra a nossa produtividade**

Muitas vezes, a melhor estratégia é resgatar algumas lições do senso comum e da sabedoria dos nossos antepassados.

Lembra-se desse antigo e verdadeiro ditado: "***Quer chegar rápido? Então, vá devagar*!**"

Atualizando esse ensinamento para os dias de hoje, podemos traduzi-lo da seguinte forma:

- Quando aprendemos a ficar calmos, no momento presente, aumentamos o foco e concentração, otimizando, automaticamente, a produtividade e os resultados.
- "**Estar presente**" possibilita fazer com qualidade e poupar energia.

A simples opção de mudar alguns paradigmas sedimentados em crenças inverídicas já produz uma significativa transformação. Quando afirmamos repetidas vezes ao dia "não temos tempo", estamos provocando uma sensação interna de desconforto, impotência, que mina as nossas forças, prejudicando o nosso desempenho.

E nem nos damos conta que, dessa forma, fortalecemos algo irreal!

Quem de nós não recebe, diariamente, a quantidade maravilhosa de 24h, que equivalem a 1440 minutos?

Somos presenteados, diariamente, com essa matéria-prima preciosa. Mas insistimos em não aceitá-la, reforçando a nossa negação.

Que tal refletir e aceitar essa verdade incontestável? **Temos tempo. Temos 24h – 1440 minutos**.

Experimente aceitá-la, tomar posse e observar a agradável sensação interna ao afirmar: **tenho tempo**.

Se temos tempo, como se explica então a angústia permanente de que ele é insuficiente para realizar nossos objetivos e metas?

**Vivendo com excelência**

É aí que mora o segredo:

Independentemente de termos todo o tempo possível, podemos ainda:

- Não ter tempo livre para nós;
- Não ter noção exata das prioridades profissionais e pessoais;
- Não saber falar "não" quando necessário;
- Não negociar prazos adequados;
- Não delegar;
- Não deixar de fazer o que não for importante.

Qualidade e excelência de vida implicam em desenvolver essa aprendizagem.

Podemos melhorar o uso desse recurso chamado **Tempo**, revendo nossas atitudes tradicionais, readequando-as ao momento atual e aos papéis que vivemos.

Um exercício prático e útil pode ser feito, identificando e avaliando a distribuição dos seus 1440 minutos diários.

Que tal se dar a oportunidade de ser seu próprio consultor?

Um bom trabalho de consultoria exige um diagnóstico real e fiel, para que depois sejam propostas medidas eficazes de solução.

Invista alguns minutos do seu precioso tempo para poder ganhar na forma de usá-lo.

Do total dos seus 1440 minutos diários, diminua o que você utiliza para dormir e para trabalhar.

Para agilizara sua conta , consulte a tabela abaixo:

Sono

| **Número de horas** | **Total de minutos** |
|---|---|
| 5 horas | 300 minutos |
| 6 horas | 360 minutos |
| 7 horas | 420 minutos |
| 8 horas | 480 minutos |

Trabalho

| Número de Horas | Total minutos |
|---|---|
| 8 horas | 480 minutos |
| 9 horas | 540 minutos |
| 10 horas | 600 minutos |
| 11 horas | 660 minutos |
| 12 horas | 720 minutos |

Vamos imaginar que você durma uma média de seis horas diárias (de 2ª a 6ª), trabalhe oito horas e gaste duas horas na locomoção.

Seus números seriam:

| | |
|---|---|
| Sono: | 360 minutos |
| Trabalho + deslocamento | 600 minutos |
| Total: | **960 minutos** |
| **Saldo:** | **480 minutos** |

Escolha agora os papéis que vive e que considera importantes, avaliando se está dando eles o tempo adequado.



| Papel | Envolvidos |
|---|---|
| Afetivo | Namorado (a), marido, mulher, parceiro(a) |
| Filho (a) | Pais |
| Pai/mãe | Filho(s) |
| Pessoal | Você e seu desenvolvimento, lazer, descanso etc. |
| Social | Amigos |
| Religioso | Sua crença |
| Cidadão | Trabalho para a comunidade |
| Outros | |

Não atribua juízo de valor após ter feito o seu diagnóstico. Não há certo nem errado.

O que existe é a sua realidade.

O que você pode analisar é se está satisfeito com ela ou não.

E o mais importante é saber que pode alterar qualquer padrão, porque você é o piloto dessa viagem chamada Vida.

É uma escolha possível e extremamente gratificante quando reconhecemos que temos, internamente, todos os recursos e que eles podem ser usados a favor do nosso sucesso, saúde e felicidade.

**Referências**

CARLSON, Richard & BAILEY, Joseph. *No Ritmo da Vida – Reduzindo a velocidade frenética*. Rio de Janeiro: Rocco, 2002.

## Bete D'Elia



Diretora da Toucher Desenvolvimento Humano Ltda. Graduada em Português-Francês pela USP - Universidade de São Paulo, pós-graduada (latu-sensu) em Psicologia Universal, pelo Psyko Universal, Instituto de Desenvolvimento. *Coach* com formação pelo IDHL – Instituto de Desenvolvimento Humano Lippi. Palestrante, instrutora de cursos, consultora de empresas; para profissionais da gestão empresarial. Professora de pós-graduação, curso Assessoria Executiva, disciplina Qualidade de Vida, Uni-Ítalo (2000 a 2007). Articulista de revistas, entre elas a *Capital Público*, jornais, sites com temas voltados à gestão empresarial, qualidade de vida, profissionalismo, inteligência emocional, administração do tempo, liderança feminina, entre outros. Membro dos Grupos de Estudo Gestão e Desenvolvimento, Qualidade de Vida Integral, da ABQV – Associação Brasileira de Qualidade de Vida. Membro do Comitê Estratégico de Educação, do Sindicato das Secretárias do Estado de São Paulo – Sinsesp. Professora-colaboradora do livro *Gestão Secretarial – O Desafio da Gestão Holística*, com autoria de dois capítulos. Autora do livro *Profissionalismo – Não dá para não ter* – Editora Gente e *As novas competências do profissional de secretariado*, com Edméa Garcia Neiva – Iob Thomson.

**Contatos:**
www.betedelia.com.br
betedelia@uol.com.br
(11) 5052-4947 / (11) 7891-3162

# Anotações

# 8

# Gestão com foco no lucro



Melhorar a produtividade tem tudo a ver com a busca de aumentar os lucros. Buscar o aumento da lucratividade de uma empresa com a mente focada apenas na busca de encontrar formas de economizar mais nem sempre é o melhor caminho a seguir. Agir estrategicamente, pensando em como lucrar mais, possibilita melhores resultados

**Bruno Krug**

Partimos de uma ideia básica: toda empresa tem como finalidade obter lucros e, se possível, lucros constantes e crescentes.

Entretanto, algumas coisas devem ser levadas em consideração por gerentes, proprietários e lideranças da empresa. A seguir, citarei três pontos muito importantes a serem compreendidos:

**Lucro é bom e positivo**

Acredito que é necessário olharmos a busca do lucro como algo positivo. Falo isso pelo fato de que muitas pessoas olham o dinheiro de forma negativa, o que atrapalha o crescimento de uma empresa. Na nossa cultura, ainda associamos o dinheiro a coisas ruins e, na verdade, o que prejudica a sociedade é a falta de dinheiro, bem como a ganância e o mau uso do mesmo.

Muitos chegam a dizer que a finalidade de uma empresa é a contribuição social, quando, na verdade, ela faz isso ao produzir bons produtos ou serviços, contratando e pagando em dia seus funcionários e seus impostos. Cabe ao governo fazer a parte dele na saúde, ensino, segurança e tudo o mais. O empresário até pode contribuir voluntariamente para isto, mas não é a sua obrigação. É cidadania, generosidade ou foco em *marketing* social.



**Foco e atenção**

Primeiro, vamos compreender o que é foco. Quando nos focamos em alguma coisa, naturalmente desfocamos de outras, tanto no plano físico como no plano mental ou organizacional. Fisicamente, se você esticar o seu braço e olhar sua mão, naturalmente ela ficará bem visível para você. Ou seja, você está focando ela e observará que, além dela, tudo ficará desfocado. Olhando para a paisagem além da mão, o foco se inverte. Ou seja, foco é o lugar onde concentramos nossa atenção.

**Cresce tudo aquilo em que focamos nossa atenção**

De forma geral, lemos em muitos livros sobre o poder mental, segundo o qual, dizem, atraímos aquilo em que concentramos nossa atenção. Não podemos afirmar que isto seja um fato, pois não temos provas científicas de que isto ocorra. Entretanto, podemos afirmar que, por focarmos mais numa coisa do que em outra, temos a tendência de movimentar nossa energia, atenção e ação naquela direção, o que vem a favorecer isto em detrimento de outras coisas.

Muitas vezes, ao conversar com diretores e gerentes e afirmar que eles precisam ter "foco no lucro", geralmente ficam sem entender e dizem que têm foco no lucro e que querem ganhar dinheiro. Mas, o problema é que não percebem que, na prática, a mente deles está mais focada na economia do que no lucro, ou seja, pensam muito mais em como economizar do que em como lucrar mais, e isso limita muito sua mente, sua percepção e seus resultados. Se nossa atenção está focada na economia, então vamos tomar decisões e ações baseadas em "como economizar mais" e não em "como lucrar mais".

Vamos exemplificar a prática empresarial: um empresário ou gerente que fica fazendo atividades que uma pessoa que ganha menos do que ele deveria fazer, está desperdiçando dinheiro. Ele pensa que economiza por não contratar um novo funcionário, quando, na verdade, muitas vezes um simples estagiário poderia fazer aquilo que ele está fazendo e que o está levando a perder seu tempo, energia e dinheiro, os quais deveriam estar sendo canalizados para ações mais importantes. É muito comum vermos pessoas que ganham mais fazendo coisas que pessoas que ganham menos poderiam fazer.

Não estamos dizendo que não devemos pensar em "como economizar" e em "como melhorar o que fazemos", mas que precisamos ter um foco maior nas questões que possam aumentar os lucros, pois é isto que vai fazer a grande diferença na maioria das empresas. Salvo alguns tipos de mercados, onde realmente o principal é conseguir focar em comprar por menos para vender por menos, aumentando assim o giro dos produtos, na grande maioria dos negócios os gestores teriam melhorias e maiores ganhos se concentrassem seu tempo em reuniões pensando em formas de agilizar os processos, de aumentar ganhos, de expandir novos mercados, enfim, formas práticas de aumentar os lucros da empresa.



Podemos fazer isso otimizando o tempo, maximizando os recursos e a inteligência da equipe, pois se a equipe tiver estímulo e apoio gerencial para buscar melhores caminhos e soluções, focando na melhoria e no lucro, vai obter resultados acima da média e alcançaremos lucros maiores e ganhos para todos os envolvidos no processo.

Outro exemplo claro é o pouco que as empresas investem em treinamento e desenvolvimento, pensando nisso como um custo adicional. Na realidade, T&D se torna um custo se não soubermos trabalhar as questões importantes para o crescimento pessoal e o aprimoramento profissional das pessoas que participam dos cursos e palestras. Se focarmos nas necessidades certas e os líderes motivarem e estimularem os participantes a aplicarem os conhecimentos aprendidos nos treinamentos, com certeza a empresa crescerá mais ainda.

Isso também é constatado fortemente nas empresas que normalmente não investem em preparar as futuras lideranças e gestores, e quando os atuais saem da empresa ou têm algum problema maior, a empresa não tem quem os substitua de forma adequada. Os que assumem, mesmo que com boa vontade, fazem muitas bobagens com as melhores intenções. Os prejuízos do mau gerenciamento, oriundos da falta de preparação antecipada, geralmente não entram em indicadores diretamente, mas são muito elevados e a responsabilidade principal é da direção que pensou em economizar e não se preparou para as eventuais mudanças internas no corpo gerencial.

Se não investirmos na formação dos gestores e lideranças para que saibam planejar, organizar, liderar e motivar suas equipes de trabalho, os mesmos vão atuar num patamar abaixo do que poderiam, gerando mais problemas e prejuízos ou, no mínimo, deixando de gerar os lucros possíveis.

Investir no desenvolvimento de gestores e líderes tem que ser prioridade para o crescimento de uma empresa, pois são eles que vão analisar e decidir, movimentando a empresa na direção correta e com alta *performance*, ou indo na contramão, perdendo desempenho e mercado.

As empresas tendem a dar muita atenção ao custo de se realizar algo, porém não dão atenção ao custo de não realizá-lo. Com o foco apenas na economia ou na melhoria dos processos, deixamos de perceber novas oportunidades, novos mercados, novos caminhos que podem aumentar nossos resultados e lucros.

Quando falamos que "tudo aquilo em que colocamos nossa atenção tende a crescer", lembramos de uma frase de Jesus Cristo, dizendo que "A quem tem, será dado, de quem não tem, será tirado". É uma frase polêmica, principalmente em épocas de tudo politicamente correto, mas Jesus Cristo falava a verdade, pois fatos são fatos. Pessoas com mentalidade pobre não conseguem perceber as oportunidades que se apresentam nas dificuldades e tendem a ficar reclamando ou se anulando, enquanto os vencedores tendem a buscar soluções e ganhos que estão ocultos nas dificuldades da vida. Isto é "foco" direcionado a soluções, a respostas positivas, ao lucro, ao crescimento e ao desenvolvimento. Esta capacidade de ser otimista e de buscar o melhor tende a levar aqueles que já estão bem a ficarem ainda melhor, pois isto faz parte de seu modo de pensar e agir.

Gestão com foco no lucro não pode ficar resumida a ideias, ou a valores colocados em quadros bonitos nas paredes da empresa, mas precisa se manifestar em atitudes reais dos membros da diretoria e do corpo funcional da empresa. Quanto mais todos estiverem motivados e focados em melhorar e lucrar mais, tanto mais facilmente encontrarão formas de progredir, de vender mais, de resolver problemas e encontrar soluções.

### Invista mais para lucrar mais

Vou apresentar algumas sugestões práticas que você pode aplicar em sua empresa e carreira, partindo do princípio de que se queremos melhorar nossos resultados e nossa produtividade, precisamos cultivar boas sementes:

- Invista fortemente em treinamento e desenvolvimento dos gestores e dos demais colaboradores da empresa para que possam desempenhar um trabalho mais eficaz, pois a falta de competência leva a prejuízos, atrasos, retrabalhos e outros problemas, atrapalhando e consumindo tempo e recursos que seriam parte do lucro da empresa.
- Invista na melhoria das instalações, equipamentos e ferramentas modernas e necessárias, de forma que possam otimizar os processos e os resultados. Um bom investimento em um *layout* adequado para a produção ou no atendimento pode tornar tais processos mais produtivos e velozes. Invista dinheiro de forma que possa melhorar o visual interno e externo da empresa, os quais devem transmitir a imagem adequada ao seu ramo de atuação e ao público-alvo que deseja conquistar para seu negócio. Da mesma forma, cuide bem da apresentação pessoal de todos, pois ela deve servir para passar a imagem de uma empresa séria, competente, limpa, moderna e responsável. Neste mesmo sentido, contratando um bom vitrinista ou capacitando algum colaborador nesta área, a sua empresa pode ter a decoração adequada e chamativa para atrair os clientes a entrarem na loja, possibilitando maiores vendas e ganhos.
- Invista em relacionamento positivo com seus clientes, de forma a dar um melhor atendimento e obter maior fidelidade dos mesmos. É melhor investir tempo, dinheiro e energia para satisfazê-los agora do que perder sua atenção, pois custará muito para reconquistá-los. Do mesmo modo, busque reconquistar clientes que estavam afastados da empresa, e quando surgir reclamações que você desconheça, não deixe de pedir desculpas e de reparar o que for possível, da melhor maneira que puder.
- Transforme positivamente o seu local de trabalho, cuidando para mantê-lo limpo e organizado, deixando-o com mais beleza e harmonia. Procure, acima de tudo, criar um clima positivo, onde as pessoas sintam prazer de trabalhar, de se ajudar como pessoas e de colaborar ativamente como colegas profissionais.
- Acima de tudo, como líder, a sua prioridade é fazer com que as coisas aconteçam mantendo o foco na produtividade e no lucro, ao mesmo tempo em que se valoriza o ser humano. Você se torna o estímulo que impulsiona a ação positiva, fazendo acontecer cada vez mais e melhor, o que é bom para todos os envolvidos no processo.

*"Existe um meio de tornar isso melhor. Encontre este meio."*

Thomas Alva Edison

# Bruno Krug



Sua grande experiência de mais de 26 anos como palestrante, consultor empresarial e terapeuta holístico lhe permite trabalhar com temas direcionados ao desenvolvimento de lideranças, ao aprimoramento gerencial, ao fortalecimento e motivação de equipes para superar os desafios e ajudar a encontrar soluções para obter maior excelência e lucratividade. Na área terapêutica possui formação em *Master Practitioner* em PNL, Hipnose Ericksoniana e Clínica, Terapia Floral de Bach, Instrutores de Yoga, Acupuntura, Terapia da Linha do Tempo, Regressão, Controle Mental e outros. Graduado em Administração de Empresas, cursando MBA em Gestão Empresarial pela FGV, além de diversos cursos nas áreas de Liderança, *Marketing*, Gerência de Equipes, Criatividade Gerencial, Qualidade Total, Administração de Conflitos, Comunicação, Vendas, Relações Humanas, Inteligência Emocional e outros mais. Já ministrou mais de 1.400 cursos e palestras para empresas, universidades e organizações diversas.

**Contatos:**
www.brunokrug.com.br
contato@brunokrug.com.br
(55) 3312-5477
(55) 8142-5600

## Anotações

# 9

# Priorizar é a chave para a administração do tempo



Quando você diz a alguém que não fez algo porque não teve tempo, isso é relativo. De fato, tempo você teve, apenas não priorizou aquilo que não fez. Portanto, dizer a alguém que não fizemos algo porque não tivemos tempo pode soar de forma pejorativa. Se aquilo que não fizemos não era importante, tudo bem; porém, se era importante e não foi feito, isso não se deve à falta de tempo e sim à falta de priorização

**Carlos Basso**

# Carlos Basso

*"Enquanto você não se der valor, não valorizará seu tempo. Enquanto não der valor ao tempo, não fará nada de importante."*

M. Scott Peck

São seis horas da manhã e Rafael já está trabalhando. Ele chega cedo para fazer seu trabalho. Acessa os e-mails, analisa, responde e elabora novas mensagens. Ele faz isso porque está apavorado. Ele sabe que em poucas horas estará sendo requisitado por diversas pessoas – clientes e colegas. O telefone estará tocando, videoconferências estão agendadas, algumas reuniões intermináveis programadas e muitos problemas estarão acontecendo ao seu redor. E o resultado disso: uma grande perda de tempo, incapacidade para executar todas as tarefas relacionadas, interrupções constantes, frustração total e uma sensação de que no final do dia ele não fez quase nada frente à grande carga de trabalho inicialmente proposta.

Você já se sentiu assim? Há muitas pessoas que trabalham excessivamente ao longo do dia, mas que não conseguem entregar resultados. O problema está na má administração do tempo. Elas simplesmente ficam "mergulhadas no trabalho" com atividades desperdiçadoras de tempo. Ao longo do dia nos deparamos com ocorrências urgentes e/ou importantes que nos forçam a agir e tomar decisões. Não é fácil manter o ritmo, atingir os resultados e manter a qualidade de vida.

Mas não precisa ser assim. Se você não está satisfeito com os resultados que está colhendo, então precisa modificar a forma como usa o seu tempo. Observe que não adianta apenas manter-se ocupado. É preciso fazer o que tem de ser feito e se concentrar naquilo que é importante e lhe promete os melhores resultados.

Dado as exigências dos dias atuais, é comum culparmos os outros pela nossa falta de tempo. O que todos temos a nosso favor é o livre arbítrio no uso do tempo. Assim, cada um usa-o naquilo que lhe oferece a melhor recompensa.

Se nos questionarmos sobre a razão do mau uso do tempo, talvez cheguemos à conclusão de que temos o hábito de fazer o agradável antes do desagradável, o que é rápido antes do demorado, o fácil antes do difícil, o que sabemos fazer antes do que representa uma novidade, o urgente antes do importante e o que os outros nos impõem antes daquilo que escolhemos fazer.

Se definirmos quais resultados desejados queremos alcançar, quais problemas queremos resolver, quais oportunidades queremos explorar, devemos antes definir onde alocar os recursos disponíveis (tempo, energia, esforço, dinheiro) e em que proporção. A questão crucial não é o que fazer, mas sim o que devemos fazer primeiro.

Lembre-se de que os recursos são finitos e cabe a você decidir onde alocá-los. Priorize.

Atenção: *se você não souber quais resultados quer atingir, não saberá em quais tarefas se concentrar.*

Observe que todos os dias estamos rodeados por tarefas a cumprir, que, no entanto, não são metas, são tarefas. Conhecendo nossas metas – resultados a atingir, saberemos em quais tarefas nos concentrar. No texto acima, quando citamos o caso do Rafael e seus inúmeros compromissos, ele precisa ter claro quais os resultados que deve gerar naquele dia/ semana, só então saberá em quais tarefas se concentrar. Se ele não consegue cumprir todas as tarefas, deve fazer as mais importantes e que estão relacionadas aos seus resultados finais esperados. Pode ocorrer que ao final do dia, apesar de não ter cumprido todas as tarefas, ele se sinta aliviado ao perceber que fez as mais importantes para garantir seus resultados.

Vamos imaginar que todos os dias você tenha cinco tarefas importantes para fazer. Faça chuva ou faça sol, terá que fazê-las. Ocorre que, das cinco tarefas, há uma ordem de importância. Uma delas é a mais importante e assim sucessivamente. Vamos considerar também que em alguns dos dias, por motivos diversos (interrupções, falta de delegação, desorganização, imprevistos, procrastinação etc.), você não consiga cumprir todas as cinco tarefas. Neste caso, é fundamental que tenha feito ao menos as mais importantes. Se ao final do dia você realizou quatro das cinco tarefas, porém deixou de realizar a mais importante, seus resultados estarão comprometidos. Portanto, não caia na armadilha de fazer primeiro o que gosta ou o que é mais fácil. Identifique a tarefa mais importante e faça-a.



**Princípio de Pareto**

Temos aqui uma contribuição para potencializar resultados nos concentrando nos "pontos críticos". Aqui vale lembrar o Princípio de Pareto ou Princípio 80/20. O princípio afirma que existe um forte desequilíbrio entre causas e efeitos, entre esforços e resultados e entre tarefas e metas alcançadas. O princípio afirma, de uma maneira genérica, que 80% dos resultados que obtemos estão relacionados com 20% dos nossos esforços. Em outras palavras: uma minoria de ações (tarefas) nos leva à maior parte dos resultados, em contrapartida, uma maioria de ações leva à menor parte dos resultados. Compreenda que priorizar é ter disciplina para fazer o mais importante.

Obviamente que a relação entre causas e efeitos não é exatamente 80/20, mas algo próximo desta proporção. A relação 80/20 é apenas um referencial. O que mais surpreendeu na pesquisa de Vilfredo Pareto é que o desequilíbrio representado pelo princípio 80/20 pode ser observado em diversas outras relações de causa/efeito do dia a dia.

Podemos resumir a proposta 80/20 na seguinte frase: "Precisamos identificar os 20% de esforços/tarefas que são responsáveis pela geração de 80% dos resultados e nos concentrarmos neles, procurando melhorá-los e aperfeiçoá-los cada dia mais.

Priorizar, portanto, é decidir. Decidir é escolher. E toda escolha implica em renúncia. Quando dizemos *sim* a alguma coisa, dizemos automaticamente *não* a outra, ou seja, quando você deixa de dizer não para alguém, está dizendo não para você. Pense nisso!

Utilizo ainda uma analogia para expressar meu sentimento no contexto da priorização: imagine um malabarista fazendo seus exercícios com várias bolas. Considere que ele maneje cinco bolas com excelência. E lá está ele fazendo sua prática. Neste instante alguém lhe joga uma sexta bola. O que ele faz? Deixo esta pergunta aos grupos que participam de meus treinamentos. Após alguma vacilação, alguns dos comentários são os seguintes: ele pega a sexta bola; ele deixa uma das bolas cair e pega a sexta bola; ele ignora a sexta bola e continua com as outras cinco bolas. E você o que pensa disso? Qual seria sua atitude? O que você priorizaria?

Sabemos que cada um de nós tem seus limites. Para o exemplo acima, defini que o limite do malabarista é manejar com excelência as cinco bolas. Na vida real, cada bola representa uma atividade, uma tarefa. Quando em sua direção vem a sexta bola, você terá que saber se ela é mais importante do que alguma das outras. Se assim for, terá que deixar uma das cinco bolas cair ao chão e ficar com a sexta. Mas não é qualquer uma. É a menos importante. Compreenda que priorizar é ter disciplina para fazer o mais importante. Pode também ocorrer da sexta bola ser menos importante do que qualquer uma das outras cinco. Neste caso é ela, a sexta bola, que ficará no chão.

Quando abordo este tema com grupos de profissionais em salas de treinamentos, tem sido comum eu ser questionado para aquelas situações em que a sexta bola vem do "chefe". E aí, o que fazer? Minha percepção é a seguinte: se aquilo que você faz é importante para o seu chefe, ele gostará de saber que você tem prioridades. De fato, essa é uma ocorrência mais comum até do que parece. Muitos de nós somos solicitados pelo "chefe" a fazer mais do que imaginamos ser possível em alguns momentos. Sentimos que já estamos sobrecarregados e vêm mais solicitações. Acredito também que cada um de nós só faz o que é possível já que o tempo é finito. Partindo do pressuposto de que, se você dedicar tempo para a tarefa A, não terá tempo para a tarefa B, terá que fazer uma escolha. Alguns dizem que nestas condições devolvem a solicitação para o chefe e perguntam o que ele quer que façam primeiro. Minha posição é contrária. Primeiro, se você é o responsável por aquela e outras tarefas, deveria saber qual a ordem de importância e qual delas deveria ser feita primeiro. Assim, se não for possível fazer as duas, indique para seu "chefe" qual, em sua opinião, deveria ser feita primeiro e o por quê. Ele provavelmente terá maior respeito por você e por sua disposição em contribuir. No entanto, esteja preparado para ouvir uma posição diferente dele. Muitas vezes, o "chefe" tem informações privilegiadas que nós não temos e neste caso se a escolha for dele, a responsabilidade também será.

Sempre que, por falta de tempo, tiver que optar entre executar uma ou outra ação, considere qual ação está mais alinhada com suas metas. Sempre que estiver desanimado, sem motivação, lembre-se dos seus objetivos e metas, procure imaginar o momento em que consegue realizá-los e a felicidade por ter conseguido. Use sempre o princípio 80/20 para concentrar-se mais nas ações que irão gerar os resultados desejados. Jamais se deixe levar pelos objetivos de outras pessoas. Lembre-se: você é único e, como tal, é o único responsável pela sua vida. Se consegue vencer, o mérito é todo seu. Se não consegue, também. O tempo é escasso para todos. Precisamos conciliar trabalho, desenvolvimento profissional, família, amigos e tantas outras coisas.



As pessoas mais ativas cuidam melhor do seu tempo. Já as pessoas passivas tendem a acreditar que sua vida está ao sabor dos eventos externos e adotam uma atitude de passividade e subordinação. Quando você não estabelece suas prioridades, qualquer demanda que chega de terceiros poderá ocupar espaço central em suas decisões. No entanto, quando você sabe o que tem que ser feito e o que tem que ser feito primeiro, fica mais fácil resistir e não perder o foco de suas prioridades.

Outra forma para se priorizar é atribuir uma nota no que você está fazendo para avaliar virtualmente a ordem de prioridade. Para isto, é necessário listar todo trabalho que tiver para fazer, seja em um dia ou em uma semana. Em seguida, dê a cada trabalho uma classificação numérica. "Um" significa muito importante, "dois" significa importante, "três", rotina e "quatro", sem importância. Fazendo estas avaliações e a consequente análise das mesmas, obterá um quadro orientador sobre o que deve receber maior ou menor atenção. Lembre-se: seu tempo é precioso e você deve usá-lo e controlá-lo cuidadosamente. Portanto, priorize.

## Carlos Basso



Sócio-diretor da CR BASSO Consultoria e Treinamento, profissional que atua em educação há 32 anos. Consultor Organizacional que há 16 anos acumula experiências de consultoria e treinamento em Planejamento Estratégico e BSC, Habilidades em Negociação, Administração do Tempo, Comunicação & *Feedback*, Desenvolvimento Gerencial, entre outros. Administrador de Empresas com especialização em Finanças pela FGV-SP e New York *University* e MBA em *Marketing* pelo IBMEC-SP. Autor de dezenas de Manuais Técnicos sobre o ambiente Corporativo. Especialista na apresentação e condução de Palestras, Seminários e Treinamentos a executivos e outros profissionais em todo o Brasil.

**Contatos:**
www.crbasso.com.br
carlosbasso@crbasso.com.br
(11) 5591-3000
(11) 9968-7779

## Anotações

# 10

# Tempo para Ser: vivendo feliz e produtivamente a partir de sua missão de vida



Você está satisfeito com o fluxo de sua vida? Já refletiu profundamente sobre o que te deixa feliz? Tem clareza de qual a sua real contribuição ao mundo?

**Carolina Steiner e Marcelo Pahor**

**Carolina Steiner e**
**Marcelo Pahor**

Quando nos convidaram a escrever este artigo para um livro sobre "Gestão do Tempo e Produtividade", logo imaginamos trabalhar os aspectos mais amplos desse assunto, sem nos concentrarmos tanto em técnicas ou ferramentas. Entendemos como fundamental discutirmos a seguinte questão: será que estamos dedicando produtivamente o tempo de nossas vidas ao que realmente importa?

CORTELLA (2011) no livro *Qual é a tua Obra?* nos faz lembrar que cada um de nós é "um entre 6,4 bilhões de indivíduos, pertencente a uma única espécie, entre outras três milhões de espécies classificadas, que vive num 'planetinha', que gira em torno de uma 'estrelinha', que é uma entre 100 bilhões de estrelas que compõem uma galáxia, que é uma entre outras 200 bilhões de galáxias num dos universos possíveis". Caramba! Essa constatação 'grandiosa' não é para nos sentirmos insignificantes, mas para nos conscientizarmos de que se estamos aqui, neste planeta, neste momento, em nosso atual estágio de desenvolvimento individual e coletivo, é porque existe uma razão! Qual o real papel de cada um de nós neste cenário?

Ao pensar em tempo, a conhecida e simples fórmula 8+8+8 (oito horas para dormir, oito para trabalhar e oito para alimentação, família, amigos, saúde, casa, cultura, estudo, lazer, ócio...) nos remete à reflexão de que nosso tempo não deva girar apenas em torno de "como" o aplicamos, mas "no que" o aplicamos. Será que estamos fazendo as melhores escolhas? Será que estamos equilibrando adequadamente a distribuição de nosso tempo?



Certa vez ouvimos a definição do "tempo-vida", que é o tempo em que estamos acordados e que é, portanto, o tempo que nos cabe escolher o que fazer, priorizar e realizar – o que exclui as oito horas de sono. Pensando sob esse ponto de vista, temos 16 horas diárias para escolher o que fazer. O que equivale a 112 horas semanais, 480 horas mensais e 5.760 horas anuais. Será que estamos percebendo sentido naquilo em que aplicamos nosso tempo?

## Seu tempo no trabalho

Você já viu gente que desperdiça a vida fazendo absolutamente nada de produtivo, de contributivo ou de relevante? É difícil entender ou aceitar, mas isso é mais comum do que se imagina. Sabe por quê? Porque muitos utilizam essas horas trabalhando no que não gostam, no que não nutre a essência do seu ser, no que não agrega para si ou para outros.

Muitas vezes essas pessoas nem sabem que não gostam do que fazem. A vida as levou para uma determinada profissão e, como se diz popularmente, elas estão na base do "deixa a vida me levar" – ainda não pararam para refletir se aquele trabalho está conectado à razão de sua existência, aos seus objetivos essenciais.

Se passarmos a vida trabalhando em algo que não nos nutre, que não nos possibilita expandir e onde não conseguimos contribuir genuinamente, utilizando nosso potencial, então isso é um desperdício de "tempo-vida" além de ser um desperdício para a humanidade que não terá oportunidade de conhecer o que temos a oferecer – e que às vezes está adormecido.

Acreditamos que quando se dedica oito horas diárias a um trabalho que se goste, ele será entregue com excelência, transcenderá o efêmero e transitório, permitirá avanços na sociedade, fará com que aprendamos algo novo a cada dia e, desta forma, nos sentiremos realizados e conectados ao nosso propósito de vida, sentindo-nos plenamente produtivos e felizes.

Com o que você tem se ocupado? Seu trabalho atual o satisfaz? Você tem a possibilidade de aprender e se desenvolver? Qual a conexão do que você faz com o que você sente que deve fazer?



**Seu tempo com a família e amigos**

Muitas vezes construímos e mantemos interações superficiais com nossos familiares e amigos. Por mais que essa afirmação possa parecer estranha ou improvável, entendemos que o amor não é irremediavelmente incondicional e que não basta amar ou aceitar para se garantir a existência de um relacionamento verdadeiro.

Notamos que a percepção das pessoas é de que as relações familiares e com amigos próximos serão eternas. Essa noção de algo imutável parece gerar um tipo de permissão não verbalizada para que cada um possa agir como quiser, possa escolher o que bem entender sem pensar ou considerar os demais, como se todos aceitassem conviver com o que quer que provenha do outro.

Sim, entendemos que opiniões diferentes, desentendimentos casuais e discussões fazem parte das interações. Mas vale a reflexão: será que estamos SENDO o que realmente podemos e devemos para nossas famílias e amigos? Atuamos com a essência de nosso SER?

Acreditamos que as relações são importantes veículos para nos desenvolvermos. Se nos permitirmos aprofundar essas relações, não nos contentando com interações superficiais, aproveitaremos o tempo de nossa vida para trilharmos um caminho significativo.

Exercer o seu papel com o outro é algo que lhe permite contribuir e receber a contribuição que as pessoas podem lhe dar. Para isso, você deve estar disposto a expor suas questões, dificuldades, discordâncias e rejeições com respeito e em busca de entendimento.

Para que os relacionamentos sejam saudáveis e duradouros, é fundamental buscarmos perceber o que os outros pensam e sentem. O diálogo, a troca, a sinceridade, a busca da compreensão e aceitação mútuas, o respeito às diferenças, o reconhecimento dos nossos equívocos, a coragem e o perdão ao próximo devem ser exercícios constantes para a manutenção de relacionamentos positivos e produtivos.

Você tem escolhido os caminhos mais fáceis ao relacionar-se, omitindo-se e evitando atritos e conflitos, ou você está disposto a expressar-se e atuar ativamente em seus relacionamentos, exprimindo suas opiniões, vontades e exercendo o seu papel com os outros?

Sabemos quanto é complexo, árduo e desafiador SERMOS o que podemos SER, com toda a nossa essência, mas esse SER representa a nossa missão, a nossa colaboração às pessoas que estão ao nosso redor e ao mundo. Será que estamos facilitando o desenvolvimento das pessoas que passam pelas nossas vidas? Estamos cumprindo nossos papéis com elas? Permitimos que cumpram os seus papéis conosco?

No casamento, com os filhos, com os amigos, com colegas de trabalho, funcionários, sócios, enfim, com todos com os quais nos relacionamos por períodos duradouros e com os quais podemos esperar gerar algo de produtivo e sincero, temos que investir tempo conversando – o que implica falar e escutar ativamente –, buscando compreender as diferentes histórias de vida, objetivos, opiniões e prioridades.

As pessoas não estão em nossas vidas por acaso. Elas representam, em maior ou menor grau, possibilidades de descobrirmos aspectos de luz e sombra sobre nós mesmos. Podem também apoiar-nos em nossa trajetória, seja como orientadores, ouvintes, companheiros, amigos, *coaches*, parceiros; não importa o papel que os outros ocupem em nossas vidas, temos que estar abertos para nos permitirmos viver relações profundas e verdadeiras.

Entenda como as pessoas se encaixam em sua vida. Qual a razão das pessoas participarem da sua vida? O que você aprende com elas? Qual a sua contribuição a elas?

### Seu tempo com você mesmo

A vida é nosso bem mais precioso e, a partir do momento em que temos direito a ela, e por todo o tempo que esse direito perdurar, devemos nos perguntar: estou trilhando o meu caminho de descobertas e aprendizados? Qual a razão de minha existência? Que contribuição quero deixar à humanidade, ao planeta?

Quando estamos alinhados à nossa essência, o foco de nossa produtividade deve sempre girar em torno de nossa missão. À medida que nossos objetivos de curto, médio e longo prazo forem sendo alcançados, avançamos na realização de nossa razão de Ser.

E o que é Ser? É existir, é atuar como protagonista da própria história, é assumir a direção da própria vida. Esse processo é fortalecido quando conscientizamo-nos de que a partir de nossas escolhas, pensamentos, sentimentos, palavras e ações, alcançamos nossos resultados, sejam eles bons ou ruins.

Devemos escolher o que fazemos partindo do que somos, e não o contrário. E, para acessar o que somos, devemos ter tempo conosco mesmos, refletindo, ponderando, sentindo, fazendo retrospectivas e prospectivas de nossos momentos, aprendendo com tudo o que vivemos e com todos com os quais atuamos em nossas vidas. Com isso, podemos fazer o que fazemos com prazer e sendo muito mais produtivos do que quando fazemos por medo, por pressão ou por estarmos no "piloto automático".



Se deixarmos a vida nos levar, dificilmente estaremos plenamente satisfeitos. Se assim for, é provável que, bem lá no fundo de nossa alma e de nosso coração, estaremos desconfortáveis, inquietos, perdidos ou até angustiados.

Quando despertamos para nossa vida, para nosso processo de autoconhecimento e autodesenvolvimento, nos enchemos de energia, vitalidade e força. E isso nos faz caminhar firmemente em direção à realização de nossos objetivos e propósitos.

Ao nos sentirmos em nosso caminho, numa trajetória que é só nossa e de mais ninguém, seja ela qual for e estando no trecho que estiver, aí sim podemos levar uma vida prazerosa, harmoniosa e verdadeiramente feliz. Vivendo essa vida, nosso tempo será de fato produtivo, bem vivido e muito bem aproveitado, por ser dedicado ao que realmente importa: nossa missão!

Você tem prazer com a vida que leva? Você está satisfeito com sua trajetória? Seja crítico com você mesmo! Não se sabote! Quem sabe você não muda o rumo do seu trabalho, da sua vida familiar e com amigos e de seu convívio consigo mesmo.

**Referências**

R. COVEY, S., *Os 7 hábitos das pessoas altamente eficazes*. São Paulo: Best Seller, 2003

CORTELLA, M.S., *Qual é a tua obra? Inquietações propositivas, sobre gestão, liderança e ética*. São Paulo: Vozes, 2011.

# Carolina Steiner e Marcelo Pahor



**Carolina Steiner**

Consultora Organizacional, *Coach* e sócia da Steiner Desenvolvimento Organizacional Integrado. Trabalha desde 1997 com desenvolvimento humano e organizacional e atualmente tem foco em elaborar e implantar programas de desenvolvimento e gestão de mudanças, além de coordenar processos decisórios em grupo e facilitar *workshops* e treinamentos. Atuou nas áreas de RH de empresas como Novartis, Ultragaz/Grupo Ultra e DuPont. Administradora de Empresas pela PUC-SP, com formação e aprofundamento para consultores e líderes facilitadores (Adigo) e participação em diversos cursos ligados à liderança, *coaching*, gestão de projetos, comunicação e efetividade.

**Marcelo Pahor**

Consultor Organizacional e sócio da Steiner Desenvolvimento Organizacional Integrado, Administrador de Empresas, pós-graduado em Administração Industrial pela USP-SP, cursando MBA em Logística Empresarial (FGV). Desde 1996 atua em áreas de *Supply Chain* de empresas como Aventis, Novartis, Glenmark e DesleeClama. Competência na formação e coordenação de equipes e experiência na elaboração e implementação de planejamento estratégico para a área de logística.

**Contatos:**

carolina.steiner@steinerdesenvolvimento.com.br
marcelo.pahor@steinerdesenvolvimento.com.br
www.steinerdesenvolvimento.com.br

# Anotações

# 11

# A gestão do tempo através de comportamentos específicos



Para fazer uma boa gestão do tempo, é necessário um conjunto de comportamentos que, se usados de forma criteriosa e sob medida para cada situação, trará resultados positivos

**Cassia Irias**

Por diversas vezes a administração do tempo esteve associada a hábitos de pessoas extremamente organizadas, metódicas, que seguem critérios muitas vezes rígidos para realizar tarefas e cumprir prazos. Porém, o que vemos hoje é que a correta administração do tempo não é uma técnica e sim um comportamento, é a atitude assertiva diante das situações.

Veja abaixo alguns dos comportamentos imprescindíveis para o sucesso pessoal e profissional:

- Planejamento – Permite perceber e analisar a realidade onde o profissional está inserido, avaliar possibilidades e estruturar ações para alcançar da melhor forma possível os resultados esperados. É importante lembrar que o planejamento tem que ser um processo contínuo e dinâmico;
- Organização e Disciplina a fim de perseguir seus objetivos para cumprir o que foi planejado. Elas podem ser definidas como a capacidade de ter controle sobre todas as atividades sob sua responsabilidade, além de realizá-las dentro de uma sequência produtiva, mas é necessário disposição para seguir e cumprir procedimentos;
- Criatividade – Nenhum dos comportamentos citados anteriormente poderá "engessar" o indivíduo, pois o contexto organizacional é dinâmico e requer facilidade de seus colaboradores para encontrar novas ideias e soluções para os problemas e mudar a prioridade para atingir os melhores resultados;
- Trabalho sob pressão – Capacidade de trabalhar com rapidez e eficiência, lidar com desafios, prazos justos e definidos;
- Flexibilidade – Para que se possa lidar com a diversidade, com a mudança de prioridade e urgências sem perder o foco;
- Estratégia – Analisar a situação, avaliar a importância da tarefa que está executando, bem como dos impactos de suas ações e dos prazos estabelecidos, visando tomar a melhor decisão e com os melhores resultados;
- Tomada de decisão – Analisar cada situação ou problema e as variáveis envolvidas para que os riscos possam ser evitados e as tarefas cumpridas com sucesso;
- Definição de prioridade – Avaliar sempre o que é mais importante para os resultados da organização.

Estes e outros comportamentos são imprescindíveis quando empregados adequadamente no dia a dia, pois a realidade das empresas exige profissionais com dinamismo e capacitados para uma atuação diferenciada.

Após uma avaliação de sua capacidade comportamental de gerenciar o tempo, é hora de refletir sobre algumas questões relacionadas à Gestão do Tempo. Responda sim ou não de acordo com o que acontece com você:

- Você não consegue terminar todas as tarefas programadas para o dia
- Tem dificuldade em manter o foco na realização de suas tarefas
- Fica perdido entre uma tarefa e outra, sem concluir nenhuma
- Não encontra momentos para concentração durante suas tarefas
- É interrompido com frequência ao longo do dia
- Passa muito tempo lendo e-mails e acessando a Internet
- Perde muito tempo atendendo ligações telefônicas
- Não consegue classificar quais são suas prioridades
- Executa grande parte das tarefas de sua área porque não consegue dedicar tempo para delegá-las
- Tem a sensação de que nunca consegue terminar o que foi planejado
- Sente dificuldade em cumprir prazos
- Interrompe a execução das tarefas ou o raciocínio para tomar um café, conversar com um colega, ir ao banheiro
- Troca momentos de lazer e convívio familiar para realizar atividades relacionadas ao trabalho
- Perde o sono com frequência porque não consegue esquecer os compromissos profissionais
- Fica na empresa até tarde com muita frequência tentando resolver pendências
- Tem dificuldade para manter a concentração e retomar uma tarefa quando é interrompido
- Já cancelou ou prorrogou as férias devido ao excesso de trabalho
- Interrompeu o período de férias e voltou ao trabalho para resolver problemas que, aparentemente, somente você tinha a solução
- Abandonou a prática de esportes ou outro tipo de atividade física por falta de tempo
- Deixou de sair com amigos porque não consegue encontrar espaço na agenda
- Sai de casa quase sempre atrasado e com a sensação de que esqueceu alguma coisa



Se respondeu sim a oito ou mais afirmações, é sinal de alerta e você precisa refletir mais sobre a maneira como administra o tempo na sua vida. A lista acima é um exemplo das principais dificuldades que afetam diariamente a produtividade de profissionais de vários segmentos.

Sendo assim, mãos à obra! Vamos identificar onde você está errando e quais são os principais desperdiçadores do tempo em sua vida. Não basta apenas identificar, mas é necessário agir. É preciso coragem e determinação e o momento pode ser agora. Não deixe para amanhã, coloque em prática já!

Vejamos os principais desperdiçadores do tempo:

Telefone – A falta de disciplina no uso deste aparelho desvia profissionais das tarefas mais importantes. Lembre-se de que o telefone é um meio de comunicação importante e tem que ser bem utilizado, por isso, cuidado com os excessos.

Excesso de e-mails – É uma realidade vivida por inúmeras pessoas. Aqui também cabe o uso da objetividade e foco. Não transforme o e-mail em uma armadilha, use com disciplina. Tenha regras acerca disso. E-mails desconhecidos e sem importância, direcione para a lixeira. São regras básicas que, se utilizadas corretamente, vão repercutir em economia significativa de tempo.

Visitas inesperadas – Cuidado com aquele colega que lhe procura para contar a última fofoca, aquele amigo que quer mostrar as fotos das férias, um colega que vem tomar cafezinho no seu departamento para fugir do trabalho ou clientes que aparecem sem avisar. Estas e outras situações causam prejuízos significativos no dia a dia das empresas.

Falta de planejamento – Indefinição de prioridades, tarefas inacabadas e a sensação de que não consegue concluir nada que iniciou. O segredo é usar disciplina e organização. Adote o uso de um caderno para fazer anotações das tarefas diárias, use uma agenda (eletrônica ou papel), *Outlook* ou, se preferir, faça uma lista das tarefas que tem que cumprir, colocando em ordem de importância e eliminando as tarefas concluídas para que se possa ter a verdadeira sensação de missão cumprida.

Acúmulo de tarefas e excesso de compromissos – Algo está errado: definição de prioridades, definição de tarefas, delegação, dificuldade em dizer não? Seja qual for o problema, precisa de solução e só você poderá identificar onde está a falha. Delegar é uma necessidade, portanto, avalie de quem é a responsabilidade das tarefas que neste momento somente você executa.

Procrastinação – Deixar para depois. Esta é a mania de quem não define prioridades ou tem dificuldade em executar determinadas tarefas e, para fugir delas, deixa sempre para depois, para amanhã... Deixar para depois não diminui a responsabilidade de seus executores. Mais cedo ou mais tarde terá que dedicar tempo para esta tarefa. O ideal é tirar logo da frente, se a tarefa é complicada, desagradável ou chata, faça logo e elimine este peso, faça preferencialmente pela manhã, quando ainda está descansado e tem energia produtiva suficiente para suportar o que parece tão difícil. Certamente o tempo dedicado será menor e o resultado, melhor.

Desorganização pessoal – Mesa cheia de papéis e gavetas lotadas é sinal explícito de desorganização. É preciso fazer uma limpeza, jogar papéis fora, arquivar, enviar o que não é seu para os responsáveis. Mesas bagunçadas sugam a energia produtiva de quem nela trabalha. As mesas mais bagunçadas e lotadas de pastas e papéis não são necessariamente das pessoas mais produtivas. Mantenha sobre sua mesa apenas as tarefas que executará imediatamente ou no máximo no mesmo dia. Evite colocar todos os dias sobre a mesa tarefas sem importância e sem urgência, assim terá foco no que realmente traz resultado.

Reuniões desnecessárias – Na gestão do tempo, as reuniões são classificadas como oportunidade ou desperdício. Verifique se você tem participado de reuniões produtivas e eficientes. As reuniões produtivas são conduzidas por um facilitador, têm pauta e ata, envolvem apenas pessoas estratégicas para cada situação, têm horário para iniciar e para terminar, as pessoas têm foco, os envolvidos assumem responsabilidades e têm prazo para cumprir o que foi acordado.

Distrações – Falta de concentração e perda de foco. Em algumas pessoas a distração é visível e prejudica a equipe e os resultados da Organização. Por falta de atenção são cometidos erros que geram retrabalho. Se você sofre com a distração, evite ambientes com excesso de estímulo, procure um lugar tranquilo para realizar tarefas que exijam concentração, monitore o comportamento e foque a atenção naquilo que é mais importante.



Pressa – Dizem que a pressa é inimiga da perfeição e na gestão do tempo não é diferente. A sensação de economia de tempo ao agir com pressa engana quem executa as tarefas e gera estresse para quem está a sua volta.

Comunicação ineficiente – Erros no processo de comunicação, falta de clareza e objetividade, escolha inadequada dos canais de comunicação para solução de problemas, entre outros, prejudica e muito o uso adequado do tempo no dia a dia das Organizações. Avalie melhor como anda sua comunicação e verifique a possibilidade de mudanças em função das respostas que obtém e da velocidade com que atinge suas metas.

Perfeccionismo – O que para muitos é uma qualidade, na gestão do tempo é uma armadilha. O perfeccionismo, principalmente quando exagerado, leva indivíduos à realização de tarefas perfeitas, muitas vezes apenas para o ponto de vista de quem as executa. Ao refazer tarefas inúmeras vezes, realizar mudanças desnecessárias, investimentos inúteis ou conferências em demasia, desperdiça-se tempo sem resultado positivo e não se atinge a meta dentro do tempo estimado. Nem sempre a perfeição leva à excelência, portanto, cuidado com seu nível de exigência.

Que as sugestões de melhoria possam ajudá-lo a rever seus comportamentos, mudar hábitos e melhorar sua qualidade de vida através do uso correto do tempo disponível.

## Cassia Irias



Sócia-diretora da C.I. Treinamentos Corporativos, com formação em Psicologia, especialista em Psicologia Organizacional e do Trabalho, Consultora Empresarial e *Personal & Professional Coaching* pela Sociedade Brasileira de *Coach*. Apresenta 20 anos de vivência na Área de Recursos Humanos e reúne experiência como Consultora das Áreas de Recrutamento & Seleção e Treinamento & Desenvolvimento em Cooperativas, Indústria, Comércio, Área da Saúde, Área Financeira e demais segmentos. Como conferencista, ministra palestras, cursos e seminários para desenvolvimento de Lideranças, Gestão de Pessoas e Liderança *Coach* para o desenvolvimento de Competências Específicas alinhadas aos cargos, para formação de profissionais da área de Recursos Humanos com cursos de Recrutamento e Seleção de novos talentos, Formação do Analista de Treinamento, Técnicas de Entrevista, Dinâmicas de Grupo e Avaliação de Desempenho.

**Contatos:**
cassiairias@uol.com.br
citreinamentoscorporativos@hotmail.com
(11) 2651-8707
(11) 9206-6388

# Anotações

# 12

# Chronos e Kairos - o uso produtivo do tempo



Hoje, mais do que nunca, o bom uso do tempo é tão essencial quanto o bom cuidado com a saúde ou uma boa situação financeira (ainda que, reflitamos, os três tenham profunda ligação). O presente artigo tem por objetivo apresentar uma utilização mais eficiente do nosso tempo diário, sempre muito corrido

**Celso Battello**

Você já imaginou quanto o homem mais poderoso do planeta, o presidente dos Estados Unidos, tem que ser profícuo nas 24 horas de que dispõe por dia? Ainda assim, arruma tempo para as necessidades fisiológicas, lazer, atividades física e sexual, bem como para dormir. Há ainda presidentes que, além de tudo, arrumam um "tempinho" para um *affair*, como Bill Clinton. Seguramente, o papa, a presidente Dilma, entre outros, se deparam com a mesma situação – a gestão adequada do tempo. Esta gestão é individual e subjetiva, todavia, necessita de preparo e treinamento para que se possa realizá-la produtivamente, isto é, a fim de que se atinja o objetivo desejado com o mínimo esforço e o menor dispêndio de energia possível, seja física, intelectual, emocional ou mesmo espiritual, pois como reza uma das leis da termodinâmica: "Energia dispersa é energia perdida".

Há várias definições para o tempo:

• O tempo é a distância entre a causa e o efeito. Veja que aqui já se adicionou o conceito de espaço quando se fala de distância;
• O tempo é o hiato entre a boa ação e o dividendo. Aqui se qualifica a ação, que deve ser boa, para se obter o dividendo almejado. A boa ação deve pressupor aspectos éticos e morais no uso racional do tempo. Por exemplo, numa linha de produção, é melhor que se confeccione uma peça uma única vez, mesmo que demande mais tempo, do que desprezá-la após passar pelo controle de qualidade. Logicamente, isto pode ser estendido a qualquer procedimento humano, seja intelectual, como um treinamento, manual, como um ato cirúrgico, algo que envolva intuição e empatia, como uma consulta médica ou psicológica, ou um processo experimental, como enviar uma nave ao espaço sideral.

Na mitologia grega, faz-se alusão a dois deuses relacionados ao tempo: Chronos e Kairos.

Chronos era uma divindade grega, conhecida com o nome de Saturno pelos romanos. Era filho de Urano (o Céu) e de Cibele ou Gaia (a Terra), esposo de Rea e pai de Júpiter, Netuno, Plutão e Juno. Sendo senhor do Universo e temendo que seus filhos viessem futuramente a destroná-lo, devorava-os ao nascer. Dessa voracidade escapou apenas Júpiter (Zeus), graças ao estratagema de Rea, que substituiu a criança por uma grande pedra envolta em cueiros. É claríssima a alegoria dessa fábula: Chronos, em grego, quer dizer tempo, e não há dúvida de que o tempo devora, consome tudo o que cria.

Quando adulto, Júpiter forçou o pai a vomitar a pedra e seus irmãos, destronando-o na sequência. Chronos, reduzido à condição de simples mortal e expulso de Creta, asilou-se nas montanhas do Lácio, na Itália, onde foi bem acolhido pelo povo e pelo rei Jano, que lhe deu generosa hospitalidade. Como sinal de reconhecimento, ensinou-lhes as leis, as artes e a linguagem, pelo que foi gratificado com prudência. Esta segunda alegoria significa dizer que o rei aproveitou as lições do tempo e a experiência para governar seu povo, com leis sábias. Simbolizando o tempo, Chronos é, geralmente, representado sob a forma de um ancião, curvado ao peso dos anos, erguendo na mão uma foice, porque o tempo ceifa todos os seres.

Algumas vezes, Chronos apresenta-se alado, para indicar a sua marcha rápida, em outras, traz na mão uma ampulheta, instrumento utilizado pelos antigos para a medição do tempo. Aparece ainda portando uma serpente, disposta em círculo, emblema da eternidade, que não tem começo nem fim.

Kairos é filho de Chronos, um deus muito pequeno, com a aparência de um elfo. Na tradição dos pitagóricos, era chamado de oportunidade e representa a experiência do momento oportuno, a dimensão qualitativa do tempo. Sua imagem é a de um homem jovem e nu, com asas nos ombros e nos tornozelos e que segura uma lança. Costuma ser representado em um movimento de fuga. Em sua cabeça há uma única mecha de cabelo, que representa a marca de sorte, que precisa ser agarrada no exato instante em que ocorre, ou desaparece rapidamente.



Convém observar que o tempo oportuno pode ser fugaz, devendo-se, portanto, estar alerta quando ele se apresentar, caso contrário pode-se perder a oportunidade.

Sobre ele, diz Ruben Alves: "Ao tempo que se mede com as batidas do coração, os gregos deram o nome de Kairos... suas batidas dançam ao ritmo da vida..."

Tanto Chronos como Kairos estão ligados ao conhecimento, imprescindível para se atingir a produtividade almejada.

Obviamente, quando se alia o espaço ao tempo, é mister levar-se em consideração o ambiente, não se atendo somente ao espaço físico, mensurado simplesmente por metros quadrados, mas, considerando também suas condições, sobretudo os aspectos estéticos, pois o belo pode ajudar, sobremaneira, a atingir os desideratos, colocando a dignidade humana em primeiro lugar. Repetindo Seicho Taniguchi: "Vida é tempo e, por outro lado, o tempo é vida", na qual o tempo-espaço do outro é sagrado.

Com relação à utilização ideal do tempo, cito Eclesiastes, Cap. 3, Versículos 1-22:

"Tudo tem o seu tempo determinado e há tempo para todo o propósito debaixo do céu.

Há tempo de nascer e tempo de morrer; tempo de plantar e tempo de arrancar o que se plantou;

Tempo de matar e tempo de curar; tempo de derrubar e tempo de edificar;

Tempo de chorar e tempo de rir; tempo de prantear e tempo de dançar;

Tempo de espalhar pedras e tempo de ajuntar pedras; tempo de abraçar e tempo de afastar-se de abraçar;

Tempo de buscar e tempo de perder; tempo de guardar e tempo de lançar fora;

Tempo de rasgar e tempo de coser; tempo de estar calado e tempo de falar;

Tempo de amar e tempo de odiar; tempo de guerra e tempo de paz.

Que proveito tem o trabalhador naquilo em que trabalha?

Tenho visto o trabalho que Deus deu aos filhos dos homens, para com ele os exercitar.

Tudo fez formoso em seu tempo; também pôs o mundo no coração do homem, sem que este possa descobrir a obra que Deus fez desde o princípio até ao fim.

Já tenho entendido que não há coisa melhor para eles do que alegrar-se e fazer bem na sua vida;

E também que todo o homem coma e beba, e goze do bem de todo o seu trabalho; isto é um dom de Deus.

Eu sei que tudo quanto Deus faz durará eternamente; nada se lhe deve acrescentar e nada se lhe deve tirar; e isto faz Deus para que haja temor diante dele.

O que é, já foi; e o que há de ser, também já foi; e Deus pede conta do que passou.

Vi mais debaixo do sol que no lugar do juízo havia impiedade, e no lugar da justiça havia iniquidade.

Eu disse no meu coração: Deus julgará o justo e o ímpio; porque há um tempo para todo o propósito e para toda a obra.

Disse eu no meu coração quanto à condição dos filhos dos homens, que Deus os provaria, para que assim pudessem ver que são em si mesmos como os animais.

Porque o que sucede aos filhos dos homens, isso mesmo também sucede aos animais e lhes sucede a mesma coisa; como morre um, assim morre o outro; e todos têm o mesmo fôlego, e a vantagem dos homens sobre os animais não é nenhuma, porque todos são vaidade.

Todos vão para um lugar; todos foram feitos do pó, e todos voltarão ao pó.

Quem sabe que o fôlego do homem vai para cima, e que o fôlego dos animais vai para baixo da terra?

Assim que tenho visto que não há coisa melhor do que alegrar-se o homem nas suas obras, porque essa é a sua porção; pois quem o fará voltar para ver o que será depois dele?"

O desafio é transformar o tempo Chronos em Kairos, agindo de maneira oportuna, no espaço oportuno e no momento certo. Somente assim se pode fazer um uso adequado e produtivo do tempo.

A relação tempo-produtividade requer treino, dedicação, preparo e amor ao trabalho e deve refletir o respeito pelo trabalho do outro, independentemente da sua profissão, classe social, sexo, raça ou credo, porque o trabalho é sagrado e essencial para que se mantenha a boa saúde.

Isto é possível, mas nem sempre fácil, haja vista o exemplo de Bill Clinton que, a despeito de ter sido um bom presidente, ao utilizar a Casa Branca, que representa o lugar sagrado de um governante, para suas aventuras sexuais, seguramente não utilizou o tempo oportuno Kairos para o povo norte-americano, pensando somente na sua individualidade. Por sorte, sua esposa Hilary Clinton, talvez, levando em consideração a eventualidade de um *impeachment*, o perdoou, para o bem da nação. Com isso, ela colocou o coletivo na frente da traição sofrida, para a felicidade do país, até porque parece que ele fez um bom governo para os Estados Unidos.

Ela sim, a meu ver, usou o tempo oportuno de Kairos para um bem maior. Isto é o que se chama de hora dourada, mediante a boa utilização do arquétipo feminino.

Na época, por aproximadamente seis meses, o homem mais poderoso do mundo teve como único amigo o seu fiel cão de estimação, como foi fartamente documentado pela mídia, talvez por não ter utilizado o seu "tempinho" de maneira oportuna.



Diz-se que o tempo Chronos não perdoa, porque segue inexorável e incólume a tudo e a todos. A única certeza que se tem é de que Chronos atinge a todos os mortais. Qualquer ser vivente nasce, cresce, envelhece e morre e ninguém, ninguém mesmo, escapa destes desígnios da vida.

Existem pessoas que passam uma existência de 70 anos como se vivessem apenas um dia, contudo, há aqueles que vivem 70 anos num só dia, o que somente é possível por uma estratégia Kairos, de priorizar os momentos oportunos. Quando isso acontece, resulta na melhor e maior produtividade, que é a felicidade de sentir-se útil para o próximo.

O tempo Kairos, no meu entender, é o passaporte para a obtenção da ISO9000 e outras formas de reconhecimento da melhor produtividade possível.

Neste mundo de pós-modernidade, onde imperam o imediatismo e a premência, torna-se ainda mais necessária a utilização do tempo Kairos, não só para uma melhora do tempo-produtividade, como também para se ter uma vida digna.

Por fim, para um correto aproveitamento do tempo, deve-se também dar especial atenção ao ócio produtivo, o "dolce far niente" do italiano, de onde vem, muitas vezes, a inspiração produtiva, resultante do equilíbrio entre a ação e a contemplação. Desta forma deve-se agir no tempo de Kairos, porque até Deus descansou no sétimo dia de criação...

# Celso Battello

Médico e escritor; graduado há mais de 32 anos pela Faculdade de Medicina do ABC; ex-presidente da Associação Médica Brasileira de Iridologia (AMBI); ex-diretor de saúde da cidade de Santo André. Anestesiologista, cursou residência médica no CET-ABC do Hospital Beneficente São Caetano, tendo o Dr. Deocécio Tonelli por preceptor. Exerceu anestesiologia no Hospital e Maternidade Brasil, tendo o Dr. Rubens Awada por preceptor; pós-graduado em Homeopatia, pela Associação Paulista de Homeopatia; Especialista em Homeopatia pelo Conselho Federal de Medicina; Mestre em Homeopatia pela Faculdade de Ciências de São Paulo; ex-chefe do ambulatório de Homeopatia da Faculdade de Medicina do ABC; Especialista em Nutrologia pelo Conselho Federal de Medicina.

**Contatos:**
www.battello.med.br
battello@battello.med.br
celsobattello@gmail.com
http://celsobattello.blogspot.com/
@celsobattello

# Anotações

# 13

# Os Dez Mandamentos do Tempo



A falta de tempo é característica marcante dos tempos modernos. Pelo menos é do que as pessoas mais reclamam nos dias de hoje. Alguns acham que dizer "não tenho tempo" dá *status*, ou impressão de ser muito importante

**Cida Smidt**

*"O tempo não para... não para, não.... não para!"*
(Cazuza)

Sabemos que o tempo é uma das únicas coisas realmente democráticas.

As suas 24 horas passam na mesma velocidade que as 24 horas de Mark Zuckerberg ou de Usain Bolt. Logo, não é uma questão de **ter** tempo e sim de **aproveitá-lo**.

O tempo é distribuído entre as pessoas de forma bem mais democrática do que muitos outros recursos dos quais nós dependemos, por exemplo, a inteligência.

Todos os dias cada um de nós recebe exatamente as mesmas 24 horas: nem mais, nem menos. A pessoa rica não recebe mais tempo do que a pobre, o universitário não recebe mais tempo do que o analfabeto. Entretanto, diante desse igualitarismo, alguns conseguem realizar uma grande quantidade de coisas em um dia, sendo que outros, ao final do dia, têm a sensação de que o dia acabou e não fizeram nada.

A diferença é que uns percebem que o tempo, apesar de democraticamente distribuído, é um recurso altamente perecível. Lembre-se: um dia perdido hoje, não é recuperado depois, é perdido para sempre.

Diante disso, faço aqui uma provocação aos leitores:

- Será que as coisas às quais atualmente dedicamos nosso tempo são mesmo prioritárias?

Muitas vezes ouvimos algumas pessoas dizerem: "Gostaria que o dia tivesse 48 horas para dar conta de tudo que tenho de fazer", ou então, "não tenho tempo, estou muito ocupado". Será?

Porém, nunca ouvimos seres evoluídos dizerem que não têm tempo para resolver alguma coisa. Por quê? Esta é uma boa reflexão para todos nós.

Quando penso no tema, lembro-me sempre de uma citação que me marcou muito, de Sri Aurobindo, que foi um dos maiores mestres contemporâneos da Índia:

*"Se você for impulsionado pelo ego, pelo desejo pessoal, o tempo lhe será um elemento obstrutor, um inimigo, mas se você tiver aspiração verdadeira, se estiver receptivo ao Divino, o tempo se converterá em instrumento. Você começará a conseguir coisas e avançará cada vez mais com a passagem do tempo".*

Assim, deixo aqui uma pequena lista de coisas que valem a pena pensarmos para se tornar possível a realização da gestão do nosso tempo!

Os Dez Mandamentos da Gestão do Tempo:

1. **Cuide da escassez do seu tempo:** há os que afirmam que o recurso mais escasso na nossa sociedade, hoje, não é dinheiro, não são

matérias-primas, não é energia, não é nem mesmo a inteligência, mas sim o tempo. Lembre-se de que tempo ou se ganha, ou se faz. Como? Deixando de fazer coisas que não são nem importantes, nem urgentes.

2. **Administre seu tempo:** não é uma questão de ficar contando os minutos dedicados a cada atividade: é uma questão de saber definir as prioridades. Em uma sociedade complexa como a nossa, provavelmente nunca vamos ter tempo para fazer tudo o que precisamos e desejamos. Saber administrar o tempo é ter clareza sobre o que é mais prioritário dentre as várias coisas que precisamos e desejamos fazer, além de tomar providências para que as maiores prioridades sejam feitas, sabendo que as outras provavelmente nunca serão realizadas – mas, tudo bem, elas não são prioritárias.

3. **Tenha autonomia do seu tempo:** administrar o tempo é ganhar autonomia sobre a sua vida e não ficar escravo do relógio. É uma batalha constante, que tem de ser ganha todo dia. Se você quer ter a liberdade de passar mais tempo com a família ou sem fazer nada, você tem que ganhar esse tempo deixando de fazer outras atividades que sejam menos importantes para você. Dentre as atividades que vamos listar como prioritárias, algumas estarão ali porque são importantes, outras porque são urgentes. Imagino que algo que não é importante, tampouco urgente, não estará na lista de ninguém. E também sei que na lista de todos haverá coisas que sejam deveras importantes e urgentes. Não resta a menor dúvida de que essas devem ser feitas imediatamente ou, pelo menos, na primeira oportunidade. O problema surge com o que consideramos importante, mas não urgente, e com o que é urgente, mas que não damos muita importância.



4. **Tenha disciplina:** resolva os problemas até o fim. Termine o que começou, feche seus círculos, não deixe coisas inacabadas ou serviços pela metade. Pessoas dependem de você, não as decepcione porque está com preguiça. Lembre-se de que se não completar as suas tarefas, outras pessoas sofrerão as consequências, o que pode se estender a você.

5. **Esteja preparado:** nenhum instrumento te ajudará, caso você não saiba aonde quer chegar. Defina o que vai fazer para chegar lá e também o que não vai fazer. O planejamento é a ferramenta mais importante para quem quer se organizar.

6. **Faça o que deve ser feito:** durante todo o processo, precisamos avaliar constantemente os meios que estamos usando, para verificar se estão nos levando mais perto de onde queremos ou vamos querer estar ao final de tudo. Se não estiverem funcionando, troquemos de meios. Tudo começa com uma verdade tão simples que parece óbvia, mas que merece ser destacada: "Se você não sabe aonde quer chegar, provavelmente nunca chegará a lugar algum, por mais tempo que tenha".

7. **Planeje-se:** o primeiro passo é ocupar-se com a administração de seu tempo, ou seja, planejar estrategicamente a sua vida. Para isso, você primeiro precisa definir seus objetivos. Onde quer estar? O que quer ser daqui a cinco, dez, vinte, quarenta anos? O segundo passo é começar as estratégias: transformar estes objetivos em metas (com prazos) e decidir, em linhas gerais, como as metas serão alcançadas. O terceiro passo é criar planos táticos: explorar as alternativas específicas disponíveis para se chegar aonde deseja, escolher e verificar os recursos necessários para atingir seus objetivos. Eventualmente é possível rever os objetivos e ajustá-los.

8. **Seja produtivo:** quem tem tempo não é quem não faz nada, é quem consegue administrar o tempo que tem, de modo a poder fazer aquilo que quer. Assim também, ser produtivo não é equivalente a estar ocupado, pois existem muitas pessoas que estão o tempo todo ocupadas exatamente porque são improdutivas – não sabem onde concentrar seus esforços e, por isso, ciscam aqui, ciscam ali, mas nunca produzem nada. Ser produtivo é, em primeiro lugar, saber administrar o tempo, ter sentido de direção. Com foco sempre.

9. **Dê Vida ao Tempo:** quando o nosso tempo termina, acaba a nossa vida. Não há maneira de obter mais. Por isso, tempo é vida. Quem administra o tempo, ganha vida, mesmo vivendo o mesmo tempo. Prolongar a duração de nossa vida não é algo que tenhamos muito controle, no entanto, aumentar a nossa vida ganhando tempo dentro da duração que ela tem, é algo que está ao alcance de todos. Basta um pouco de esforço e determinação.

10. **Tenha foco:** é muito tentador tentar abraçar o mundo, mas se você quer alcançar resultados satisfatórios sem se matar de trabalhar, saiba escolher suas batalhas. Fuja dos vilões da produtividade: *e-mail, MSN, twitter, Facebook* etc. Use-os a seu favor , com consciência e consistência. Faça uma coisa de cada vez e seja mais feliz.

Podemos perceber que o tempo tem várias dimensões. Existe a dimensão material do relógio, do calendário, das agendas, enfim, tudo o que podemos chamar de tempo externo. E existem outras, internas, imateriais. Por exemplo, quando estamos no trânsito, em um congestionamento denso, numa cidade grande: cinco minutos se arrastam e parecem uma eternidade, mas quando estamos contemplando um pôr do sol, esses mesmos cinco minutos têm um valor completamente diferente.

Vê-se, então, que para a percepção subjetiva, o tempo pode se contrair ou expandir, conforme nosso estado de espírito. Trata-se da vivência de uma dimensão interna do tempo, diferente daquela do relógio. Temos certa familiaridade com isso, embora nem sempre prestemos muita atenção ao fato.

Enquanto o tempo do relógio é linear e está fora de nós, esse outro tempo está dentro e depende da nossa sintonia. Se pensarmos que não temos tempo para nada será sinal de que ainda estamos presos ao esquema material das coisas e situações e de que não permitimos à energia da alma fluir em nós.

Não ter tempo é ser escravo de ritmos alheios, de condicionamentos, de programas. Mas, podemos nos liberar disso sem deixar de cumprir nossas tarefas.

A primeira providência a tomar é a de planejar o dia, a semana e, em alguns casos, o mês. E, a partir daí, ter clareza sobre as prioridades. Precisamos nos perguntar qual é a prioridade da semana, a de hoje, o que precisamos alcançar, o que estou buscando, qual é a minha meta etc.

Ao procurar gerenciar o tempo da melhor forma possível, vamos ver que conforme nossa meta, há atividades mais importantes e outras menos importantes. E veremos também que algumas são urgentes, enquanto outras não.

Estudos sobre este tema mostram que se desempenhamos só as atividades urgentes e importantes, se ficamos o tempo todo resolvendo crises e problemas, é sinal de que está nos faltando planejamento.



Termino este artigo com um texto extraído do livro *Para que minha vida se transforme*, de Maria Salette e Wilma Ruggeri:

*"Tempo não é dinheiro. Um homem trabalhava muito, não tendo tempo para dar atenção ao filho. O menino sempre pedia ao pai para brincar com ele, porém a resposta era sempre a mesma: não tinha tempo para tal coisa, pois tempo era dinheiro e ele precisava trabalhar muito para ganhá-lo. Assim, ele trazia muitos brinquedos caros para o filho, mas nunca podia brincar com ele. Um dia o menino perguntou ao pai quanto ele ganhava no trabalho. O pai respondeu-lhe que ganhava cinco reais por hora.*

*O menino ouviu e voltou a brincar sozinho. Depois de alguns minutos voltou a perguntar:*

*– Pai, você tem três reais para me emprestar?*

*– Para quê, filho? – perguntou o pai.*

*– É que eu já tenho R$ 2,00 e queria juntar o resto para comprar uma hora do seu tempo para você poder brincar comigo.*

*Nessa hora o pai se lançou ao chão e foi brincar com o filho, entendendo que dinheiro nenhum pagaria aquele momento."*

Hoje em dia escutamos as pessoas dizerem que tempo é dinheiro e por isso acabam empregando grande parte do seu tempo em coisas que lhes deem retorno financeiro. Assim, a vida não é vivida, mas vendida.

## Cida Smidt



Socióloga, pós-graduada em Marketing pela ESPM, com MBA executivo internacional pela FIA -USP. *Coach* certificada pela Sociedade Brasileira de *Coaching* e pela *More Institut* – Alemanha. ECA em *Business* e *Life Coaching*. Atuou por mais de 20 anos em empresas como executiva, liderou times nas áreas de segmentos, assuntos corporativos, comercial e RH com ênfase em treinamentos e desenvolvimento organizacional e gestão de mudanças. Atua como *coach* na área de transformação humana. Trabalha com atendimentos individuais de *business coaching* e *life coaching*, bem como de grupo/equipe nas organizações. Realiza palestras e *workshops* com foco no *Coaching* como ferramenta de desenvolvimento humano e de equipe.

# Anotações

# 14

# Gestão do Tempo: um hábito como outro qualquer



Nunca se falou tanto em gestão do tempo e produtividade como nos últimos tempos. O que tem ocorrido? Como se faz para administrar o tempo que parece correr mais rápido? Quais são os hábitos mais eficazes das pessoas produtivas? Este artigo visa ampliar nosso olhar e mente para este assunto, para que possamos mirar uma melhor produtividade

**Cintia Menegazzo**

**Para conseguir administrar o tempo, que tal começar pelo seu relógio?**

Este, certamente, não é mais um texto repleto de dicas para administrar seu tempo. Isto porque todas as vezes que falo do tempo, me sinto falando de algo intocável e que parece não ter controle algum. Então resolvi escrever sobre um tempo que me cabe controlar: o meu! Aquele que marca o meu relógio, as minhas realizações. E te convido a lê-lo, pensando ***no seu*** tempo!

Não há dúvidas de que cada um de nós tem a sensação de que tudo anda mais rápido. Mas isso é um fato ou um novo hábito que se instalou na sociedade, em especial nos grandes centros? Como podemos gerir melhor nosso tempo e termos a sensação de sermos produtivos?

Estas são perguntas que nos fazemos todos os dias e cada parte da ciência tem uma explicação para tais acontecimentos. Eu, apesar de não ser cientista, tenho a minha explicação: quanto mais o tempo acelera, mais focado em nossa produtividade pessoal temos que estar. Desta forma, precisamos adotar hábitos de comportamentos produtivos que nos permitam nossa realização pessoal. Se não for assim, ficaremos sempre com a sensação de fracasso, de não ter dado conta!

A administração do tempo começa com a identificação de como utilizamos o nosso tempo, o que não nos satisfaz e o que desejamos mudar. Desta forma, todos sabem administrar o tempo. Não há muita novidade sobre o assunto, mas por que continuamos a nos cobrar tanto? Por que ficamos estressados com essa pressão permanente do tempo sobre nós?

A verdade é que praticar a boa administração do tempo requer um pouquinho de disciplina, organização e cumplicidade dos que nos cercam, para muitos hábitos completamente novos. Desafios do cotidiano? Sem dúvida. Mas quem de nós não gosta de um bom desafio?

Então, acreditando no seu potencial e em tudo o que você é capaz de fazer, coloco aqui algumas orientações para lidarmos com o inesperado, a novidade, o imprevisto, o imediato... o tempo.

Comece por aquilo que depende apenas de você. Quais são os objetivos a longo, médio e curto prazo? Coloque-os no papel e determine as datas;

O que você quer nesta vida, pessoal e profissionalmente? Lembre: você é uma única pessoa. Escreva e trace seus planos. Você nunca chegará se não souber aonde quer ir;

Programe na sua agenda as atividades necessárias para atingir seus objetivos.

Procure dividir suas ideias e propósitos com alguém que possa auxiliá-lo – o processo de *Coaching* pode ajudar.

Cuidado com o enfoque mecanicista. Admita que muitas coisas não são regidas por horários fixos, por regras e processos, mas sim pela intuição e pelo bom senso. Trabalhe com folgas, em especial nas rotinas diárias.

Muitas vezes a organização, a disciplina e as regras empurram a gente para um lado, enquanto o coração e a emoção dizem o oposto. Pese os dois lados antes de decidir e não deixe que a visão exclusiva de um deles exclua ou esconda o que o outro tem a dizer.

Tenha hábitos saudáveis de vida e de relacionamento.

Divulgue o que dá certo em sua vida. Não diga "deu quase tudo certo, mas ainda não consigo fazer com que...".

Não se programe para utilizar todas as horas do seu dia. Deixe espaço para os imprevistos, pois eles fazem parte da vida e certamente acontecerão. Não se esqueça: se seu chefe, marido ou filhos, o chamarem cinco vezes durante o dia, vai ser difícil dizer não em todas elas.

Lembre que nem tudo vai funcionar como você havia planejado, mas a vida é assim mesmo. Não pense que administração de tempo é um remédio para todos os males.



Estas orientações não são dicas. São propósitos que o conduzirão a melhores hábitos, fazendo com que você fique mais próximo das suas realizações pessoais e profissionais.

O uso focado e disciplinado das 24 horas do dia é fundamental para que o trabalho e a vida tornem-se mais fáceis e produtivos. E sem dúvida para que possamos ter tempo, para aproveitar melhor os momentos de nossas vidas. Com menos tempo "perdido" e mais tempo "focado", com certeza sobrará mais tempo para tudo aquilo que de fato nos faz sentido...

Quem faz o nosso dia e horário somos nós, ainda que vivamos dentro de uma organização. Correr atrás do tempo, estar sempre atrasado, é perda de tempo. Aliás, é perda de qualidade de vida. Assim, **aprender a dizer não** é, sem dúvida, um dos comportamentos mais importantes para administrar bem seu tempo e se tornar mais produtivo.

Lembre-se sempre de que o tempo não é elástico, portanto, é o trabalho, os seus desejos, prazeres e rotina que devem ser ajustados ao tempo, não vice-versa. Você não tem o poder de controlar o tempo. São raros os dias em que você conseguirá fazer todo seu trabalho. Programe-se, portanto, de maneira tal que os assuntos mais importantes sejam executados em primeiro lugar, assuntos estes que estejam relacionados ao seu propósito maior.

Duas perguntas que sempre faço: você trabalha para viver ou vive para trabalhar? E o que você faria se conseguisse ganhar tempo?

Acreditar em seus sonhos e ideais, ou não ter ideais e sonhos para acreditar, tornam-se hábitos como quaisquer outros. Creia que você pode ter controle do seu tempo. E terá! Depende apenas de você começar e persistir em uma atitude até transformá-la em um hábito... Lembre-se, quando você escolhe um hábito, escolhe também as consequências dele.

E, se quiser melhorar em alguma área de sua vida, é só começar a agir contínua e positivamente sobre aquele problema, até ser bem-sucedido, e até tornar-se um hábito, como qualquer outro...

Para concluir, gostaria de compartilhar algumas crenças e hábitos que identifico nas pessoas que atendo com a mesma queixa, a falta de tempo. E, é claro, também vou deixar algumas alternativas para superá-las:

1) Costumo ouvir sempre: posso programar 100% do meu tempo!

Minha Alternativa: procure programar apenas 80% do seu tempo, você é dono só do seu relógio.

2) Não administro meu tempo porque ele provém de problemas externos a mim!

Minha Alternativa: rever o próprio medo, as inseguranças e estabelecer uma organização pessoal que dependa de ti. Concentre-se na parte que lhe cabe: o seu relógio.



3) Escuto continuamente: tenho que programar oito horas diárias de trabalho.

Minha Alternativa: programe sua hora com 50 minutos. Somos donos de apenas 80% do nosso tempo. Pense em planos de contingência.

4) Não me programo... Programar o tempo nos escraviza ao relógio!

Minha Alternativa: programar o tempo é apenas disciplina e uma forma de ter espaço para fazer o que gostamos. E ter mais tempo para várias, e não somente de uma faceta das nossas vidas.

5) Ou ainda: não sei dizer não. Dizer não é uma forma de se indispor com as pessoas. Prefiro fazer e pronto.

Minha Alternativa: programe seu tempo e permita a interferência externa, informando qual o melhor momento para falar com você. Dizer não também é uma forma de colocarmos foco no que estamos realizando. E no que é importante para nós.

6) Muitos dizem: "Meu dia não deve necessariamente ser iniciado pela atividade mais importante" (resultados x consequências).

Minha Alternativa: as atividades mais importantes devem ser decididas como primeiras para não serem postergadas.

7) Muitos falam: as tarefas urgentes devem ter o mesmo peso das importantes.
Minha Alternativa: o importante normalmente somos nós que definimos. O urgente normalmente é definido pelos outros.

8) Devo programar o trabalho em primeiro lugar! Esta eu escuto todos os dias.
Minha Alternativa: programe primeiro o tempo, depois o trabalho e verá que as coisas acontecerão.

9) E, para terminar, há sempre os mais racionais: é só racionalizar o uso do tempo para ser eficaz!
Minha Alternativa: a eficácia está ligada ao que você faz com o tempo adicional obtido pela organização do tempo. Permita-se aceitar que há o inevitável.



Lembre-se, quando você escolhe um hábito, escolhe também as consequências dele. Então, suas escolhas estão sendo boas para administrar bem seu tempo?

É só olhar para o que está acontecendo em sua vida e saberá que tipo de escolhas você anda fazendo. E, se quiser melhorar em alguma área de sua vida, é só começar a agir contínua e positivamente sobre aquele fato, até ser bem-sucedido, e até torná-lo um hábito, como qualquer outro...

Ao invés de querer administrar o tempo, administre seu relógio pessoal. Este é, sem dúvida, o melhor caminho!

# Cintia Menegazzo



Consultora de RH na área de T&D. Atua com desenvolvimento, aquisição, retenção e treinamentos empresariais. Desenvolve trabalhos para pequenas e grandes organizações como psicóloga, *coach* (pelo ICI) e também é professora de cursos de pós e MBA. Formada em Psicologia pela Universidade Paulista (UNIP), especialista em Terapia Cognitivo Comportamental (UNIFESP), pós-graduada em Administração de RH, MBA em Gestão Estratégica de Pessoas em parceria com a FGV. Atualmente está cursando outro MBA Executivo em Gestão Estratégica de T&D (INPG). É sócia-diretora da FGY, uma consultoria focada em formação, identificação e transformação dos comportamentos geracionais através de *coaching* e treinamentos. Mais de 3500 pessoas já assistiram às suas palestras e treinamentos, cerca de 320 *coaches* já foram atendidos e mais de 1300 alunos fazem parte desta trajetória.

**Contatos:**
www.fgy.com.br
cintia.menegazzo@fgy.com.br
(11) 9198-1068
facebook.com/cintia.menegazzo
Twitter: @cintiamenegazzo
Skype: Cintia Menegazzo Campos

# Anotações

# 15

# Visão Perceptiva do Tempo



O tempo está à nossa disposição, mas é ele que dispõe de nós, por isso, estabelecer com ele uma relação de paz é um ato de sabedoria. O tempo não passa de modo sequencial, em uma direção irreversível, mas na mistura do tempo, nas marcas mnêmicas e as utilizamos na medida em que surgem lembranças que influenciam a nossa existência

**Cleide Callejon**

*"O homem moderno pensa perder algo – tempo – quando não faz as coisas depressa; entretanto, não sabe o que fazer com o tempo que ganha, a não ser matá-lo".*

Erich Fromm

Tempo medido x tempo vivido – o que importa é a intensidade em que vivemos ou quanto vivemos?

Bendita dicotomia dos saberes...

As especulações sobre o fenômeno do tempo são muito antigas. As teorias a respeito do mundo físico em geral e o espaço em particular, via de regra, se apresentam em discussões sobre o conceito de tempo e espaço. A percepção do tempo é um importante componente do mundo físico da causalidade e do mundo social registrado em nosso cérebro e vivido em nossa mente e, por isso, discorrer sobre este tema é muito desafiador.

Em geral um momento cheio de experiências variadas e interessantes parece curto enquanto passa, porém longe ao vê-lo em retrospectiva. Por outro lado, um período de tempo vazio de experiências parece distante enquanto passa, porém curto visto por retrospectiva.

Com um padrão cronológico específico para cada etapa de vida, o ser humano vai se desenvolvendo. Nas etapas de desenvolvimento – infância, adolescência, idade adulta e velhice –, o tempo delineia suas peculiaridades.



Durante a história da civilização o conceito de tempo teve várias interpretações, ora de natureza religiosa, ora de natureza filosófica, por isso vamos explanar um pouco deste passado distante lembrando as antigas intuições sobre temporalidade para entender e compreender a dinâmica do tempo e o quanto interfere na visão perceptiva que temos. Apesar das religiões de Grécia e Roma antigas terem desaparecido, ainda persistem os legados de seus mitos e heróis. As narrativas mitológicas, ricas em imagens arquetípicas, oferecem criativas metáforas para pensarmos sobre nossas experiências e nossas relações humanas.

Nas antigas representações dos gregos sobre o tempo encontramos: Chronos, Aiôn e Kairos.

Chronos era o deus da ordem cronológica da sucessão dos eventos – não nos deixa esquecer dos prazos de entrega - tem a ver com horários, atrasos, prazos e duração de eventos e atividades, preocupado com o quanto se gastou e o quanto resta desse mesmo tempo.

Aiôn, a eterna presença, nos faz ter a sensação de que por alguns momentos é possível paralisar o tempo e viver o "tempo em suspenso".

Kairos, o deus das encruzilhadas (das bifurcações que se abrem para diferentes futuros) pode fazer surgir uma ideia nova, que, como um raio, nos prenuncia algo inesperado que pode se apresentar através de uma intuição ou também de nossas próprias escolhas e decisões – tem a ver também com os valores e a quantidade de tempo e é algo para ser experimentado.

Estudos sobre o fenômeno do tempo fazem parte da nossa história. Teorias a respeito do mundo físico em geral e do espaço em particular se apresentam em diversos conceitos discutidos intensamente por vários estudiosos de diferentes ciências.

**A passagem do tempo**

Talvez uma das mais profundas sensações da percepção humana. Usamos calendários, agendas, relógios, despertadores, celulares e cronômetros para orientar e harmonizar nossas atividades com os outros, pois estamos submetidos a exigências de pontualidade e produtividade que são medidas pelo desempenho.

No campo da neurociência, uma das grandes questões a serem resolvidas é a representação do tempo, particularmente no sentido de compreender os mecanismos neurofisiológicos subjacentes à percepção do tempo. A atenção tem um papel fundamental na apreensão do lapso do tempo, porque nossa noção de passagem do tempo deriva do movimento dos objetos, pessoas, sinais naturais e da repetição de eventos cíclicos, como o nascer e o pôr do sol. Se alguém tirar estes sinais sensoriais da nossa vida, simplesmente perdemos a noção da passagem do tempo.



**A percepção do tempo**

A percepção do tempo é um conceito que pertence ao estudo do comportamento humano. Este conceito tem como objetivo explicar as diferenças entre as pessoas, principalmente a forma com que se relacionam, com o tempo que têm para realizar diferentes atividades. Este conceito também se aplica aos diferentes comportamentos de uma pessoa em diferentes ocasiões, diferenças que implicam na existência de diversos processos referentes à disponibilidade para levar a cabo as suas atividades.

Não apresentamos um órgão sensorial responsável por perceber o tempo, apesar de ser compreendido como um artifício da percepção humana para criar uma relação entre as pessoas e os eventos. Os modelos de percepção do tempo diferem de acordo com o tipo de informação gerado no cérebro do indivíduo e a visão perceptiva está diretamente ligada ao estilo de como o indivíduo é e como se comporta perante as coisas que acontecem ao redor.

Comumente, associamos o tempo com o que dita o relógio, o que nos permite julgar o cumprimento de um determinado segmento. A percepção do tempo é muitas vezes descrita por variáveis biológicas e psicológicas. A relação entre o tempo psicológico (subjetivo, percebido) e o tempo objetivo universal (relógio, física) não depende apenas de fatores biológicos, mas também de aprendizagem, de capacidade cognitiva, de experiência, do ambiente físico e social, da personalidade, da cultura e outros.

O tempo subjetivo é que nos faz perceber a passagem do tempo mais rápida ou mais lenta, ou aquele em que organizamos mentalmente a ordem das coisas.

Analisando sobre o prisma do tempo subjetivo, aspiramos compreender a nossa vida em algo teórico ou abstrato, mas que responde especificamente por algumas questões fundamentais.

Em uma linguagem mais simples, o indivíduo concebe a percepção do espaço e do tempo não de forma imediata, mas através de um processo mental, complexo e difícil de tratar que precede, condiciona e estrutura a nossa percepção do mundo externo. Isto é uma consequência da percepção, da observação e da rotina em que vive. A mente do indivíduo sente o tempo passar através dos movimentos percebidos, das observações ou da rotina e isto é computado em seu cérebro de forma similar ao computador que entra em uma página da internet pela primeira vez de forma mais lenta e depois de "conhecer" o caminho "carrega" mais rapidamente a página da próxima vez. Assim, quando ele vive uma nova experiência o processamento será mais lento, parece até mais demorado, pois seu cérebro precisa apreender as novas informações e os novos caminhos.



Como podemos definir a percepção? Um processo psicológico pelo qual o indivíduo organiza, interpreta e agrupa os estímulos e as sensações – os dados dos sentidos recebidos para dar um significado coerente.

*É o tempo que passa para os seres humanos ou são os seres humanos que passam pelo tempo?*

É muito comum pensar no tempo de modo sequencial, como categoria ordenadora dos acontecimentos vividos numa direção com o passado, presente e futuro, um tempo irreversível, a flecha do tempo, um tempo que passa. A diferença de percepção das pessoas entre o tempo vivido e o tempo medido se caracteriza desde o início da nossa vida. Crescemos imersos na intensidade do nosso presente – fazendo nossas coisas de acordo com o ritmo que temos internamente. Pensamos em nossa memória como um arquivo que guarda um número significativo de lembranças, semelhante a um sótão onde se aloca uma quantidade de objetos de outros momentos da vida, que lá ficam quietos, guardados, disponíveis para o momento no qual precisarmos deles e queremos reencontrá-los.

É normal que o indivíduo, ao querer desenvolver um plano de ação, coloque a sua máquina mental em exercício para planejar o que deverá executar primeiramente. Quando o plano de ação executado não está em conformidade com a ideia inicial ou o modelo mental desenhado, a sensação será de frustração. A intensidade da frustração está atrelada ao momento em que se encontra ou até mesmo ao espírito de concretização daquilo que almejou.

Algumas pessoas são naturalmente organizadas e focadas e trabalhar com planejamento das atividades é motivador para elas. Por outro lado, podem ter dificuldades em lidar com o imprevisto, e quando este surge acaba desestabilizando o seu planejamento. Há outras que preferem realizar suas tarefas conforme a demanda e gostam de envolver-se com diferentes assuntos ao mesmo tempo. Para estas, a organização e o foco tendem a ser grandes desafios, mas tenderão a ficar muito motivadas com situações inesperadas. Alguns indivíduos podem não se importar com o atraso de uma hora na ação em que planejaram uma determinada tarefa, entretanto, a outro indivíduo um segundo pode ser crucial.

Cada indivíduo tem o seu tempo, a sua própria curva de aprendizado e isso pode variar de acordo com o tipo de mudança envolvida e o perfil da pessoa, se mais conservador ou mais empreendedor. Diante disto, podemos considerar que a alteração do tempo psicológico e o sentido do tempo influenciam na conduta humana.



O tempo é, sem dúvida, um dos conceitos mais utilizados pelo ser humano em seus afazeres e planejamentos, estando presente de forma explícita ou não na grande maioria das nossas atividades, desde as mais corriqueiras – como a escolha de um instante em que, supostamente, deveríamos acordar no dia seguinte, ou o controle do período de cozimento de um pacote de macarrão instantâneo – às mais complexas, como o planejamento de uma vida ou de uma nação, na medida em que isso seja possível.

Nós vivemos a vida olhando para frente, mas a entendemos olhando para trás – ela é nossa referência.

O tempo está à nossa disposição, mas é ele que dispõe de nós, por isso é um ato de sabedoria estabelecer com ele uma relação de paz. Sentir e medir o tempo são coisas próximas, pois ambos nos permitem perceber seu andar ininterrupto. Como? Bem, sentir e medir o passar das horas são iniciativas úteis, pois nos ajudam a decidir o que faremos com o tempo de que dispomos. Assim, nossa paz com o tempo será diretamente proporcional à paz que estabelecemos com nossas escolhas e nossas decisões. E essas são pessoais, relativas aos valores de cada um.

Sempre há tempo para quem vive no tempo. O tempo não passa, nós passamos no tempo... Tempo é fonte de conhecimento e sabedoria, então viva o tempo apesar de não ser fácil vivê-lo, caminhe para a frente carregando a aprendizagem que está dentro de você e usufrua de cada momento.

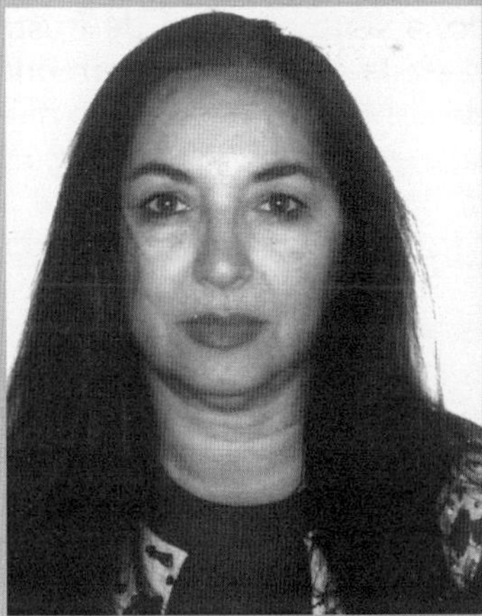

## Cleide Callejon



Desenvolveu sua carreira executiva na área de Recursos Humanos no segmento de telecomunicações e serviços, criando políticas e procedimentos das atividades de RH. Atua em consultoria na gestão de RH (planejar, prover, manter e desenvolver pessoas), pesquisas quantitativas e qualitativas, mapeamento de perfis profissionais, avaliação psicológica e *coaching*. No campo acadêmico, ministra aulas em programas focados em competências que envolvem o comportamento humano como liderança, comunicação, foco no cliente, administração e gestão do tempo, criatividade, entre outros. Formação em Psicologia, certificada como facilitadora em Criatividade e Estratégia na Metodologia CPS (Creative Problem Solving) pela Universidade de Buffalo/NY, especialização em Planejamento Estratégico IMES, Direção de Recursos Humanos e Gestão da Transformação Organizacional - FGV, programas internacionais de Administração Empresarial no IESE/Espanha e Lidera na EEC – Escuela Europea de *Coaching*.

**Contatos:**
cleide.callejon@yahoo.com.br
(11) 9992-0700

## Anotações

16

# Eu, minhas escolhas e o tempo



Observar a si mesmo e enxergar o que realmente importa em sua vida é a melhor forma de gerir o seu tempo, pois a partir daí você fará escolhas saudáveis, as que fazem realmente diferença, as que são importantes e que estão totalmente relacionadas aos seus valores de raiz, aqueles fundamentais para que sua existência seja mais feliz

**Cristiane Maziero**

O que está acontecendo com o tempo? Parece que tudo ficou tão rápido e aquela lista imensa que tínhamos para realizar ao longo do dia não foi atingida. As coisas estão tomando um ritmo tão frenético que, quando olhamos, aquele momento já foi.

A sensação de que o tempo está "voando", segundo alguns teóricos, não é mera coincidência ou obra do acaso. Para eles, a Terra está girando em seu eixo imaginário mais rápido do que antes e isso faz com que o dia não tenha mais 24 horas, sendo reduzido a míseras nove horas e alguns minutos.

Verdade ou não, a sensação é que o sol nasce muito cedo e a noite vem como se fosse um tufão, levando embora todo o tempo que havia programado para realizar as atividades.

Será que realmente a Terra está girando em volta do sol com maior velocidade? Isso eu não posso afirmar, nem mesmo comprovar, pois não sou cientista e não tenho a mínima pretensão de defender esta ideia aqui. A única coisa que quero dizer é que o mundo se tornou mais ágil e complexo. Certo frenesi tomou conta das pessoas, das empresas e dos relacionamentos. Vivemos em um mundo cheio de estímulos audiovisuais, sensoriais e extremamente voluptuosos.

Nas empresas isso é percebido mais de perto, pois este mundo que foi construído por nós está em completa ebulição. Nada tem uma definição clara e concreta e as mudanças são frequentes, causando uma agitação muitas vezes destemperada e de grande competitividade.

Mesmo a chamada geração Y, caracterizada por conseguir realizar simultaneamente milhares de atividades com competência e desempenho, percebe que o tempo acaba sendo um vilão diante das diferentes atividades que encontram em sua rotina. Sentem que a competição está cada vez mais acirrada, provocando a busca por melhor formação e preparo. Acreditam em crescimento acelerado e têm a gana de galgar cargos com a rapidez de um meteoro, focando cada vez mais o lado profissional em detrimento de uma vida com qualidade e maior leveza.

Acredito ser prematuro afirmar que a geração Y preocupa-se mais com a qualidade de vida do que a geração X, pois, quando falamos de gestão do tempo e de escolhas, não podemos criar a ilusão de que no final do dia eles fecham tudo e vão embora para casa ou até mesmo praticar um esporte, curtir a vida.

Penso que eles acreditam nisso e o propósito é bem forte neste sentido, no entanto, o que tenho percebido dentro das empresas, através do trabalho que desenvolvo como consultora, é que as coisas só ficam cada vez mais competitivas, exigindo de todos uma postura de doação total e completa ao trabalho e, nesta trajetória, esquecemos de cultivar a relação frente a frente, olho no olho. Inclusive, esquecemos de olhar para nós mesmos.

Escuto vários executivos dizendo que a pressão no trabalho está imensa e a cada momento que saem de sua sala para alguma reunião, recebem milhares de e-mails de variadas fontes, e a resposta precisa ser rápida, efetiva e instantânea. Um deles afirmou: "parece que a quantidade de informação só aumenta e isso não dá sinais de que vai parar, pelo contrário".

A tecnologia veio para nos ajudar e nós nos tornamos reféns dela. O *smartphone*, a internet, a quantidade e as diferentes formas de redes de relacionamento, tudo isso nos aprisionou na frente de uma pequena máquina que leva com ela todo nosso tempo.

Você já parou para pensar nas diversas noites em que ficou ligado ao computador ou quando estava em um almoço com amigos e era quase incontrolável a tentação de olhar para o telefone para checar novas mensagem, para ver se seus amigos estão conectados no *Facebook*, quem entrou na rede, quais são as últimas novidades, esquecendo-se de que estava ali, na frente de pessoas reais, ávidas pela sua presença.

Quero deixar claro que não sou contra a tecnologia, muito pelo contrário, eu faço parte deste mundo e sei exatamente como as coisas acontecem. Sendo consultora e atendendo vários clientes de diferentes e distantes localidades, os recursos de *internet* e *smartphone* são fundamentais e fazem diferença.



Toda essa trajetória que estou trazendo aqui neste texto é para que possamos refletir a respeito de nossas escolhas. O tempo está lá, ele continua existindo, apesar de muitos teóricos afirmarem que está até diminuindo, no entanto, a forma com que lidamos e com que utilizamos este tempo é que faz toda a diferença.

Outro dia estava conversando com uma amiga e ela contou que sentia como se estivesse sendo engolida pelo tempo. As atribuições do dia a dia, toda a pressão do trabalho e a exigência de que tudo precisa ser feito de forma instantânea, faz com que a maioria dos temas e assuntos sejam tratados na superficialidade.

Tenho contato com várias pessoas em sala de treinamento e elas relatam que não conseguem mais dar conta de tanta informação que chega e a necessidade de manter-se conectado ao que o mundo traz de novidade faz com que deixem a qualidade que gostariam de imprimir em suas ações à margem da realidade, sem contar a vontade e o desejo de uma vida mais tranquila e feliz.

A maioria fica escondida, camuflada na pretensa desculpa tranquilizadora de que é preciso gerar lucro para manter as despesas e pagar toda esta estrutura que suscitamos ao longo da vida. Desculpa tranquilizadora, porque ela "segura" toda a ansiedade quando observamos que a vida que vivemos está desconexa daquilo que realmente acreditamos e queremos realizar. Não estou defendendo a ideia de que devemos abandonar tudo e viver numa cabana à beira-mar.

Gerar receita é necessário para uma vida em sociedade e desnudar os desafios que nos apresentam é fundamental para atingir um estado de calma interior, procurando estabilizar a situação de agitação sempre presente em nosso dia a dia.

Minha reflexão baseia-se em descobrir o que realmente te deixa feliz. O equilíbrio acontece a partir do momento em que as ações que realizo estão congruentes com o que penso e acredito, quando estão em sintonia com o que meu coração escolhe realizar.

Entretanto, tudo que foi escrito nas linhas anteriores não representa novidade alguma para você, pois se não vivencia de perto estas questões do contexto empresarial, viver na modernidade é estar em estado de alerta, é seguir a linha do tempo frenética. **Será?**

Muito além de trazer a fórmula do sucesso para todas estas questões, quero pedir permissão a você para questioná-lo sobre sua vida, suas escolhas e como elas impactam diretamente nas relações e na continuidade saudável de seu viver neste contexto tão dinâmico.

Você já parou para pensar no que realmente importa?

Eu te convido a praticar este exercício. Faça anotações nesta planilha e mapeie estas perguntas e respostas, ou apenas reflita a respeito. Tome um tempo para pensar sobre isso e veja como sua vida é importante, primeiro para você mesmo e depois para as pessoas de sua convivência.

| | |
|---|---|
| Qual é o seu propósito de vida? | |
| Sabe falar, sem pensar muito, sobre qual é a sua verdadeira missão como profissional e em seus relacionamentos? | |
| Quais são seus valores, aqueles valores de raiz? (dos quais você não abre mão) | |
| Quais são as coisas nas quais acredita verdadeiramente, aquelas que estão dentro da sua alma e que ninguém mais sabe, além de você? | |

A humanidade vive hoje em estado onírico, flutuando naquilo que imagina ser o mundo normal, cheio de correria e turbulência. Tudo ficou no automático. Sentir e envolver-se plenamente consigo próprio através de seu autoconhecimento ficou para segundo plano.

*Então, como fazer para sair desta sonolência e buscar o autoconhecimento de forma prática e sustentável?*

Para que possamos avançar em estados de consciência mais ampliados, é preciso gerar um exercício diário na busca por si próprio, de observar a si mesmo e sentir, viver aquilo que realmente importa para seu Ser individual. Assim, percebemos que quanto mais o indivíduo se aprofunda nas inter-relações e percebe que tudo que pratica está em suas mãos, ou seja, que ele por si só é responsável pela qualidade e forma de seu viver, saberá tomar decisões lógicas diante daquilo que acredita.

*"O indivíduo percebe a realidade de acordo com o estado de consciência que está vivenciando"*
(Saldanha, 2009, p. 173).

Quando deixamos de utilizar as máscaras que nós mesmos construímos para viver o que a sociedade nos oferece como única saída, nos apossamos da vida real. Quando acreditamos que somos capazes de viver em harmonia com o mundo, respeitando o que somos, aumentamos nossa aptidão em reconhecer o que é real e verdadeiro, aquilo que faz sentido em nossas vidas.

Tomando contato conosco e abrindo a possibilidade de encontrar um caminho saudável para nossa existência, faremos com que uma ressonância seja gerada, ecoando no mundo. A percepção individual e coletiva fica ampliada, gerando uma interpretação real das escolhas diante do tempo.

Ao realizar este exercício constantemente, faço com que as pessoas de meu relacionamento comecem a ampliar a consciência sobre elas mesmas e sobre as escolhas que fazem em suas vidas, gerando um processo que impulsiona a mudança de estado de consciência de todos, que pode ser paulatina ou rápida, dependendo da disponibilidade e da abertura de quem se coloca como sujeito desta prática.



Aprender a equilibrar o mundo racional com a emoção, a intuição e a sensação, pode ser uma alternativa eficaz para ir além do automático que a vida moderna nos "empurra". Quando falo de ampliar a consciência, refiro-me a utilizar toda a energia e conhecimento disponíveis para balancear nossos sentidos.

Quando percebemos que a intuição e a emoção somadas ao lado racional possibilitam que nossas habilidades humanas sejam colocadas em prática de forma mais equilibrada, garantimos maior mobilidade em termos de eficiência e influência, além de gerar melhor qualidade nas ações que realizamos.

Mas o que isso tem a ver com a gestão do meu tempo? Simplesmente tudo, pois a partir do momento em que você sabe identificar as coisas que lhe são importantes e fundamentais, saberá fazer melhor uso do tempo e planejar sua vida no ritmo adequado.

Observar a si mesmo e enxergar o que realmente importa é a melhor forma de gerir o seu tempo, pois a partir daí você fará escolhas saudáveis, as que fazem realmente diferença, as que são importantes e que estão totalmente relacionadas aos seus valores de raiz, aqueles essenciais para que sua existência seja mais feliz.

**Referências**

SALDANHA, Vera. (2008). *"Psicologia Transpessoal, abordagem integrativa. Um Conhecimento Emergente em Psicologia da Consciência"*.Editora UNIJUI.

## Cristiane Maziero

MBA em gestão estratégica de Recursos Humanos pela Universidade de São Paulo (USP); formação internacional em *coaching* pela Sociedade Latino Americana de Coaching; formação em *coach* pela Lambent Brasil; especializada em grupos pela Sociedade Brasileira de Dinâmica de Grupos; pós-graduanda em Psicologia Transpessoal pela Allubrat Campinas; pós-graduação em Gestão Avançada em Recursos Humanos – INPG; graduação em Serviço Social pela FMU. Consultora, *coach*, palestrante, treinadora, 18 anos de experiência em Recursos Humanos e proprietária da consultoria Allure Desenvolvimento Humano.

**Contatos:**
www.alluredh.com.br
crismaziero@alluredh.com.br
(19) 3856-8121
(11) 9878-1452

# Anotações

# 17

# Será que eu também perco tempo?



Como se tornar melhor na arte de lidar com o tempo? 1. Ter objetivos claros; 2. Aprender a delegar e pedir ajuda; 3. Listar e cumprir as tarefas de um dia; 4. Começar pela tarefa mais importante; 6. Lidar com a mesma informação de uma só vez e decidir; 7. Definir prioridades para garantir alta *performance* e visibilidade; 8. Distribuir o tempo em busca de satisfação pessoal e profissional; 9. Ter uma agenda pessoal e profissional integrada. 10. Eliminar os desperdiçadores de tempo um a um

**Denise Lovisaro**

A maioria das pessoas acha que não perde tempo a não ser quando os outros a impede de fazer o que gostaria ou planejou. No livro *First Things First*, Stephen R. Coovey afirma: "Toda vez que pensamos que o problema está lá fora, este se torna o maior problema". ***E você acha que perde tempo?*** Se o desejo é melhorar a forma de lidar com o tempo, comece identificando qual é a sua forma preferida de perder tempo. Salvo algumas exceções, a maioria das pessoas joga tempo fora de algum jeito. Aprender com os bons administradores do tempo costuma ser uma boa estratégia, desde que as características individuais e preferências sejam respeitadas. Gerenciar o tempo não é uma camisa de força, repleta de regras e técnicas, o que tornaria os indivíduos cópias grosseiras dos bons gestores de tempo que fazem o que fazem, naturalmente, e por isso funciona. Reconhecer os pontos fortes e fracos, as preferências, o estilo e o impacto que causam no outro e no ambiente é necessário para criar o próprio estilo eficaz de gerenciar o tempo.

*"Conheça-te a ti mesmo, a lição mais difícil deste mundo."*
Platão



Antes de conhecer técnicas e recursos da boa gestão do tempo, precisamos saber qual é a nossa tendência para perder tempo. Ensinando e aprendendo, descobri inúmeras formas de perder tempo. Por exemplo: falta de objetivos claros, não organizar e gastar um tempo enorme para encontrar o que procura; apegar-se aos detalhes e perder o prazo de um projeto; deixar de lado um trabalho importante para ajudar outras pessoas a realizarem o seu; por falta de tempo, ir para uma reunião totalmente despreparado; delegar errado ou tentar fazer tudo sozinho; por medo de tomar decisão, não tomar nenhuma; não planejar e falhar na execução. *Já descobriu qual é a sua forma preferida de perder tempo?*

Dizemos que a perda de tempo é ocasionada pelos desperdiçadores de tempo. *E o que é isso?* São os comportamentos, hábitos e atitudes que ao longo do tempo se tornam um padrão e os repetimos sem consciência. Os desperdiçadores nos afastam de nossos objetivos. O Dr. David Kudtz, em seu livro *A essencial arte de parar*, afirma que a melhor forma de lidar com o nosso medo é nomeá-lo. Segundo ele, nomear os medos é personificar os sentimentos, transformando-os em pessoas, "entidades", para que possamos interagir com eles cara a cara, conversar e entender-lhes as razões. Gosto de pensar dessa forma em relação aos desperdiçadores de tempo. Por isso chamo-os de ***vilões do tempo***. E o que importa não é como chamá-los, mas sim descobrir quem são os vilões que andam desviando você do seu caminho. ***Imagine-se conversando cara a cara com seus vilões do tempo***. Para cada vilão do tempo, sempre haverá um ou mais antídotos. Agir de forma diferente da habitual é o antídoto. A dose é como e onde fazer diferente, para eliminar os vilões do tempo um a um.

***Nenhum vilão do tempo é bom. Livre-se deles sem dó nem piedade.***

Podemos dividir os vilões do tempo entre internos e externos. Os **externos** estão à nossa volta, e o nosso poder de influência sobre eles é pequeno ou nulo, por isso o melhor será encontrar formas eficazes de lidar com estas situações sem a expectativa de que será fácil mudar o que está fora do nosso alcance. Qual é o seu poder de influência sobre o trânsito caótico da cidade de São Paulo? Como impedir visitas inesperadas? Como garantir que o fornecedor entregue o pedido no prazo?



Quanto aos ***internos***, o poder de influência é grande e a responsabilidade por mantê-los ou eliminá-los também o é. Estes vilões são nutridos pelos comportamentos, hábitos e atitudes, alimentados pelo medo e fortalecidos por nossas crenças. Com o passar do tempo, acostumamo-nos a eles e passamos a acreditar que são inevitáveis. Podemos chegar a gostar ou simpatizar com alguns vilões. Eu conheço pessoas que falam com orgulho que são perfeccionistas, detalhistas, prolixas, que preferem executar sem planejar e que não gostam de perder tempo com organização. Elas não se dão conta que estão mimando os vilões que lhes roubam o tempo e afetam negativamente a qualidade dos trabalhos.

***Como pretendemos obter resultados diferentes agindo da mesma forma?***

Podemos dizer que a predisposição para aceitar e valorizar determinados vilões do tempo e rejeitar outros está ligada mais ao temperamento e perfil psicológico do que à formação, educação e nível sociocultural. *Quem são as pessoas mais suscetíveis aos vilões do tempo?* É claro que os *vilões do tempo* preferem as pessoas mais disponíveis, solícitas, inseguras, influenciáveis, temerosas, vaidosas e ingênuas porque elas se deixam levar pelo encantamento sem opor resistência. Mesmo quando o *vilão do tempo* lhe parecer bom, sedutor, inofensivo, indefeso, galanteador, ameaçador, atraente, lembre-

-se de que ele fará de tudo apenas para roubar seu precioso tempo e desviá-lo do seu caminho. E a única coisa que você receberá em troca é frustração.

*O que fazer para eliminar os vilões do tempo?* Para que uma mudança seja efetiva, não basta fazer diferente, é preciso entender o que nos motiva a agir desta ou daquela forma, então o melhor será refletir sobre o que está por trás de um vilão do tempo.

Corte o mal pela raiz. Descubra qual é a motivação para agir de modo a desperdiçar o seu tempo. *O que você pensa que o motiva a agir de modo a fortalecer o desperdício de tempo?*

**Vilões do Tempo**

Mais eficaz do que mudar um comportamento, um hábito ou uma atitude, é mudar a forma de pensar que nos leva a agir através de um padrão ineficaz. Quando mudamos a forma de pensar sobre alguma coisa, acabamos agindo de modo diferente. Uma mudança, mesmo pequena, provoca outras e tudo à sua volta se transforma com muita rapidez. É sistêmico. Ao neutralizar um vilão do tempo, você leva de carona outros, já que, em geral, eles andam em bandos e uns fortalecem os outros.



Os principais **vilões do tempo externos são:**

1. Telefone
2. Interrupções e visitas inesperadas
3. Mudança de prioridades
4. Falta de planejamento
5. Falta de objetivos claros
6. Confusão de responsabilidade
7. Trânsito
8. Informação incompleta
9. Reuniões
10. Burocracia

O vilão do tempo é externo, mas a forma de lidar com ele é interna e você precisa decidir como resolver estas situações. O telefone é um grande tomador de tempo quando as pessoas não são objetivas e claras em suas ligações. Tenha um mini planejamento do que precisa obter ou oferecer de informação, seja educado e vá direto ao ponto. A visita pode ser inesperada, mas é você quem decide se irá recebê-la ou oferecer outro dia e horário para atendê-la. A informação pode estar incompleta e você decide se fará perguntas para entender o que está sendo solicitado.

**Vilões do tempo internos**

1. Dificuldade para delegar
2. Falta de confiança
3. Dificuldade para "dizer não"
4. Falta de organização pessoal
5. Falta de planejamento
6. Dificuldade para expressar pensamento e sentimento
7. Dificuldade de atenção concentrada
8. Perfeccionismo
9. Detalhismo
10. Procrastinação
11. Comunicação interpessoal
12. Falta de segurança
13. Dificuldade para tomar decisão
14. Incapacidade de ouvir
15. Acreditar que pode fazer tudo sozinho
16. Dificuldade para cumprir horários e prazos
17. Dificuldade para mensurar o uso do tempo
18. Dificuldade para avaliar resultados



Neste caso, o poder de influência é maior e a responsabilidade para administrar os vilões internos também. *Dentre estes, quais os preferidos por você? Após identificar suas preferências, será necessário descobrir o que o motiva a agir desta forma. Receio de parecer não colaborativo? Ansiedade? Medo de errar? Medo de ser rejeitado? Medo de não ser compreendido? Achar que sabe mais? Não conseguir confiar nas pessoas? Achar que, no final, tudo dará certo?* A razão costuma ser a necessidade de se proteger de um receio real ou imaginário, e aqui não importa a causa e sim a consequência. Por exemplo: alguém que tem dificuldade para dizer ***não*** a um colega, chefe, amigos, familiares precisa saber. ***O que está por trás do medo de dizer "não"?*** Cada um terá suas respostas e muitos chegarão à conclusão de que o receio de ser mal visto é a causa. Logo, quem tem receio de ser mal visto está evitando ser rejeitado e este é o ponto que precisa ser trabalhado para que a pessoa volte a dizer não quando for necessário, sem precisar se desentender. Gerenciar o tempo é, antes de tudo, aprender a fazer escolhas certas para a integração da vida pessoal e profissional. Por isso, aprender a lidar com os vilões do tempo é um passo importante para torná-lo uma pessoa mais forte e sábia para decidir o que fazer com este bem precioso que todos dispomos chamado tempo.

## Denise Lovisaro



Membro da ICC, *Master Coach* formada pela pela Lambent do Brasil; *Trainer Training* Lambent do Brasil; formação avançada e *Practitioner Somatic Experiencing®* pela *Foundation for Human Enrichment*; *Master Trainer* em PNL SBPN; *Coaching* Sistêmico – Metaforum; *Master Wizard Avatar* – Star's *Edge International*; *consultor Talent Insights. – Success Tools – consultor Insights* – Instituto Pieron; formação em Análise Transacional e Psicologia Social; graduada em Estudos Sociais pela USM. Fundou a Tempo Luminar Consultoria e *Coaching* em 1995 e atua como consultora e *coach*. Entre seus clientes: GMB do Brasil; Lojas Americanas; Philips; Gradiente; Camargo Correa; T4F *Time for Fun*; Samsung; Unibanco, Roche, Novartis, AACD, McCann Ericson, Ind. Metalurgica Caracol; Sun MRM; Street 100%; EYU - Universidade Corporativa Ernst Young.

**Contatos:**
www.tempoluminar.com.br
denise.lovisaro@tempoluminar.com.br

# Anotações

18

# 4P's para uma vida melhor: Presença, Prioridade, Planejamento e Produtividade



Uma reflexão sobre o tempo e a produtividade, passando sobre a consciência das escolhas e seu impacto no corpo físico, mental, espiritual e emocional

**Djane Sant'Anna**

O tempo - Este recurso implacável! Um dia terá sempre 24 horas, uma hora 60 minutos e um minuto 60 segundos.

Por que algumas pessoas conseguem fazer tantas coisas num dia e outras fazem tão pouco?

Por que há pessoas que dão conta de trabalhar, cuidar da casa, dos filhos, ir à academia, passar no supermercado, ir ao cabeleireiro, lembram dos aniversários, conseguem almoçar com os amigos, acompanham a sogra num exame e ainda por cima são bem-sucedidas?

Por outro lado, há pessoas que já acordam cansadas, atrasam relatórios, se atrasam nas reuniões, se esquecem de pagar as contas, mal conseguem almoçar, esquecem o aniversário do marido, esquecem que a esposa pediu para, na volta do trabalho, comprar leite, deixam para a última hora a entrega do Imposto de Renda, têm que trabalhar no sábado porque não terminaram a apresentação de segunda-feira.

Em que grupo você se encaixa? Naquele que, quando o dia termina, tem a satisfação do dever cumprido, de tarefa entregue, de realização?

Ou naquele grupo que não vê o dia passar, que tem a sensação de que não rendeu o suficiente e está "devendo"? Lembra das coisas que não fez? Acorda no meio da noite e se lembra do cliente para o qual não retornou, da conta não paga, do presente não comprado, do *e-mail* não respondido, do telefonema para a escola do filho que não foi feito?

Se o tempo é o mesmo para todos nós, por que algumas pessoas usam este recurso com mais produtividade e outras não?

Não gosto muito da expressão "ADMINISTRAÇÃO DO TEMPO", pois ele corre independentemente da sua administração.

Tempo é questão de prioridade. Tempo é questão de preferência.

Neste capítulo vamos falar dos 4 P's : Presença, Prioridade, Planejamento e Produtividade.

Vamos começar por algo simples chamado presença - ou consciência daquilo que faz.

Você já teve alguma experiência de, ao dirigir, tocar seu telefone celular, você atender e passar ali uns cinco minutos de uma conversa e, quando desliga, olha para onde está e pergunta a si mesmo: – Como cheguei até aqui? Que caminho eu fiz?

Ou estar trabalhando, sentir necessidade de um material ou um documento, se levantar e, quando está na frente do armário, se perguntar: - O que eu vim buscar?

Meu amigo, se isso acontece com você, preste atenção porque você está no "automático."

Você não está PRESENTE - pode estar desconectado daquela tarefa, e aí não tem consciência do que está fazendo. Este é um grande desperdiçador de tempo, porque, invariavelmente, esta tarefa ou atividade vai gerar um retrabalho.

Nosso dia a dia é um paraíso para distrações, piada por *e-mail*, café com os colegas, ligação no celular, uma olhadinha no *Facebook*, amigo que chama no *Skype*, música que toca, revista em cima da bancada e pronto! Lá se foi a nossa atenção, nossa concentração, nosso foco.

Como aumentar o meu grau de consciência e garantir a Presença naquilo que faço? A ordem é atenção, é concentração, é ficar LIGADO, CONECTADO.

Quando estiver fazendo algo - um relatório que demandará 30 minutos por exemplo, se concentre e faça seu relatório. Fazer o relatório preocupado com a reunião só fará com que você erre os números, faça análises superficiais, suprima informações e gere retrabalho.

Aliás, a expressão preocupado é uma expressão "interessante", pois quando estamos preocupados, ainda não estamos na ocupação: é o que fazemos antes da ocupação em si.

Quantas vezes estamos tão preocupados com o que acontecerá que não nos ocupamos com o que precisamos fazer?

Perdemos tempo pensando no futuro e com o que ainda não aconteceu ou com o passado e com aquilo que já aconteceu; e não nos ocupamos do aqui e agora e do que podemos fazer acontecer.

"*Não temos como refazer o ontem, mas o futuro está à nossa disposição para ganharmos ou perdermos*".

Lyndon Johnson

Nosso segundo P é a Prioridade.



Todos temos e exercemos muitos papéis: papel de gerentes, secretárias, analistas, diretores etc. Estes papéis estão relacionados ao nosso papel profissional. São funções, cargos dentro do mesmo, mas nós não somos só isso! Somos filhos, irmãos, pais, cônjuges, namorados, amigos, estudantes, moradores de um condomínio, cidadãos.

Sendo assim, temos vários papéis a exercer e, em cada um destes, há uma série de tarefas listadas que devem ser cumpridas.

Todos temos contas a pagar, filhos ou pais para olhar, amigos para ligar, para acolher, nossa saúde para examinar, corpo para cuidar, casa para administrar.

E a pergunta: o que você está priorizando? É só o seu papel profissional? Que tipo de pai ou mãe você quer ser?

Você perceberá que gerenciar seu tempo é basicamente "fazer escolhas". O que você está priorizando neste momento? Qual papel da sua vida está ocupando mais tempo, energia e consciência?

Lembre-se: quando você diz "sim" para alguém, pode estar dizendo "não" para você.

Gerenciar o tempo para garantia de mais produtividade é também uma forma de conseguirmos equilíbrio entre todos estes papéis.

Faremos um exercício simples! Pegue uma folha de papel, uma caneta e escreva o título - NÃO TENHO TEMPO PARA:

- Liste todas as tarefas que você quer fazer, mas não tem tempo.
- Depois, troque o título para: não quero...

Preste atenção no impacto que o novo título tem em você. Há alguma verdade?

Desta lista de coisas que não temos tempo para realizar há tarefas que você simplesmente não quer fazer? Seja por não gostar ou por não perceber a importância?

*"Se não decides tuas prioridades e quanto tempo dedicarás a elas, alguém decidirá por ti."*
Harvey Marckay

Nosso 3º P é o Planejamento.

Muitas pessoas têm dificuldade em planejar - logo começam fazendo e partem para ação sem planejar o que acontecerá.

A falta de planejamento é mais um desperdiçador de tempo.

Quanto mais planejada for uma ação, mais tempo você economizará.

Quando estudamos o motivo de sucesso entre os profissionais, esta característica é comum.

Profissionais que planejam tomam melhores decisões, são proativos e lidam muito bem com o imprevisto.

A atividade de planejamento envolve, desde uma simples lista de supermercado ou de tarefas, lista de compras de natal até planilhas sofisticadas de Excel ou mesmo um relatório de controle de um PMO (*Project Management Office*).

Neste capítulo podemos pensar numa forma muito simples e efetiva de planejar, que é usar o 5W1H – *What* (O que), *Who* (Quem), *Where* (Onde), *When* (Quando), *Why* (Por quê) e *How* (Como). Também pode ser usado o *How much* (quanto) quando é necessário planejar custo.



| O quê? | Por quê? | Como? | Quem? | Quando? | Onde? | Quanto custa? |
|---|---|---|---|---|---|---|

Com esta ferramenta simples é possível planejar uma festa de aniversário, ação de *marketing* da sua área, ação de treinamento, plano de aula, viagem de férias, churrasco com amigos etc.

Com um bom planejamento podemos otimizar nosso tempo, ficarmos mais presentes na tarefa, mais conscientes das nossas escolhas e do que estamos priorizando.

Faça uma ação simples: liste tudo o que deve fazer, tudo o que não pode esquecer - separe em atividades do papel pessoal e profissional.

Depois coloque na agenda já imaginando os prazos e tempos (risque da sua lista à medida que for agendando).

Todos os dias, assim que chegar ao seu local de trabalho, liste tudo o que deverá fazer, de acordo com seu planejamento semanal e risque ao longo do dia o que foi realizado.

Deixe espaço para imprevistos, pedidos de última hora de um cliente, relatórios urgentes de seu chefe, reuniões de última hora, *e-mails*, ou algum pedido de ajuda a um colega e o mais importante: não confie na memória! Aquela tarefa que foi negligenciada pode se transformar na urgência da próxima hora ou na bronca do dia seguinte.

*"Você tem de refletir sobre as grandes coisas enquanto está fazendo as pequenas coisas, para que todas as coisas sigam na direção certa."*
Alvin Tofler

Nosso 4º P se refere à nossa Produtividade.

Você já parou para pensar em quantas vezes ouvimos:

1. De quanto tempo precisa?
2. Demorará quanto tempo?
3. Você tem tempo para fazer isso?
4. O tempo será suficiente?

Nesta esfera, a tecnologia está sempre à nossa disposição no auxílio ao aumento da nossa produtividade e otimização do nosso tempo.

São instrumentos para economia do tempo a máquina de lavar roupa, passando pela lavadora de pratos, *smartphones*, PCs, GPS e todas as maquininhas criadas para facilitar a nossa vida, até a *internet*.

Será que funcionou? Não é um paradoxo que, apesar de todas as facilidades tecnológicas, ainda vivemos reclamando do tempo?

Vivemos conectados pelo *Blackberry*, *iPhone*, *iPad* e desconectados da "essência da tarefa".

Pense: o que mais atrapalha a sua produtividade?

Fiz esta pergunta a vários *coachees* e o que mais ouvi foi "as interrupções".

Como lidar então com as interrupções? A habilidade de ser assertivo pode auxliar nesta tarefa, mas há ações bastantes práticas como:

1. Quando precisar estar PRESENTE, desligue o *ICQ*, fique invisível no *Skype*, *MSN* e não abra *e-mails* ("desligar o recurso do envelope piscante")
2. Desligue o celular
3. Feche a porta quando precisar de concentração
4. Faça uma tarefa de cada vez
5. Aprenda a dizer não

Não é tarefa fácil, mas sem dúvida é necessário treino e determinação para fazermos, verdadeiramente, as transformações que tanto queremos.

"Tempo é escolha"! Não adianta termos à disposição planilhas, agendas, todo o aparato tecnológico se não tivermos consciência das escolhas e muita disciplina para alterarmos o que precisa ser alterado.

Devemos mudar o conceito de administração do tempo para consciência das suas escolhas com foco no equilíbrio pessoal, visando ações consistentes para o corpo físico, mental, emocional e espiritual.

Assim, no equilíbrio dos quatro corpos, podemos acrescentar um novo P de "Prazer".

Prazer de fazer bem feito
Prazer de fazer consciente
Prazer de fazer escolhas
Prazer de reconhecimento
Prazer que vem da Paz que todos buscamos.

*"O que quer que a mente do homem possa conceber e acreditar ela pode realizar."*
Napoleon Hill

## Djane Sant'Anna



Psicóloga, especialista em gestão do conhecimento pela FGV, MBA em RH pela FEA-USP, formação em Coordenação de Grupo pela SBDG, certificada em *coach* pelo ICI e Instituto Ecosocial. Formação em Consultor pela ADIGO. *Coach* e consultora de desenvolvimento, diretora da ID&S – Resultado em gestão de pessoas - atuando há 10 anos em empresas como: Vale, Hospital São Luiz, Huntsman, Mercedes, Sabesp, Hospital São José, Beneficência Portuguesa, Via Fácil – Sem Parar, SGS, Medial, Prodesp Hospital Israelita Albert Einstein, Blue Three, Grupo JBS, Sabesp, Hospital Sírio Libanês, Banco BMG, Banco Votorantim, e Sofitel. Membro do International Coaching Federation.

**Contatos:**
djane@idsconsultoria.com.br
www.idsconsultoria.com.br
(11) 9243-2942
Skype: djanesan2

# Anotações

# 19

# É tempo de quê?



Tempo é um paradigma, uma forma de perceber a realidade e, portanto, é fruto de nossa percepção, cultura e valores. Vamos decidir e viver o tempo de acordo com nossa maneira de entender a realidade, com nossos padrões mentais

**Dulce Magalhães**

O tempo se estende ou corre mais rápido em sincronia com nosso ritmo interno. Num período mais estressado, teremos um tempo que escoa sem cessar. Durante as férias, desfrutamos de um tempo mais lento e tranquilo. Nas grandes cidades, o tempo é escasso porque está ligado a ciclos mais rápidos; numa fazenda, o tempo rende muito mais porque está ligado aos ciclos da natureza que são mais longos e lentos.

Tempo é uma projeção mental sobre o que estamos vivendo. Cinco minutos de espera podem parecer horas e, um dia, pode passar voando. Tudo depende de como estamos percebendo aquela realidade. Assim, a gestão do tempo é, de fato, a gestão de nossos modelos mentais, que vão influenciar nossas decisões, que são a base onde construímos a realidade que experimentamos.

Tempo e vida são sinônimos absolutos. Se quisermos entender um pouco melhor como está o uso de nosso tempo, podemos trocar a palavra tempo por vida.

Por exemplo, quando você diz "não tenho **tempo** para nada", de fato você está dizendo "Não tenho **vida** para nada".

Se você já afirmou que está sem **tempo** para cuidar de você mesma, na verdade está dizendo: "Não tenho **vida** para cuidar de mim agora".

Troque a palavra tempo por vida e tudo ficará muito mais contundente e fácil de compreender quais são as verdadeiras prioridades. Aliás, é disso que se trata a gestão do tempo: eleição de prioridades. A questão é que somos atropelados por urgências que nos tiram do foco de nossas prioridades. Além disso, algumas vezes temos dificuldade de identificar as verdadeiras prioridades. Há dois critérios para definir uma prioridade:

***Impacto***

Aquilo que produz mais resultados e tem repercussão positiva. Por exemplo, para alguém que deseja administrar bem o seu tempo, o que produz mais impacto é cortar todas as atividades que não tenham relação direta com o resultado que se pretende. Outro exemplo, para alguém que deseja emagrecer: o que promove mais impacto é cortar calorias, que traz o resultado de forma rápida e eficaz. Impacto é a medida do resultado.

***Relevância***

É aquilo que tem mais valor, o que representa a expressão de nosso desejo de uma forma mais completa. No exemplo do corte de atividades, temos que levar em conta a vida que desejamos, e pode ser muito relevante manter a brincadeira com os filhos todos os dias. No corte de calorias, o relevante é ter uma alimentação saudável para que o resultado seja positivo em todos os níveis. Assim, neste caso, não basta cortar calorias, é preciso também mudar o cardápio. Relevância é a medida da realização.

Tendo em vista estes dois critérios, podemos eleger o que realmente são nossas prioridades e tomar decisões que proporcionem não só mais tempo, mas também um tempo de melhor qualidade. A questão da gestão do tempo nos leva a uma pergunta básica:

***Mais tempo para quê?***

Se estamos tentando ganhar tempo para fazer mais do mesmo, para assumir mais tarefas, produzir mais, ter mais responsabilidades, talvez não seja uma boa ideia e, muito provavelmente, o seu sistema inconsciente vai boicotar essa proposta de duas formas: ou não rendendo muito ou entrando em colapso.

A vida se protege de todas as formas possíveis para que estejamos em equilíbrio. Uma dor ou doença é um alerta da consciência para que voltemos ao ponto de equilíbrio e isto demanda uma mudança. Quando, ao invés de mudar, mantemos o mesmo procedimento e comportamento, a dor se repete e damos a isso o nome de sofrimento. Assim, sofrimento é quando escolhemos não mudar frente ao sintoma da dor.

É preciso definir que tempo queremos viver e não apenas o que fazer no tempo. Qualidade de vida não é *slogan* de comercial; é uma gradação no campo de nossas decisões. Em média, qualidade depende de como decidimos e do que elegemos.



O **Como** é o método que utilizamos para fazer as escolhas, que já é por si mesmo definidor. Se refletirmos sobre o processo, incluirmos as expectativas das pessoas que são importantes para nós e tomarmos um tempo para planejar, teremos um determinado resultado. Se deixarmos as coisas correrem ao sabor das urgências e formos atendendo às demandas conforme elas aparecem, sem refletir sobre o seu impacto ou relevância, nosso resultado é completamente diferente. A forma de decidir também faz parte da decisão.

Ao revermos nossos métodos de tomada de decisão, sentiremos um imediato impacto em nossa gestão do tempo, pois a forma como decidimos por si mesma gera resultados.

Já **o que** queremos é a definição do resultado em si e deve abranger o maior espectro possível da vida: pessoal, familiar, social, profissional, financeira e ainda incluir investimentos no campo da vocação e da saúde. Ao levarmos em conta os objetivos globais de vida que almejamos, não corremos o risco de resultados desequilibrados. Vivemos o que elegemos viver, mesmo quando delegamos o poder de decisão para outras pessoas ou instituições – isso ainda é uma decisão pessoal – e vamos viver de acordo com o que permitimos que aconteça em nossas vidas.

O tempo está ligado ao que fazemos dele. O tempo só rende se percebermos que o que estamos fazendo tem importância e traz mais valor para nós e para as pessoas ao nosso redor.

Einstein, que tinha uma percepção muito acima da média, afirmou que não existe tempo, mas espaço/tempo. Essa definição pode alavancar uma outra estratégia de gestão de tempo, muito mais eficiente. Se tudo é espaço/tempo, então imagine que um dia é uma sala e o que você colocar nesta sala será o que você vai viver no dia. Se a sala está muito atulhada então você precisará tirar algumas coisas para poder desfrutar da sala de forma mais harmoniosa. Assim, é preciso exercitar ações eliminatórias e dizer **NÃO** para algumas atividades e compromissos.

Ainda olhando o espaço desta sala, agora mais vazia, é preciso definir o que queremos que esteja dentro e que talvez ainda não esteja presente e dizer **SIM** para aquilo que queremos que aconteça na nossa vida. Uma das maiores dificuldades dos profissionais é dizer Sim para as atividades pessoais, como a ginástica, um tempo com os amigos, um cinema no meio da semana, tempo para o ócio criativo e para o entretenimento.

Exercitar escolhas é gestão do tempo e representa o conjunto de resultados que alcançamos, nem mais, nem menos. Tudo o que colocamos em foco e elegemos como prioridade torna-se o campo de nossas realizações. Se você não está satisfeito com alguns de seus resultados, precisa alterar suas escolhas e agir diferentemente, do contrário, continuará vivendo as mesmas consequências de sempre. Mudar de mundo é mudar de olhar.

Perceba que o conjunto de crenças que temos sobre o tempo define a forma como o gerenciamos, as escolhas que nos permitimos fazer e os consequentes resultados. Possuímos uma perspectiva equivocada a respeito do tempo. Acreditamos ele passa por nós e que sua velocidade depende de fatores externos e fora de nosso controle. Acreditar nisso corresponde a dizer que ao cruzarmos uma sala, ela é que passa por nós e que a velocidade dessa passagem é dada pela sala.



Somos nós que percorremos o espaço do tempo e a velocidade é ditada pelo nosso ambiente interno, nossos ciclos íntimos, nossa perspectiva pessoal. Quanto maior for a consciência que temos sobre este processo, maior será nosso domínio sobre as decisões e resultados de vida. Não temos como definir ou evitar determinadas circunstâncias ou condições, mas está sob nosso poder a decisão de como vamos experimentar e agir em cada uma dessas circunstâncias ou condições.

Aprendemos, como modelo de cultura, a privilegiar o esforço como prática de vida e colocamos uma carga emocional sobre todas as tarefas, mesmo as mais corriqueiras, para que estejam alinhadas com a noção de esforço. Acreditamos que as coisas devem vir a partir de enorme empenho e que aquilo que vem, vai; não perdura nem tem valor. Essa crença nos leva a aumentar o nível de estresse e tensão em cada tarefa, para que não seja fácil, para que tenha um sabor de esforço. É preciso se liberar dessa crença e deixar as tarefas mais leves e as ações mais tranquilas.

***Três perguntas-chaves***

Na antiga tradição egípcia, há um "livro dos mortos" que é um verdadeiro roteiro para gerir bem a vida e aproveitar melhor o nosso tempo. Conta a tradição que quando uma pessoa morre, deve tomar um barco e fazer a passagem para a ilha dos deuses, que representa o paraíso, na tradição judaico-cristã ou o nirvana, na tradição budista.

Há um barqueiro que possibilita a travessia e que fará três perguntas à pessoa que deseja ir para a ilha dos deuses. A primeira é:

- ***Sua vida te fez feliz?***

Se a resposta for negativa, então a pessoa não poderá ir para a ilha dos deuses. Porém, penso que se respondemos não a essa pergunta, nem precisamos morrer para estar fora do paraíso: já vivemos esse exílio aqui e agora. Mas, se a resposta for sim, então o barqueiro fará uma segunda pergunta:

- ***Sua vida fez outras pessoas felizes?***

Novamente, se a resposta for negativa, o barqueiro não fará a travessia com a pessoa e, mais uma vez, podemos perceber que uma vida que não fez outras pessoas felizes é uma vida sem significado e, portanto, sem a graça e a benção do paraíso. Entretanto, se a resposta for sim, a pessoa poderá tomar o barco e será levada à ilha dos deuses.



Contudo, os testes ainda não acabaram. Ao chegar à ilha, a pessoa será recebida no panteão dos deuses egípcios pelo deus Toth, o deus da sabedoria. Ele vai usar uma grande balança, onde de um lado está uma pena e do outro vai pesar o coração da pessoa. Se o coração pesar mais que uma pena, ela não poderá habitar a ilha dos deuses. Aqui também há um grande indicador de desempenho para a vida e uma pergunta diária a ser feita:

- ***Seu coração pesa mais que uma pena?***

Se alimentamos mágoas, rancores e ressentimentos, nosso coração está pesado e nosso tempo está mergulhado nas dificuldades que não conseguimos dissolver em nós. O exercício do perdão, da autossuperação, da transcendência e compreensão de que cada um age de acordo com o nível de consciência em que se encontra, permite que liberemos espaço emocional interno e assim ganhamos clareza e flexibilidade, duas qualidades essenciais para a boa gestão do tempo.

Sendo tempo e vida sinônimos absolutos, este roteiro de gestão proposto pelos egípcios há mais de seis mil anos continua valendo para nossos dias. Pense a respeito dessas três questões e eleja suas prioridades a partir delas.

Diga Sim para o que quer e Não para o que não quer e não se espante se o tempo se tornar um aliado poderoso na construção da vida almejada. Suerte!

## Dulce Magalhães



Filósofa, educadora, pesquisadora, escritora e palestrante. Eleita uma das 100 lideranças da paz no mundo pela Genève for *Peace Foundation*, através de eleição feita com as ONGs de cultura de paz credenciadas na ONU. Integra o comitê de 80 lideranças da paz coordenado pelo ex-presidente americano Bill Clinton para elaboração de um programa global de cultura de paz. Recebeu o certificado de reconhecimento como Embaixadora da Paz, no senado argentino, marco do projeto "Despertando Consciência de Paz" promovido pelas instituições argentinas Mil Milênios de Paz e Fundação Paz, Ecologia e Arte, parte dos eventos da Década Internacional por uma Cultura de Paz, da Unesco. PhD em Filosofia com foco em Planejamento de Carreira pela Universidade Columbia (USA); Mestre em Comunicação Empresarial pela Universidade de Londres (Inglaterra); Especialização em Educação de Adultos pelas Universidades de Roma (Itália) e Oxford (Inglaterra); autora dos livros: *Manual da Disciplina para Indisciplinados, Superdicas para Administrar o Tempo e Aproveitar Melhor a Vida, Mensageiro do Vento – Uma Viagem pela Mudança*. Coautora de diversos livros.

**Contato:**
www.dulcemagalhaes.com.br

## Anotações

# 20

# O tempo: aliado ou inimigo? Depende de você!



Quantas vezes nos pegamos pensando como seria bom ter mais tempo para realizarmos nossas atividades e o quanto faríamos em prol de nós mesmos se o tempo permitisse. Ah... doce ilusão!

**Elaine Lombardi**

O tempo... *tic tac, tic tac*... será que o controlamos ou ele nos controla? Nas minhas andanças como consultora de treinamento, tenho feito uma pergunta básica aos treinandos e a grande maioria responde: faria melhor tal atividade se tivesse mais tempo, ou então, não posso fazer mais nada, pois o tempo é curto.

Está aí outra grande ilusão. Para começar, preciso revelar um dado muito importante: não teremos mais tempo para realizar mais coisas.

Mas, por que falar de Gestão do Tempo se é tão difícil controlar o tempo? Abordar este tema nos leva a refletir sobre alguns pontos que independem de nossa vontade, como, por exemplo: o dia tem 24 horas para todos e em todos os lugares do mundo, mas não é incomum acharmos que podemos esticá-lo e encaixar nossas necessidades durante esse período. Por muitas vezes, parece pouco e simplesmente não nos damos conta de que cada segundo é extremamente valioso e útil na correria do dia a dia.

Pense comigo: o que você programou para fazer amanhã? Hoje você foi ao médico e ficou sabendo que tem seis meses de vida. Como fica sua programação para amanhã? Não dá para esticar o tempo, mas vivemos como se o tempo não tivesse limites, e todos nós temos 24 horas para gastar.

A verdade é que o tempo é um bem socializado e atualmente chega a ser considerado objeto de luxo, pois, segundo Domenico de Masi, famoso escritor italiano e autor de *O Ócio Criativo*, se traçarmos um paralelo entre o passado e hoje, veremos que, no passado, o luxo era representado por dinheiro, carros e barcos. Hoje, as coisas raras são, sobretudo, o tempo, o espaço, o silêncio, a autonomia e a segurança. Esses são os grandes luxos para o século XXI e, para usufruir dos mesmos, temos que entender o que é o tempo, afinal.

Portanto, gerir o tempo é autoadministrar-se, e isto significa tomar decisões duras e ter disciplina para implementá-las, fazer as coisas certas, que lhe ajudarão a atingir resultados, conseguir fazer mais em menos tempo e poder controlar o tempo com qualidade de vida.

Os estudos nos mostram que ter uma boa administração do tempo é um desejo da grande maioria das pessoas, mas sabemos que existem facilitadores e dificultadores neste processo.

Entre os facilitadores, citamos os **quatro princípios básicos da Gestão do Tempo**:

- **Princípio do Objetivo**
- **Princípio da Concentração**
- **Princípio da Proteção do Tempo**
- **Princípio do Controle**

**1. Princípio do Objetivo**: orienta-nos em direção à nossa meta. São fins para os quais dirigimos nossas atividades e onde queremos chegar.

**Os objetivos podem ser classificados em**:

**Essenciais** – aqueles que dependemos para obter sucesso;

**Necessários** – aqueles necessários para melhorar o desempenho, mas não indispensáveis para a nossa sobrevivência;

**Desejáveis** – aqueles desejáveis para nossa melhoria, mas que podem ser eliminados ou postergados.

**2. Princípio da Concentração**: permite a convergência de todas as nossas forças para um determinado ponto, num determinado momento.

**Passos importantes para a concentração**:

**Faça as coisas mais importantes** e concentre-se no essencial;

**Faça primeiro as primeiras coisas** e comece fazendo as coisas em ordem decrescente de importância;

**Faça uma coisa por vez** e concentre-se na tarefa do momento;

**Conclua o que começou** e não inicie outro trabalho sem finalizar o anterior.

**3. Princípio da Proteção do Tempo**: permite que obtenhamos resultados mais eficientes com menor esforço, assegurando uma proveitosa utilização do nosso tempo.

Pergunta-chave: O que devo evitar e eliminar para aumentar o meu tempo produtivo?

**4. Princípio do Controle**: permite que saibamos onde nosso tempo foi empregado e se as nossas realizações e resultados estão como planejamos.

Pergunta-chave: os resultados estão conforme planejei?

Entre os dificultadores, citamos os **desperdiçadores do tempo, que são atividades ou ocorrências que nos desviam de nossa meta**.

**Os desperdiçadores do tempo provêm de três origens**:

**1. Disfunção de ordem estrutural** – falta de clareza sobre os resultados esperados e identificação dos níveis de responsabilidade e autoridade;



**2. Instalação e recursos inadequados** – existem instalações e recursos que facilitam e estimulam interrupções, além de provocar desperdício de tempo individual e grupal;

**3. Comportamento humano** – hábitos e valores, tanto em nível dos indivíduos como nos grupos.

**Os principais desperdiçadores são:**

- Planejamento inadequado
- Dificuldade em organização pessoal
- Comunicação ineficaz
- Falta de delegação
- Mau uso do telefone
- Objetivos confusos
- Falta de flexibilidade no trabalho
- Dificuldades em estabelecer prioridades
- Administração por crise
- Falta de autodisciplina
- Tomada de decisão inadequada
- Dificuldades em dizer não
- Perfeccionismo
- Falhas na concentração
- Dificuldades em diagnosticar problemas
- Mau uso dos níveis de capacidade do tempo

E você, quantas vezes já pensou ou disse: depois eu faço?

Posso arriscar que isso já ocorreu algumas centenas de vezes com todos nós, mas não exatamente porque queremos deixar para depois, mas porque somos induzidos a agir desta forma.

O nome deste comportamento é **procrastinação**, um termo que vem do latim *procrastinatione*, que é o ato de adiar, delongar, espaçar ou, simplesmente, transferir para outro dia.

No geral, procrastinar gera:

- Falso conforto;
- Ansiedade;
- Depressão;
- Conflitos na equipe.

E o que podemos fazer para fugir desta armadilha? Em primeiro lugar, lutar e vencer o desejo de deixar para depois.

Algumas ações podem nos ajudar. Por exemplo:

1. Realizar primeiro o que é importante;
2. Colocar tarefas menos agradáveis na frente das desagradáveis, priorizando o uso de energia;
3. Dedicar-se ao que é importante, mas não urgente;
4. Dar-se conta de que tarefas de execução desagradáveis, desde que realizadas com determinação, darão resultados agradáveis;
5. Sempre pensar: o que eu espero de mim? O que os outros esperam de mim? O que atende aos nossos objetivos e aos dos outros?

Uma saída para fugir da procrastinação é seguir a velha máxima: NÃO DEIXE PARA DEPOIS O QUE PODE FAZER AGORA!

Acompanhemos o que os garotos brasilienses do conjunto Legião Urbana cantavam a respeito disso:

*"...todos os dias quando acordo. não tenho mais o tempo que passou*
*mas tenho muito tempo: temos todo o tempo do mundo..."*

Para colocar os sonhos em prática, temos que administrar bem o tempo, um tema que gera polêmicas, dúvidas, ansiedades, desejos e necessidades e, por que não dizer, as crenças?

Mas, o que poderá nos ajudar na Gestão do Tempo? Comecemos por conhecer algumas crenças.

- **Posso programar 100% do meu tempo!**

Alternativa: procure programar apenas 80% do seu tempo.

- **Administrar meu tempo provém de problemas externos a mim!**

Alternativa: rever a própria crença e estabelecer uma organização que dependa de você.

- **É importante programar oito horas diárias de trabalho!**

Alternativa: programe sua hora com 50 minutos. Somos donos de 60% do nosso tempo.

- **Programar o tempo nos escraviza ao relógio!**

Alternativa: programar o tempo é apenas disciplina e uma forma de ter espaço para fazer o que gostamos.

- **Dizer "não" é uma forma de se indispor com as pessoas!**

Alternativa: programar o tempo e permitir a interferência externa, informando qual o melhor momento para realizarmos o atendimento, não faz com que criemos uma imagem negativa de nós mesmos. Dizer "não" também é uma forma de colocarmos foco no que estamos realizando.

- **Meu dia não deve necessariamente ser iniciado pela atividade mais importante (resultados x consequências).**

Alternativa: as atividades mais importantes devem ser decididas como primeiras para não serem postergadas.

- **As tarefas urgentes devem ter o mesmo peso das tarefas importantes.**

Alternativa: o importante é que nós decidamos sobre o que é urgente.

- **Devo programar o trabalho em primeiro lugar!**

Alternativa: programe primeiro o tempo, depois o trabalho.

- **A programação do tempo não pode ser aplicada a uma empresa que tem como valor a "qualidade"!**

Alternativa: a qualidade não é determinada pelo tempo que ela leva para ser executada.

- **É só racionalizar o uso do tempo para ser eficaz!**

Alternativa: a eficácia está ligada ao que você faz com o tempo adicional obtido pela organização do tempo.

E como utilizamos nosso tempo? Como colocamos em prática nossos desejos e sonhos?

Empregamos o tempo através de:

**RITUAIS:** o ritual é um tempo socialmente programado, como, por exemplo, rituais de boas-vindas, rituais de despedida etc.

**RETRAÇÃO:** o isolamento é uma forma da pessoa dispor de seu tempo para evitar o contato com os outros, por exemplo, o uso do computador.

**PASSATEMPOS:** são formas sociais, agradáveis e sem compromisso de passar o tempo: clubes, filas, reuniões sociais, café, futebol, política, etc.

**ATIVIDADES:** é o que realizamos no dia a dia e estão direcionadas para o contato com a realidade, fazendo com que nos orgulhemos delas.



**INTIMIDADE:** a intimidade é uma transação agradável, gratificante, de calor, de franqueza e de espontaneidade. Manifestação típica de criança.
Existem cinco **requisitos básicos** para gerenciar o tempo.

1. Comece listando as tarefas relacionando tudo que deve ser feito;
2. Faça uma agenda;
3. **Priorize as tarefas urgentes e importantes**;
4. Realize a autoadministração, tenha consciência de fazer o que deve ser feito;
5. Busque sempre o aperfeiçoamento pessoal e a qualidade total.

E o que dizer das usuais urgências presentes no nosso dia a dia? Já parou para pensar que quando algo urgente lhe é solicitado, provavelmente alguém falhou neste processo, ou seja, em algum momento, algo não foi feito, desencadeando assim uma urgência.

Portanto, use seu tempo com prazer.

- Kairos tem a ver com valores e qualidade no uso do tempo;
- Chronos tem a ver com horários, atrasos, prazos e duração de eventos e atividades.

Aproveite e curta seu tempo!

- Tempo é algo para ser experimentado, e a essência do Kairos é o que se obtém desse tempo.
- Já o Chronos está preocupado com o quanto se gastou e o quanto resta desse mesmo tempo.

Qual deles é você? Kairos ou Chronos? Como quer gerenciar e aproveitar seu tempo?

Lembre-se: A DECISÃO É SUA!

# Elaine Lombardi



Certificada pelo Instituto Gallup no Great Manager Program e pela FIA em Gestão por Competência. Possui formação em Psicologia com diversos cursos em Recursos Humanos e Gestão, como: MBA Empresarial pela Fundação Dom Cabral, BSC, Liderança Transformadora, Gestão de Clima, Transição de Carreira e Remuneração. Atua em Recursos Humanos há mais de 20 anos com foco em Treinamento e Desenvolvimento. Tem experiência na implantação de Programa de Melhoria Contínua e na implantação de Políticas de Recursos Humanos. Coordenou time de consultores internos. Atua como consultora independente desde 2007, desenvolvendo projetos de *Assessment*, Gestão de Clima, *Feedback* 360º, Gestão por Competência, Treinamento & Desenvolvimento e Transição de Carreira. Desenvolve e conduz treinamentos de Liderança, Equipes de Alta *Performance*, Formação de Sucessores, Comunicação, Construção de Times e Segurança Comportamental, entre outros. Ministrou cursos com foco comportamental e empreendedorismo no SENAC e SEBRAE, além de palestras em cursos de graduação e MBA como convidada especial.

**Contatos:**
e-lombardi@hotmail.com
(11) 8467-7637

## Anotações

# 21

# Gestão do Tempo: do Conceito à prática de sucesso
## Parte I



A disciplina, o rigor e a metodologia podem ser considerados um dos maiores instrumentos para o controle de seu tempo. O presente artigo, dividido em duas partes, pretende trabalhar este tema não apenas apresentando dados e dicas, mas analisando e discutindo conceitos que nos levem a uma verdadeira reflexão sobre este importante objeto de estudo chamado tempo

**Jansen de Queiroz**

Caro leitor, para o melhor aproveitamento da presente leitura e para que esta tenha melhores condições de facilitar a transformação do conhecimento em aprendizagem, isso é, que o leitor tenha a oportunidade de alterar seu comportamento e sua atitude no que diz respeito à aplicação produtiva de seu tempo, sugiro-lhe que responda às questões abaixo antes de prosseguir na leitura deste artigo.

Não deverá haver preocupação com respostas certas ou erradas, mas sim que sejam genuínas e reflitam o seu modo de entender as questões e seu comportamento.

O entendimento do autor sobre cada um dos conceitos está distribuído pelo texto. É importante que sejam lidos com senso crítico, afinal, não são verdades absolutas. São fundamentados em várias fontes (bibliografia, reflexão e prática em função executiva). Não terei nenhuma dificuldade em revê-los, pois, assim como o leitor, sou um ser em construção, passível de falha, mas que não sofre de medo paralisante.

QAP – Questionário de Autoprospecção

1) Quais são as condições essenciais para se realizar qualquer atividade?
2) Quais são as condições necessárias para se realizar atividades com eficiência e eficácia?
3) Qual o conceito que tem de "tempo"?
4) O que entende por proatividade?
5) O presente determina o futuro ou o futuro determina o presente?
6) O que entende por atividade produtiva?
7) O que é importante?
8) Qual é o único evento permanente durante o transcorrer da vida?
9) O que é difícil?
10) Qual o seu conceito de profissional?
11) Para que as organizações pagam os profissionais?
12) Para que são pagos os líderes organizacionais?
13) Por que os treinamentos, as leituras de dicas e ferramentas que objetivam facilitar a mudança de comportamento e de atitude provocam, na execução da atividade, um porre de conhecimento e, no dia seguin te ao evento, uma ressaca de frustração?
14) O que o impede de aplicar o seu tempo em atividades produtivas, com qualidade de vida?
15) Como percebe o erro?
16) Qual seu conceito de *feedback*?
17) *Coaching Executivo.BR*[1] pode contribuir para a alteração de crenças que limitam a eficaz gestão do tempo?
18) O que pretende fazer com o tempo que procura economizar, deixando de executar atividades improdutivas ou delegáveis, que atualmente lhe ocupam, mas não o tornam produtivo?

Se o leitor não tiver claro e de forma específica por que economizar tempo, recomendo-lhe refletir sobre esta questão de forma séria, pois como diz a canção *Xote da Alegria*, do conjunto Falamansa, "se você diz que quer ser feliz, fala sério!".

[1]Para saber mais sobre *Coaching* Executivo.BR, vide artigo homônimo, deste mesmo autor, no livro *Manual Completo de Coaching* da Editora Ser Mais.

Entendo que a efetivação da gestão eficaz do tempo se inicia com a seguinte questão filosófica: o presente determina o futuro ou o futuro determina o presente?

Se o leitor optou por responder que o presente determina o futuro, apesar de estar no grupo da maioria das pessoas no Brasil, muito provavelmente não conseguirá transformar seu desejo ou fantasia em querer verdadeiro, sério, tal como diz a canção aqui mencionada. Faltar-lhe-á uma razão objetiva e motivadora para trabalhar a mudança de hábito, para sair de sua zona de conforto, mesmo que isso lhe gere desconforto, uma vez que este movimento lhe exigirá trabalhar hábitos, crenças e preconceitos dos tipos: "Não consigo, aqui nessa organização é impossível, não tenho 'tempo' para organizar o tempo; o pessoal me interrompe a todo momento, tenho um sem-número de e-mails para ler e responder; o telefone toca o tempo todo, tudo aqui é urgente, com esse chefe é impossível programar alguma coisa, é difícil se ter tempo para respirar etc".

Quem quer, faz; quem não quer, reclama ou justifica. Difícil é tudo aquilo que não queremos ou não sabemos fazer, neste caso, temos a opção, se quisermos, de aprender. Qual é a sua disposição?

Tenho consciência das limitações e condicionamentos que nossa cultura – que não valoriza o tempo, não realiza que a ingerência no tempo do outro é um enorme desrespeito – seja uma variável, cabendo a cada um de nós trabalharmos no sentido de alterá-la em benefício da produtividade com qualidade de vida. Possivelmente por isso, todos ligam para todos a qualquer momento, interrompem o trabalho ou o lazer do outro sem o menor sentimento de que estão sendo desrespeitadores. Estes fatos são sim uma realidade da nossa cultura, mas, na vida nada é permanente, portanto, quem quer faz, quem não quer reclama, justifica ou culpa o outro, as circunstâncias ou a organização. No teatro da vida somos todos atores e diretores, pacientes e agentes, podendo assim contribuir tanto para manter o *status quo*, quanto para tornar a vida coletiva mais saudável, respeitosa e produtiva. Agora, caro leitor, antes de reagir, convido-o a ler o próximo parágrafo.

Aqueles que responderam que o futuro determina o presente são os que possuem objetivos claros e especificamente definidos, muitas vezes até detalhados em metas. São os que gerenciam eficazmente o tempo, os que conseguem ser mais realizadores, os que conseguem ter muitos momentos felizes e de lazer para si e para a família, que não caem na falsa e velha armadilha de "trabalho ou família", mas que os percebem como sendo dois dados relevantes para se alcançar uma qualidade de vida saudável. São ainda os que conseguem suavizar as renúncias, uma vez que sabem que toda escolha pressupõe renunciar a algo, por que sabem onde querem chegar. Transformam sonhos em objetivos, metas em realizações. Só os que possuem objetivos pessoais e profissionais claros e específicos são proativos e, portanto, gestores do seu tempo. Tempo é um recurso universalmente democrático, escasso, de consumo instantâneo e irrecuperável, que não podemos comprar, solicitar emprestado ou estocar. Tempo é Vida! Gerir o tempo é um ato de Amor por você e de responsabilidade com relação à produtividade de suas atividades. Aqueles que se identificam com este conceito, sem a rigidez de um piruá, que possuem prontidão perceptiva para aprender com cada resultado de suas ações ou dos outros, certamente caminham rumo à sabedoria.

Tempo e saúde não são objetivos, são condições essenciais para se realizar qualquer atividade produtiva ou não. São tão importantes que deveriam ser aplicados somente em atividades produtivas, aqui assumidas como atividades alinhadas com os objetivos pessoais ou funcionais. Elas devem ser complementadas com as condições necessárias: trabalho, amor por si, pelo outro, pela atividade que realiza e a capacidade de renunciar a tudo que não esteja alinhado com seus objetivos pessoais ou profissionais.

Outra variável da nossa cultura que traz algum empecilho à produtividade e à qualidade de vida saudável é o clássico "a teoria na prática é outra coisa", que funciona como um escudo psicológico para não declarar que não estudamos suficientemente bem a teoria. Decorre daí uma relação esquizofrênica com a teoria. Fala-se à exaustão o dito popular sobre teoria, mas uma parcela significativa das famílias brasileiras faz enorme esforço para que seus filhos façam um curso superior. Depois de formado, na relação de trabalho, esse sujeito observa que para melhorar seu *status* profissional e sua remuneração, é de bom tom possuir MBA ou, quem sabe, até mestrado ou doutorado. O foco parece não ser o conhecimento e a aprendizagem da teoria, mas, exclusivamente, o certificado de conclusão destes cursos. Sem sólido conhecimento teórico, o exercício profissional passa a ser temerário e estressante. Inicia-se um grande esforço, ou jogo de esperteza, para conquistar melhor posicionamento no mercado ou mais remuneração.

Quando em países mais desenvolvidos, acredita-se que nada pode ser mais prático do que uma teoria testada na dura realidade cotidiana. Assim, o exercício profissional é mais produtivo com menor estresse. Ser profissional é contribuir em equipe para a construção do lucro, da sustentabilidade, do desenvolvimento com qualidade de vida e respeito aos ecossistemas, com menor custo humano e financeiro, com qualidade percebida pelos clientes, com menor tempo e risco possíveis. É para isso que as organizações pagam seus executivos. Os membros das equipes dos líderes organizacionais são pagos para reduzir a carga de trabalho deles e para contribuir para que atinjam os objetivos, tendo sempre presente: respeito, responsabilidade, resultado, reconhecimento e remuneração, variáveis que humanizam o processo de construção dos elementos essenciais da gestão organizacional.

Como você e a organização percebem o erro? Há ou não relação de certeza nas relações interpessoais? Existe excessiva competição intraorganizacional e, consequentemente, pouco espaço para cooperação e muito provavelmente tem-se fofoca e intriga, falhas graves de comunicação, algumas vezes intencionadas para prejudicar alguém? Quem mais perde, num primeiro momento, é a organização. O erro é uma excelente oportunidade de aprendizagem coletiva. A relação de confiança constrói-se no dia a dia com a prática do *feedback*. Equipes de alto desempenho constroem-se desestimulando a competição (que é uma relação perde-ganha) e incentivando a cooperação (ganha-ganha). Existem as razões de ordem pessoal, como medo, despreparo profissional, baixa competência emocional para enfrentar os conflitos interpessoais, maus hábitos de planejamento, organização do tempo, postergação, perfeccionismo etc., que podem formar um escudo do medo de errar. A combinação destas variáveis acarretam enormes custos financeiros e humanos. Como enfrentá-lo?

Nestas áreas, o treinamento e a consultoria tradicionais não têm produzido resultados satisfatórios por uma razão simples: falta acompanhamento e apoio para o indivíduo enfrentar a guerra de várias batalhas que é alterar conceitos improdutivos, hábitos, preconceitos e crenças limitantes. A técnica mais recomendável no momento e que facilita o processo de mudança é o *Coaching Executivo.BR*. Ele trabalha simultaneamente com as técnicas do *Coaching* tradicional, do *mentoring*, do *counselling*, gestão do tempo e conceitos estruturantes, que combinam eventos coletivos dialogados e reuniões individuais e confidenciais, centradas nas necessidades e desejos do cliente, contribuindo para que este caminhe rumo à autorrealização.



O leitor confirmará que as técnicas de gestão do tempo que aqui serão expostas são fáceis e lógicas, logo, por que a maioria dos profissionais não as aplica? Somos como médicos fumantes ou obesos. Uma possível resposta é que nem tudo que é lógico ou necessário é obrigatoriamente motivacional.

Duas são as metodologias que conheço. A primeira metodologia parte do real para o ideal, notabilizada pelo mestre Peter Drucker. Requer que o profissional registre por um período típico, de quinze ou trinta dias, todas as atividades realizadas. Em países mais ricos, o profissional contrata um consultor para realizar os registros ou a secretária se encarrega de fazê-lo. Acredito que a maioria dos profissionais brasileiros não terá a disciplina necessária para adotar esta metodologia. Tal inferência é baseada em manifestações de participantes dos cursos abertos e *in company* que tenho realizado sobre Gestão do Tempo com Produtividade e Qualidade de Vida.

A outra metodologia parte do ideal para o real, isso é, como quero aplicar o meu tempo daqui em diante. Foi desenvolvida pelo professor da EBAPE-FGV, Kleber T. Nascimento, a qual adotei, como executivo, por longo tempo e que a seguir descrevo de forma resumida. Esta metodologia me agrada porque está apoiada no princípio "o futuro determina o presente" e nos pressupostos "formulação descondicionada da situação ideal, a partir da qual se procede a intervenção sobre a situação real e se define primeiro o tempo para depois se definirem as atividades".

# Jansen de Queiroz



Administrador e pós-graduado em Recursos Humanos e Finanças pela FGV, Economista pela UERJ, consultor em gestão polifocal, *coach* de empresários, sucessores, executivos e profissionais liberais. Membro do Grupo de Excelência em *Coaching* do Conselho Regional de Administração de São Paulo. Pós-graduado em Dinâmica de Pequenos Grupos pela SBDG. Coautor dos livros: *Manual Completo de Coaching* e *Gestão de Pessoas*, ambos pela Editora Ser Mais.

**Contatos:**
www.gestaopolifocal.com.br
jansen@gestaopolifocal.com.br

# Anotações

22

# Gestão do Tempo: do Conceito à prática de sucesso
## Parte II



Na segunda parte deste artigo irei apresentar uma tabela que em muito ajudará na organização do seu tempo profissional, além de debater algumas questões sobre o bom uso do tempo no dia a dia de executivos

**Jansen de Queiroz**

A metodologia recomenda dividir o tempo disponível para o trabalho nos seguintes blocos:

• Tempo de Bloco Fundamental (TBF) – constitui-se de duas horas contínuas destinadas às atividades importantes, não urgentes, circunstancialmente indelegáveis, pertinentes às entregas previstas nas obrigações funcionais ou esperadas. Recomendo iniciar com um TBF de duas horas contínuas e sem interrupções, depois de sedimentado o hábito, ampliar para dois blocos diários de TBF, sendo duas horas na parte da manhã e mais duas na parte da tarde.

• Tempo de Bloco Suplementar (TBS) – cada bloco não deve ter duração superior a uma hora contínua. Destina-se atender às atividades rotineiras e de manutenção, como ler e responder e-mails, fazer e receber ligações telefônicas, pequenas reuniões presenciais ou não, conferir e assinar correspondência e coisas do tipo. O ideal é ter quatro TBS, isso é, quatro horas por dia destinadas a este bloco.

Cada TBF deve ser precedido e seguido de um TBS. Desta forma, o profissional ficaria "fora" do circuito de interações interpessoais, disponibilizando-se assim a produzir como profissional que faz a diferença e não a se ocupar ou funcionar como despachante. Ter um TBS precedente ao TBF para atender às demandas da rotina gera condições para se dedicar, com exclusividade, a atividades importantes e inovadoras, sabendo que logo a seguir terá mais um TBS para atender às demandas rotineiras que, com frequência, não são importantes, são de baixa complexidade e de resultados insignificantes para a organização. São atividades que hoje ou amanhã poderão ser executadas por computador ou serem eliminadas.

• Tempo de Bloco Especial (TBE) – pode ser aplicado em forma de reuniões com pauta, com definição de hora para início e fim, com metodologia que conceda a todos a oportunidade de se manifestar, com ata, *follow-up* e a participação de profissionais que contribuam para a análise e decisão das questões pautadas. A ata poderá ser distribuída para os demais interessados em conhecer as questões trabalhadas. Deve-se evitar a patologia organizacional da "reunite", que desperdiça tempo e dinheiro.

• Tempo de Bloco Discricionário (TBD) – é um tempo precioso que deve ter, no mínimo, quatro horas contínuas. Deve ser utilizado, pelo menos, uma vez por mês, dentro ou fora da organização, para o executivo dedicar-se a olhar de longe sua unidade organizacional, para ter noção completa do seu funcionamento e de suas disfuncionalidades. Também cabe planejar, organizar, realizar as intervenções e inovações que o contexto exige para garantir a perenidade da organização com lucratividade e reconhecimento de excelência sobre produtos e serviços prestados.

Por fim, o Quadro de Tempo Individual (QTI) reserva um bloco de sessenta minutos por semana para se analisar o desempenho semanal e programar as tarefas de cada bloco para a semana seguinte de forma alinhada com os objetivos funcionais e pessoais.

Eis um exemplo de QTI, que preferencialmente deve ficar alinhado com o do superior hierárquico e ser divulgado para colegas e pares:

| | segunda-feira | terça-feira | quarta-feira | quinta-feira | sexta-feira |
|---|---|---|---|---|---|
| $08^{00}$ | bloco suplementar | bloco suplementar | bloco suplementar | bloco suplementar | bloco suplementar |
| $09^{00}$ | bloco fundamental | reunião com a equipe | bloco fundamental | bloco fundamental | bloco fundamental |
| $11^{00}$ | bloco suplementar | bloco suplementar | bloco suplementar | bloco suplementar | bloco suplementar |
| $12^{00}$ | intervalo para almoço | intervalo para almoço | intervalo para almoço | intervalo para almoço | intervalo para almoço |
| $13^{00}$ | bloco suplementar | bloco suplementar | bloco discricionário | bloco suplementar | bloco suplementar |
| $14^{00}$ | bloco fundamental | bloco fundamental | | bloco fundamental | bloco fundamental |
| $16^{00}$ | bloco suplementar | bloco suplementar | | bloco suplementar | bloco suplementar |
| $17^{00}$ | leitura técnica | leitura técnica | | leitura técnica | análise da primeira semana e programação da semana seguinte |



Será que consegui, com essa meia dúzia de conceitos, justificar por que livros e treinamentos de Gestão do Tempo que focam somente em dicas e oferecem ferramentas sem discutir conceitos estruturantes são pouco eficazes?

As técnicas racionais de Gestão do Tempo são de fácil compreensão, mas, para que se transformem em aprendizagem, isso é, em alteração de atitude e comportamento, entendo que a maioria das pessoas precisará de acompanhamento especializado para romper com o condicionamento cultural e para negociar com seus pares e superiores o compartilhamento produtivo do tempo.

### Uma Estratégia de Gestão do Tempo do Executivo

Quais as funções básicas dos executivos? Entendo que sejam planejar, decidir questões que afetem a construção do lucro, da sustentabilidade – perenidade –, do desenvolvimento, da qualidade de vida e o respeito ao meio ambiente, além de treinar os membros da equipe e prováveis sucessores, definir referenciais de controle e comunicar-se na base da verdade-amor, com o menor custo financeiro e humano, com menor tempo e risco possíveis.

Para realizarmos qualquer atividade, são indispensáveis duas condições essenciais: tempo e saúde. Para realizar bem as atividades, precisamos amar o que fazemos e ter como pressuposto que estas atividades devem sempre servir ao homem como princípio, meio e fim.

Tempo é um recurso escasso, de consumo instantâneo, irrecuperável, que não tem sucedâneo e que não podemos comprar, emprestar ou estocar. Tempo é vida!

A metodologia que sugerimos não se preocupa em como o executivo vem usando o seu tempo, mas como o executivo quer ou precisa utilizar o seu tempo a partir do aqui e agora, de forma alinhada com suas funções essenciais. O executivo constrói primeiro o quadro de tempo ideal, para depois aproximar o uso real ao uso ideal do seu tempo, de forma a maximizar sua contribuição para a construção do LSD – Lucro, Sustentabilidade e Desenvolvimento – com qualidade de vida e respeito aos ecossistemas.

Se você tem longas jornadas diárias de trabalho, se nunca tem tempo para cuidar da sua saúde, de dedicar-se ao convívio da família, planejar, decidir da forma mais fundamentada possível, treinar a equipe que lhe ajuda a obter resultados, se você não alinha o uso do seu tempo com a construção do lucro, da sustentabilidade e do desenvolvimento com qualidade de vida de líderes e liderados, se não consegue fazer suas entregas nos prazos acordados e vai para a casa com o peso das atividades pendentes que tendem a se tornar urgentes. Este conjunto de sintomas indica a necessidade de você gerenciar seu tempo mais produtivamente com melhor qualidade de vida. Estes resultados improdutivos ou com baixa produtividade são o melhor tipo de *feedback* de que podemos nos valer para promovermos as mudanças de conceitos, preconceitos, crenças, hábitos e comportamento.



A valorização do cuidado com a saúde e do uso produtivo do tempo nos ajuda a entender o falso dilema: trabalho ***ou*** família. O que o profissional tem que trabalhar equilibrada e circunstancialmente é família ***e*** trabalho.

O treinamento na utilização estratégica do tempo do executivo poderá ajudá-lo a sair desta "zona de desconforto" que tem sido mantida porque ele não quer sair da sua "zona de conforto" – isto é, não percebe que aplica tempo e esforço em atividades rotineiras, de baixo custo e complexidade, que não contribuem para a construção do lucro, da sustentabilidade e do desenvolvimento por vários motivos, sendo um deles a ausência de conceitos como, por exemplo, os questionamentos: para que o executivo é pago? Para que são pagas as pessoas que compõem sua equipe? Quais são as variáveis empresariais relevantes? Estimular a cooperação ou a competição? Qual o conceito que tem de Homem? A relevância da comunicação está centrada em *feedback* como meio de aliviar tensões, minimizar conflitos e contribuir para a melhoria da produtividade pessoal e da equipe. O RH tem aqui ampla oportunidade para contribuir com a melhoria da produtividade organizacional com qualidade de vida.

Quanto maior for a competitividade empresarial, maior será a demanda por profissionais competentes – aliás, diga-se, o recurso mais escasso – para a produção de bens e serviços com menor custo, risco e tempo, melhor qualidade, criando condições necessárias para identificar, conquistar e manter os clientes e os talentos que fazem a diferença nesse processo, de forma a garantir, simultaneamente, a satisfação dos acionistas.

É oportuno observar que o executivo, com muita frequência, diferentemente dos atletas olímpicos, é um competidor que sofre de autoengano: acha que basta ser inteligente, safo, audacioso, ter uma excelente formação acadêmica, para enfrentar a dura e complexa competição do mundo dos negócios sem utilizar-se dos serviços de um *coach* executivo, que lhe ofereça uma terceira visão das questões que precisa decidir ou sobre a maneira como dirige sua equipe ou como usa seu tempo. O executivo é um competidor que não treina e que sofre de autoengano ao pensar que basta a si mesmo. Será que isso tem relação com o fato de que a vida executiva tem sido cada vez mais breve?

Os livros americanos e europeus que tratam das técnicas de gestão, comportamento, desempenho e competência dos executivos eficazes e da competitividade, globalização e estratégias, não mencionam a questão da Gestão do Tempo, muito provavelmente porque nesses continentes o reconhecimento da relevância do tempo é um valor cultural.

Monteiro Lobato pontuou que não há diferença significativa na disponibilidade de recursos naturais, de clima, de diversidade de solo e de extensão territorial entre a América do Norte e a América do Sul. Apontou como única diferença significativa: os americanos do norte valorizavam o tempo. Tempo para eles é dinheiro! Possivelmente pela influência calvinista. Os americanos do sul não valorizavam o seu tempo, nem o tempo dos outros. O tempo para os americanos do sul é um recurso desperdiçado sem nenhum sentimento de incompetência ou de irresponsabilidade. Não temos a consciência de que o tempo se confunde com a própria vida.



Existem treinamentos em Gestão do Tempo, individual e em equipe, que combinam aspectos comportamentais, gerenciais e de TI, que podem contribuir para a produtividade pessoal e organizacional com melhoria da qualidade de vida de líder e liderado.

Reforço que as ferramentas são simples e diversas, a maioria de nós as conhece, além do quê, não faltam artigos e livros com técnicas e dicas. Por que não as aplicamos? Certamente, não é por falta de inteligência. Duas das possíveis causas: nem tudo que é logico é motivacional; necessidade de uma estrutura conceitual orientada para atividades produtivas, entendidas com aquelas alinhadas com os objetivos pessoais e/ou funcionais. Se não forem revistos conceitos, crenças, hábitos e preconceitos, muito provavelmente nada acontecerá em relação ao uso produtivo do tempo com qualidade de vida para os atores organizacionais.

Leituras complementares: *Manual Completo de Coaching* e Ser+ em *Gestão de Pessoas*, Coleção Ser+, Editora Ser Mais.

## Jansen de Queiroz



Administrador e pós-graduado em Recursos Humanos e Finanças pela FGV, Economista pela UERJ, consultor em gestão polifocal, *coach* de empresários, sucessores, executivos e profissionais liberais. Membro do Grupo de Excelência em *Coaching* do Conselho Regional de Administração de São Paulo. Pós-graduado em Dinâmica de Pequenos Grupos pela SBDG. Coautor dos livros: *Manual Completo de Coaching* e *Gestão de Pessoas*, ambos pela Editora Ser Mais.

**Contatos:**
www.gestaopolifocal.com.br
jansen@gestaopolifocal.com.br

# Anotações

# 23



# A Importância do Planejamento Estratégico no Gerenciamento Eficaz do Tempo

*"Administrar o tempo é, antes de tudo, a administração de nós mesmos. É uma tomada de consciência e uma reavaliação de hábitos e rotinas, descobrindo o que pode e deve ser melhorado. Mais que um conjunto de regras e princípios, administrar o tempo é uma postura, uma atitude que nos faz viver o presente sem perder a perspectiva do futuro"*
Boris R. Drizin

**Luciana Xavier**

***"Administrar o tempo é fazer com que as pessoas busquem o que mais importa na vida delas."***

É o que afirma o consultor Paulo Kretly, diretor-geral da consultoria *Franklin Covey* no Brasil. "*É preciso definir o que é realmente importante e jamais perder o foco*". Segundo a professora Karen Haleey Allen, da *Dominican University of Califórnia*, "você dá um grande passo nesse sentido quando consegue uma boa combinação entre o que deseja para sua vida, a contribuição que pretende dar à sociedade e a sua atividade profissional."

Percebe-se, nessas afirmações, a presença de conceitos, pressupostos e princípios que evidenciam a relação direta entre o **Planejamento Estratégico-PE** e **a Gestão do Tempo-GT**. A professora Karen Haleey apresenta os pressupostos essenciais para a descrição de uma Missão e o Consultor Paulo Kretly enfatiza os objetivos e as prioridades. Fez-se referência à primeira etapa do PE: o Diagnóstico da Situação Atual.

Constata-se nas abordagens técnicas sobre GT e PE a presença de termos afins que relacionam as duas disciplinas. É o que pretendemos mostrar durante nossa reflexão. O maior desafio, porém, está em *demonstrar a importância e a aplicabilidade do Planejamento Estratégico no Gerenciamento Pessoal Eficaz do Tempo*. Inicialmente, vamos explorar os conceitos de Estratégia e Planejamento.

**Estratégia** é uma palavra herdada dos gregos, que a usavam para designar a "arte dos generais". **Estrategos** eram os generais. A estratégia era o plano que os generais faziam para derrotar o inimigo.



Chandler, o primeiro pesquisador da estratégia empresarial, propôs, no estudo da estratégia, três elementos principais:

1. Os cursos de ação para realizar os objetivos;
2. A busca de ideias novas, em vez da implementação das rotinas existentes;
3. O processo de formular a estratégia, em lugar do conteúdo da estratégia.

**Estratégia** é o conjunto dos grandes propósitos, dos objetivos, das metas, das políticas e dos planos para concretizar uma situação futura desejada, considerando as oportunidades oferecidas pelo ambiente e os recursos da organização (indivíduo).

**Mas, por que ou para que pensar, de forma estratégica, quando gerenciamos nosso tempo?**

Bem, o agir estrategicamente nos permite:

- *Assumir o controle sobre nosso destino e promover mudanças;*
- *Enxergar oportunidades e transformar ameaças em oportunidades;*
- *Definir novos rumos para nosso negócio e redefinir nossa missão;*
- *Prever riscos e ter disposição para agir.*

**Planejamento** é a ferramenta que as organizações e as pessoas utilizam para administrar o futuro. **Planejar é**:

- *Definir objetivos a serem alcançados;*
- *Interferir na realidade, para passar de uma situação conhecida a outra desejada;*
- *Tomar decisões que afetem o futuro para reduzir sua incerteza.*

Convém considerar que administrar bem o tempo não significa trabalhar arduamente. Significa, sim, trabalhar inteligentemente ou trabalhar estrategicamente.

Pessoas realizadoras e ativas preocupam-se com o uso do tempo e percebem o caráter irreversível no sentido de sua dimensão. Outras se subordinam aos eventos externos e não planejam seu tempo.

O tempo é o recurso mais precioso de que dispomos. Não pode ser poupado, recuperado ou expandido. Só pode ser usado. Mas, se a quantidade de tempo é a mesma para todos, **por que há pessoas que o aproveitam melhor do que outras?** Essas pessoas, com certeza, usam o tempo de forma racional, eficaz, e perseguem seus objetivos.

**Quais seriam as técnicas utilizadas por essas pessoas realizadoras?**

Sabe-se que há uma diversidade delas, algumas simplistas e práticas, outras complexas, que exigem uma reflexão profunda e até filosófica acerca de nossos valores e princípios. As primeiras, em geral, adotam uma orientação reativa frente aos problemas, enquanto as segundas adotam uma orientação proativa.

Parafraseando Peter Drucker, as pessoas eficazes não vivem voltadas para os problemas, mas para as oportunidades. Pensam preventivamente e concentram-se nas questões importantes – planejamento a longo prazo e redigir uma missão pessoal. Não passam a maior parte do tempo reagindo a questões urgentes.



Nosso propósito é utilizar o referencial teórico do **PE** e apresentar a técnica **SWOT** como alternativa viável para a **GT**.

Nos anos 60, iniciou-se a transição do conceito de estratégia, enquanto política de negócios, para planejamento de longo prazo, e a sigla **SWOT** passou a ser o símbolo do procedimento básico para o **PE**, significando:

**S** = pontos fortes (*strenghts*),
**W** = pontos fracos (*weaknesses*),
**O** = oportunidades (*opportunities*),
**T** = ameaças (*threats*).

O **PE** compreende a tomada de decisões sobre o padrão de comportamento ou cursos de ação que a organização (indivíduo) pretende seguir. O **PE** é o processo de elaborar uma estratégia, isto é, o processo de definir objetivos e as formas de realizá-los.

Um processo sistemático de **PE** é uma sequência de análises e decisões que envolve as seguintes etapas:

1. Análise da situação estratégica atual – onde estamos?
2. Análise do ambiente ou análise externa – quais as ameaças e as oportunidades do ambiente atual e futuro?
3. Análise interna – quais nossos pontos fortes e fracos?
4. Definição do plano estratégico – o que fazer para chegar lá?

A **primeira etapa** – ***Análise ou Diagnóstico da Situação Atual*** – focaliza elementos tais como: *missão, valores, princípios, visão, objetivos e metas.*

A ***Missão*** representa a razão de existir da organização (indivíduo) e responde *a três perguntas básicas: quem somos nós?O que fazemos? E por que fazemos o que fazemos? Ela representa* o chamado credo da organização (indivíduo) e funciona como um lembrete periódico a fim de que saibamos como e para onde ir.

O **Valor** é uma crença básica sobre o que se pode ou não fazer, sobre o que é ou não importante. As organizações (indivíduos) priorizam valores que passam a funcionar como *padrões orientadores do comportamento.*

A **Visão** é a imagem que a organização (indivíduo) tem a respeito de si mesma e do seu futuro. Concentra-se mais naquilo que a organização pretende ser do que de fato é.

Missão e Visão fornecem os elementos básicos para a definição dos objetivos e a formulação da estratégia.

O ***Objetivo*** é um resultado desejado que se pretenda alcançar dentro de determinado período.

Para ilustrar, compartilho minha Missão Pessoal. Nela procurei equilibrar valores relativos à família, à espiritualidade, à saúde e ao trabalho.

- *Amar a Deus, perdoar e ser generosa para com o próximo;*
- *Usar minha sabedoria para que meu lar seja um local onde eu e minha família possamos sentir alegria, conforto e paz;*
- *Planejar meu tempo tendo a preocupação de manter o equilíbrio das cinco tarefas básicas da vida: atividade física e lazer; cultura; trabalho; relacionamento e transcendência;*
- *Não permitir que, na minha vida, o desânimo e a baixa autoconfiança assumam o lugar do otimismo, da perseverança e do dinamismo;*
- *Exercer meu trabalho com amor, tendo a preocupação de servir ao próximo, priorizando sempre a pessoa e não o dinheiro;*
- *Não permitir que as realizações profissionais e o sucesso sobreponham os valores nobres e espirituais;*
- *Frente ao sucesso, priorizar a humildade em lugar da arrogância;*
- *Combater hábitos destrutivos e desenvolver hábitos saudáveis;*
- *Equilibrar minha vida profissional e familiar da melhor forma possível, pois ambas são importantes para mim;*

Nesta **segunda etapa** – ***Análise das Ameaças e Oportunidades do Ambiente Externo*** –, quanto mais instável e complexo o ambiente, maior a necessidade de analisá-lo. Na **GT**, o principal fator que causa ameaças advém dos desperdiçadores do tempo. Urge uma análise apurada para identificar o que, de fato, representa uma ameaça, pois, com frequência, as ameaças confundem-se com os pontos fracos e até mesmo com as oportunidades. Por exemplo, interrupções e reuniões podem representar ameaças ou oportunidades. Já os imprevistos e a burocracia excessiva representam ameaças.

A maior ameaça, contudo, está na inadequação das atividades diárias à missão e às nossas prioridades. Quando, por exemplo, valorizamos o papel de pai e só desempenhamos o do executivo exemplar, a gestão do nosso tempo encontra-se sob ameaça. Por isso, a maneira mais eficaz consiste em iniciar o dia com os objetivos e a missão em mente, pois esta se concentra naquilo que desejamos ser e fazer. A pergunta-chave para avaliar o uso eficiente do tempo está em responder com sinceridade: **minhas atividades atuais estão contribuindo para o alcance dos meus objetivos e prioridades?** Se a resposta for afirmativa, significa que o controle e a **GT** encontram-se em nosso poder.

**Oportunidade** é toda situação do ambiente externo que contribua para a concretização da missão e dos objetivos. Observem que na minha missão, o convite para realizar um trabalho voluntário representa uma oportunidade para desenvolver o aspecto espiritual, enquanto a aceitação de trabalhos desafiadores contribui para desenvolver o aspecto profissional.

**A terceira etapa** – ***Análise dos Pontos Fortes e Fracos*** – procura identificar fraquezas e fortalezas no ambiente interno da organização (indivíduo). Nas organizações, realizam-se a análise das áreas funcionais e o "*benchmarking*". No âmbito individual, efetua-se a análise das competências individuais.

Exemplos de competências ou pontos fracos a desenvolver: a desorganização, o perfeccionismo, a não delegação, a falta de assertividade e de autodisciplina. Os pontos fortes representam as competências atuais ou já desenvolvidas.



**A quarta e última etapa** – **Elaboração do Plano Estratégico** – é consequência da análise da situação estratégica, de ameaças e oportunidades do ambiente e dos pontos fortes e fracos da organização (indivíduo). Essa fase define a relação pretendida da organização (indivíduo) com seu ambiente, considerando suas competências e recursos. Os principais componentes de um Plano Estratégico são: negócio ou missão, objetivos, vantagens competitivas e alocação de recursos.

Propomos ainda uma importante etapa complementar às anteriores. Refere-se à aplicação do **PDCA ou Ciclo de *Deming***, cujo objetivo consiste na manutenção e melhoria das rotinas. Esse ciclo, bastante difundido na área da Qualidade, desenvolve-se em quatro fases:

**P** (*Planejar*) = "*elaborar as etapas do planejamento estratégico*"
**D** (*Executar*) = "*aplicar a técnica SWOT*"
**C** (*Verificar*) = "*revisar ou reescrever a missão e os objetivos*"
**A** (*Agir*) = "*identificar lacunas e desenvolver competências*".

O **Gerenciamento Eficaz do Tempo** não se trata de uma tarefa tão complexa. Exige, sobretudo, dedicação, disciplina e vontade. Constata-se que o ponto-chave do processo concentra-se na elaboração da **Missão**, uma vez que, a partir dela, desenvolvem-se as demais etapas.

**Referências**

Fernandes, Rocha e Berton, Hamilton – *Administração Estratégica*, SP, Ed.Saraiva, 2005.
Maximiano, Amaru – *Teoria Geral da Administração*, SP, Ed. Atlas, 2005.
Chiavenato, Idalberto – *Gestão de Pessoas*, RJ, Ed. Campus, 2004.
COVEY, Stephen R. - *Os 7 Hábitos das Pessoas Altamente Eficazes*. SP, Ed. Nova Cultural , 1989.

## Luciana Xavier



Bacharel em Administração, pós-graduada em Desenvolvimento de Recursos Humanos. Psicóloga com especialização nas áreas clínica e organizacional. Psicoterapeuta com formação em Psicoterapia Individual de Base Analítica – Junguiana. Dedica-se às atividades de consultoria, *coach* e treinamento. Autora de diversos manuais de treinamento, destacando-se enquanto facilitadora em Programas de Desenvolvimento Gerencial no Executivo e no Judiciário Federal.

**Contatos:**
lsxavier13@gmail.com

## Anotações

# 24

# Armadilhas do tempo: saia dessa!



Quando percebemos que somos os algozes de nós mesmos, temos duas direções: aceitar, afinal de contas, melhor sermos nossos escravos do que dos outros, ou usar nosso livre-arbítrio para tomar uma atitude plenamente consciente e reter o implacável chicote com que nos castigamos impiedosamente

**Magali Amorim Mata**

A pressa é inimiga da *qualidade*. Você já ouviu isso, não é mesmo? Quem foi o autor destas palavras? Alguém aí pode nos dizer, por favor? Pois é... ninguém sabe!

Mas, será que a "perfeição" é algo que *realmente* precisa atingir?

Somos inclinados a acreditar que o perfeccionismo nos levará a um estágio de realização, idealizando mentalmente a imagem da tarefa cumprida com esmerada perfeição. A pressa não é inimiga da perfeição, mesmo porque, se tentarmos nos fixar no alcance da perfeição, cairemos na frustação, pois o nosso próprio nível de autojulgamento é tão elevado que raramente nos satisfazemos com o resultado por nós alcançado. E isso tem sido o nosso algoz há décadas. A pressa absolutamente não é inimiga da perfeição. A pressa é inimiga da qualidade. E veja que há uma significativa diferença entre o que é *perfeição* e o que é *qualidade*.

E o que é qualidade? Podemos utilizar uma definição simplista, que qualidade é "fazer o certo na primeira vez", pois assim evitamos o retrabalho. E, se nos dispusermos a fazer o certo na primeira vez, isso implica em *atenção*, *foco* e *concentração*, o que, invariavelmente, não combina em nada com a nossa *pressa*.

Com pressa, você rasga sua meia fina na correria da manhã ao vestir-se atrasada, faz um corte no rosto ao barbear-se na correria, tranca o carro com as chaves dentro, e assim vai. Um enorme tempo perdido por conta da sua pressa.



Você precisa fazer as coisas com calma, com foco, concentrando-se exatamente na operação, na execução. Caso envolva os fatores *pressa, correria e afobação*, não chegará a lugar nenhum, ou pior, terá de fato dois trabalhos: fez com pressa, deu errado e vai ter que fazer tudo de novo, gastando assim aquele tempo que teríamos ao nosso dispor. O tempo é o fenômemo mais democrático do planeta. Todos têm, incontestavelmente, a mesma carga horária diária à sua disposição: 24 horas! Quem mais se queixa são justamente aqueles que não fazem bom uso do tempo. Muitos têm tempo de sobra, mas, devido a algumas propensões psicológicas, acabam se autossabotando e caem na tão famigerada armadilha da procrastinação.

## A preocupação e a procrastinação

Preocupação: pura e simplesmente "pré-ocupação" da mente. Não queira filosofar além disso. E para onde ela nos leva? A maioria de nossos temores sequer chegam a acontecer. Queimamos nossos neurônios à toa. E ainda há aquela preocupação quanto ao cumprimento dos prazos que nos foram estabelecidos. Bom, se você está realmente preocupado com o prazo, então por que cai na armadilha da procrastinação? Por que temos essa mania de deixar as coisas para depois e acabamos alucinados? E isso não tem nada a ver com a preguiça. Ou tem? Não, você não é um preguiçoso, apenas sofre com este estado psicológico de deixar tudo para a última hora.

A procrastinação é um ácido: nos corroe. Devasta a paz de espírito, abala a alma, afeta nosso organismo, nos conduz e induz à ansiedade. Iniciamos a tarefa já em cima do prazo de entrega. E, por estarmos a um passo do prazo de entrega, fazemos tudo na pressa, muitas vezes sem planejamento, sem a devida qualidade que gostaríamos de ver impressa no resultado final (o que nos leva à frustração) e, o pior, com falhas, afinal de contas, não dá mais tempo de caprichar ou corrigir eventuais erros. Ficamos plenamente estafados quando poderíamos ficar plenamente satisfeitos pela tarefa executada no seu devido prazo. Por que fazemos isso? Por causa da mania de adiar.

Muitas tarefas, quando iniciadas com a devida antecedência, podem demandar pouquíssimo tempo. Mas, quanto mais a tarefa é postergada, mais vira uma bola de neve. Quando decidir executá-la, já está formado um emaranhado de tarefas que requerem muitas etapas, muitas outras informações, contatos com terceiros, enfim, você sabe que se tivesse feito antes, não teria chegado ao ponto em que chegou. Portanto, experimente por uma única vez iniciar num prazo anterior. Quando damos o pontapé inicial e percebemos que vai tomar menos tempo do que imaginávamos, que muito antes do que prevíamos tal projeto já estará entregue, nossa alma sente uma sensação indescritível de alívio, bem-estar, sensação de plenitude, mas, acima de tudo, de dever cumprido, sem peso algum sobre as costas!



## Organização e disciplina

Organização requer autodeterminação e, para perpetuá-la, é indispensável disciplina. Nossa eficiência fica completamente abalada quando há desorganização afetando diretamente os resultados de nossos projetos e tarefas.

Por isso, vamos começar por um simples caminho, por exemplo, sua mesa de trabalho: visualmente, como ela está? Está abarrotada de pilhas de papéis, mais parecendo uma usina de reciclagem? Quanto desperdício de tempo e energia procurando um documento. Papelada e pastas que estejam aguardando alguma ação são um dos causadores da perda de tempo e energia, levando-nos ao caos (e, por conseguinte, à procrastinação). Mesa cheia não significa produtividade, muito pelo contrário, demonstra que você está desorganizado. A mesa deve estar limpa. Tenha caixas de entrada e saída, divida seu trabalho em pastas ou sacos plásticos, ponha uma etiqueta e escreva à mão mesmo (desburocratize!), indicando do que se trata. Adote o hábito de concentrar as tarefas em apenas um único lugar, por exemplo, uma pasta sanfonada facilmente encontrada em qualquer papelaria com diferentes números de divisórias como, por exemplo, por dia, de 1 a 31 e de A a Z, que são muito boas para se iniciar um ataque à desorganização. Deixe na mesa apenas o projeto com o qual esteja trabalhando naquele momento. Tenha domínio sobre o fluxo dos documentos que chegam até você jogando no lixo (isso mesmo!) aquilo não tem serventia alguma.

Adote o hábito de ter um *Follow-up* (FUP). Vem do verbo inglês *to follow* que significa acompanhar, seguir, dar sequência. Como é isso: basta apenas um caderno. Sim, há recursos tecnológicos, como o *Outlook*, mas vamos começar do *beabá*, correto? Quando tiver vencido esta etapa, use e abuse das ferramentas tecnológicas! Como funciona? Nesse caderno devemos anotar nossa lista de tarefas, tudo o que precisamos fazer ou que precisamos nos lembrar e, de preferência, com a data ou prazo de realização. Será uma ferramenta extremamente útil no ataque à desorganização. Anotamos, por exemplo, as ações que um determinado e-mail nos demanda. Não espere o próximo mês de Janeiro para iniciar seu FUP. É pra já, agora. Tudo que vier à sua memória que precisa ser feito, deverá ser anotado no FUP. À medida que for cumprindo as tarefas, vá ticando. É uma delícia "ticar" o item que foi cumprido!

Escreva *follow-up* de tudo: deixe um texto para você mesmo, para que possa se lembrar do ponto em que parou determinada atividade, onde parou naquele projeto. Escreva 'memórias', o que ocorreu, quais eram as circunstâncias, o que impactou, quais os contatos feitos, enfim, detalhe tudo para que, ao pegar aquela 'tarefa', sua mente não tenha que ficar forçando a se lembrar "o que foi mesmo que aconteceu?", "onde foi mesmo que parei?", "o que foi mesmo que fulano disse sobre tal coisa?". Você ficará surpreendido como isso vai lhe ajudar, tanto na administração do seu tempo quanto na derrocada de sua procrastinação. Não, nem pense: "ah, escrever tudo isso vai me 'roubar' um tempão". Essa é outra armadilha que seu cérebro constrói sagazmente para enganá-lo. Depois que fizer isso, você mesmo fará a validação desse método e nunca mais vai parar de escrever *follow-up* de tudo!



Apenas não confunda caderno de FUP com agenda. Esta é para marcar compromissos, que têm dia, hora e local para acontecer. E só. Tarefas vão para o *follow-up*.

Quando perceber, estará vivenciando a organização e verá como isso lhe causa muito mais satisfação do que a incomensurável dor da desordem. Não precisa mudar a personalidade. Hábito nada tem a ver com personalidade ou estilo gerencial. É simplesmente parar de se autossabotar. Experimente e depois me diga!

**Vencendo a protelação**

Não adie mais, mas ADIE!

Como assim? Não adie, mas ADIE? Pode ser mais clara, por favor? Sim, com muito gosto!

Vencemos a procrastinação, nossa tendência de "faço isso outra hora" para o "vou fazer isso já" com:

- **A**titude,
- **D**eterminação e com
- **I**nteligência
- **E**mocional.

E por que tudo isso? Ora, se não tomarmos uma **A**titude, que significa ação, não sairemos do lugar. Sem **D**eterminação, não tomamos atitude alguma. Temos de estar verdadeiramente determinados, caso contrário, estaca zero. E o que a **I**nteligência **E**mocional tem a ver com isso? A procrastinação é uma assassina de nossas emoções, uma armadilha sagaz que armamos contra nós mesmos. Ficamos afetados psicologicamente, nos conduzimos para a frustação frente aos prazos não cumpridos, perante a tarefa terminada mal e porcamente. Por isso nossas emoções precisam ser administradas com muita Inteligência.

Quando vier a "falta de vontade", vença-a pensando e antevendo como será a sensação de autorrealização pelo dever cumprido, como é delicioso o sabor do "ufa, acabei!", "cumpri!", "consegui!", ou mesmo do "me livrei disso!".



Acabar com a procrastinação não significa que não terá mais trabalho para cumprir. Seu emprego, função e cargo sempre vão lhe demandar novas tarefas. Vencer a procrastinação não significa que "pronto, ufa! Tudo acabou, agora já posso me aposentar!", mas é estar pronto, renovado para iniciar o próximo projeto, de preferência antes do prazo de entrega, com a devida antecedência, para não sofrer mais.

Procrastinar é altamente mais corrosivo do que a deliciosa sensação do dever cumprido. E isso sem dor! Simplesmente por uma ação, um passo que se deu em direção ao alvo: o cumprimento da tarefa.

Para vencer a procrastinação, só há, felizmente, uma única pessoa que pode fazer isso. Só uma: Você!

É como dizia aquela marchinha de carnaval, "o que se pode fazer agora não se deixa pra depois!"

**Referências**

ANDRADE, Fernando. *Outlook como ferramenta de produtividade*. São Paulo: Nobel, 2006.

BOURNE, Edmund, GARANO, Lorna. *Acabe com a ansiedade antes que ela acabe com você: 10 maneiras simples para aliviar a ansiedade, o medo e a preocupação*. São Paulo: Editora Gente, 2008.

BUZAN, Tony. *Mapas Mentais no trabalho: como ser o melhor na profissão e ainda ter tempo para o lazer*. São Paulo: Cultrix, 2009.

MAITLAND, Iain. *Administre Seu Tempo*. São Paulo: Nobel, 2000.

## Magali Amorim Mata



Bacharela em Secretário Executivo Bilíngue pela PUC-SP, pós-graduada em Marketing & Propaganda pela ESPM-SP. É mestranda em Comunicação e Cultura Midiática. Desenvolveu sua carreira nos últimos vinte e quatro anos na Assessoria Executiva de multinacionais do segmento Químico e Farmacêutico. É consultora e palestrante em cursos, *workshops* e conferências sobre Comunicação e Atendimento ao Cliente. É facilitadora de treinamentos focados na área motivacional e comportamental. É docente nos cursos superiores de Tecnologia em Secretariado, Logística Empresarial, Gestão em Recursos Humanos, Gestão Hospitalar e Gestão Financeira. É membro do Comitê Estratégico de Educação do SINSESP, trabalhando a interdisciplinaridade na Formação Executiva.

**Contato:**
www.magaliamorim.com.br

# Anotações

# 25

# Gestão do Tempo e estresse emocional: vença a batalha pelo controle!



O autoconhecimento, que nos leva ao gerenciamento do estresse emocional e à obsessão pelo controle, possibilita-nos fazer escolhas mais saudáveis e mostra-nos os caminhos que facilitam a realização de nossas metas, otimizando e valorizando o nosso tempo e qualidade de vida!

**Márcia Dario**

Iniciando nossa reflexão sobre o tema, vamos considerar três conceitos fundamentais quando se fala em gestão do tempo para se obter qualidade de vida. São três os vilões daquele estado de "sossego" que desejamos: a ansiedade, a necessidade de controle e o estresse emocional. Vejamos:

**Ansiedade:** *comoção aflitiva do espírito que receia que uma coisa suceda ou não. Impaciência, sofreguidão.*

**Controle:** *necessidade, compulsão de vigiar ou dominar alguém ou alguma situação.*

**Estresse emocional:** *quando o controle e a ansiedade nos retiram do movimento da dinâmica da vida e nos colocam em "impotência".*

A ansiedade e o controle caminham juntos, então o ansioso é um controlador. Quem de nós não deseja ter controle completo sobre todos os fatos que acontecem em nossas vidas? Esse desejo nos faz olhar atentamente para tudo aquilo que possa produzir medo, dor em seres que amamos e também em nós mesmos. O controle busca antecipar situações. Provavelmente aí começará o grande problema: se somos capazes de prever, somos capazes de solucionar!

Quando um problema ou conflito surge, o cérebro, mesmo que não tenhamos consciência disso, vai naturalmente "escanear" toda a memória e informar, através da consciência, se há ou não experiência nessa situação, ou se já foi vivenciado algo parecido (podemos chamar isso de "sistema de crenças"). Sempre queremos soluções que nos permitam usar as habilidades que temos para resolvermos satisfatoriamente a situação que nos preocupa e que, portanto, nos gera ansiedade. Um fator interessante a ser considerado é que a premissa do ato de controlar é um sentimento que se não ficar vigiando "aquilo", não terá o domínio ou será roubado. Então, além de controlar, é preciso manter o controle. Só assim, a "catástrofe" (que a falta do controle ocasionaria) não ocorrerá! Os nossos problemas e conflitos serão perpetuados inevitavelmente, pois a batalha pelo controle é um círculo vicioso. A atividade de controlar é uma propriedade do Hemisfério Esquerdo, ali podemos encontrar o estado mental, o racional, os deveres, as regras e os modelos que regem nossas vidas. Tudo aquilo que contrariar esse funcionamento sistemático, encontrará resistências principalmente às mudanças de comportamento. Assim, o nosso sistema de crenças vai se cristalizando e o controle passa a ser a ferramenta que vai garantir o nosso desempenho. Quanto mais capacidade de controle, mais chance de garantir o nosso desempenho e o sucesso!

O conceito de tempo é uma atribuição do Hemisfério Esquerdo: dimensiona passado, presente e futuro. Mede nosso desempenho e a capacidade de controlar resultados em situações, fatos e pessoas. O ansioso precisa controlar o tempo! O ansioso vive para o controle do futuro, sendo que o mal-estar e o estresse advêm principalmente porque o futuro é o tempo incontrolável! O propósito do controle é sempre "prevenir" o medo da dor futura. Haverá sempre uma comparação de desempenho com o que foi feito "ontem" e o que poderemos fazer "amanhã". O controlador não percebe que o único tempo que existe é o presente, pois ele é a referência para o futuro. É importante falarmos sobre o esforço implícito na ação de controle. Nós só fazemos esforço quando temos certeza de que um processo não fluirá naturalmente ou quando não acreditamos em nosso potencial e habilidades para lidar com um conflito ou desafio. Fisicamente, usaremos mais energia do que necessário, estimularemos a tireoide, o que demandará mais energia suprarrenal.

Lembremos que o estresse tem como base o circuito medo-dor. Temos medo de não dar "conta do recado", de não sermos capazes de alcançar determinados resultados e perdermos pessoas, bens e situações que se relacionem com nossa imagem. Então, precisamos de mais tudo: mais coragem, mais esforço, mais atenção, mais força e quanto mais medo de falhar, mais me esforço!



O esforço tem a ver com o controle e a ação com a motivação. Ela nos impulsiona para a ação, até que o resultado tenha sido conquistado. É uma energia positiva e intensa, gera bem-estar e conforto.

É papel do Hemisfério Direito ajudá-lo nessa tarefa! Ele lhe possibilita encontrar soluções criativas com alternativas inovadoras. O estímulo ao funcionamento desse hemisfério pode fazê-lo produzir mais em menos tempo, pois o estado de relaxamento que ele propicia é favorável para escapar às rédeas do controle.

Uma dificuldade em gerir tempo liga-se ao fato de que a ansiedade e o controle nos raptam do "tempo presente" e nos jogam continuamente no tempo futuro, em que não temos poder algum. Obviamente, podemos sonhar, planejar o nosso futuro! Mas, o foco no tempo presente é que nos possibilitará a consecução desses sonhos e planos.

Geneticamente, recebemos alguns funcionamentos ou comportamentos que indicam como lidamos com essas questões de ansiedade, impaciência, necessidade de controle e medos, que podem se cristalizar na maturidade, no momento em que sentimos a pressão para nos adequarmos às expectativas no social, no profissional ou mesmo em relacionamentos mais sérios. Os verbos "dever" e "ter que" passam a ocupar grande parte do nosso repertório: "*Eu deveria ter sido capaz de prevenir isto*" ou "*eu tenho de fazer isto antes que seja tarde demais".*

Gerir o tempo significa uma tarefa complexa e árdua? Complexa, pois implica em olharmos para nossa vida e prioridades, encarar as escolhas que temos feito para alcançar nossas metas e, dessa forma, recebermos o resultado esperado ou não. Árdua? Vai depender do quanto nos conhecemos e queremos nos responsabilizar por nossos propósitos de vida e nosso comportamento. Necessitamos, assim, ampliar nossa autoconsciência e entrar em contato com nossos pensamentos, atitudes e como nos sentimos.

O estudo sobre as três dominâncias cerebrais nos mostra, de maneira simples e clara, como funcionamos em nosso cotidiano. São eles: o lado lógico-científico-crítico, o lado intuitivo-espiritual-místico e o lado central-organizacional-administrativo.

- **Hemisfério Central:** o cérebro mais antigo se chama cérebro reptílico ou porção central, que corresponde ao cérebro que os répteis tinham. É o cerebelo e o tronco cerebral. Ele é hereditário, instintivo, inconsciente e arquetípico. É o **cérebro do agir**.

- **Hemisfério Direito** ou porção límbica do cérebro: é o lado intuitivo, o lado sensível, do sensitivo, afetivo, artístico, espiritual, fraterno. Ele é não-verbal, inconsciente e lhe proporciona criatividade. É o **cérebro do sentir**.

- **Hemisfério Esquerdo** ou neocórtex: é considerado o lado da análise, do raciocínio. É consciente, crítico, lógico. Só ele é verbal. É o **cérebro do pensar**.

Se você se identifica com as características do Hemisfério Esquerdo, você tem a tendência de buscar muitas informações, fazer pesquisa, antes de tomar decisões. Gosta de observar, de argumentar com dados concretos. Gosta de classificar e de definições operacionais. É bastante teórico, não gosta de perder tempo, mas não age por impulso. Tem a tendência de elaborar planos, estratégias e investe muito tempo em planejamento. Prefere não receber pressões para tomar decisões rápidas. Tende a cumprir o que foi planejado e depois de ter decidido o que é prioritário, o urgente precisa ser sempre argumentado e o circunstancial esclarecido e negociado.

Dica: *permitir-se sentir, intuir, agir confiando em seus sentimentos. Colocar em seu planejamento tempo para lazer, atividades físicas, relaxar em companhia de pessoas que escolher.*

Se você se identifica com as características do Hemisfério Central, você tem a tendência de primeiro agir, competir. Gosta de manter horários e compromissos. Gosta de desafios e correr riscos. O tempo é medido pelo número de ações e atividades físicas, pois gosta de movimento. Pode sobrecarregar-se.

Dica: *aprender a pensar, planejar e refletir para depois agir. Fazer a agenda de atividades e conter a ansiedade de conquistar. É preciso permitir-se ser ajudado, pois prefere ajudar. Nem sempre faz o que é prioritário, mas o que surge à sua frente. Necessita analisar e priorizar, pois a tendência é fazer o circunstancial ou urgente. Aprender a cumprir a agenda e os cronogramas que o levam ao cumprimento de metas.*

Se você se identifica com as características do Hemisfério Direito, você tem tendência a esperar ou procrastinar, pois necessita sentir para poder agir. Não é grande fã de planejamento ou agendas, pois gosta de fluir com as situações. Tem certa dificuldade em lidar com a dureza do cotidiano, poderá demorar um pouco mais para tomar decisões entre o prioritário, o urgente e o circunstancial, que tem um certo apelo por seu pensamento ser mais criativo e disperso.

Dica: *necessita programar seu cérebro para planejar e detalhar a partir de demandas do cotidiano. Guiar-se por metas e mensurar tempo e custo-benefício de suas ações. Precisa aprender a fazer isso com alegria e bom humor. Sente-se estimulado por inovações diárias, pois não gosta de rotina. Precisa incluir em seu planejamento a arte, a beleza, a espiritualidade e a ecologia.*



À medida que exercita as sugestões, melhora e estimula o funcionamento de cada hemisfério. O benefício é obter um comportamento que sempre atuará levando em conta o seu pensar, sentir e agir, em equilíbrio. Ou seja, com maior facilidade, poderá cumprir suas metas e organizar-se para seguir seu planejamento, provocando seu autodesenvolvimento e otimizando seu relacionamento com as pessoas e o mundo.

O seu cérebro o ajudará a gerenciar o seu tempo, considerando metas e necessidades, desde que esteja com seus três lados equilibrados e potencializados. É uma ferramenta infinita à nossa disposição, basta querer utilizar, cuidando, através da autoconsciência: exercitando os cinco sentidos, os sentidos extrassensoriais (intuição através de estados de relaxamento), praticando uma atividade física, fazendo um trabalho voluntário, buscando o novo em sua vida, comunicando-se, expressando seus desejos e necessidades.

## Márcia Dario



Comunicadora, atriz, locutora e radialista. Psicopedagoga e Cinesiologista. Consultora em Comunicação. Mantém seu foco nas áreas de comunicação, relacionamentos, sustentabilidade e inovação. Ministra palestras sobre Desativação de Estresse Emocional e Medo de Falar em Público. Realiza programas motivacionais e *talkshows*. Licenciada em Letras pela FICAP e pós-graduada pela Universidade Cândido Mendes. É consultora do Sebrae. Para mais informações, acesse seu *website*.

**Contatos:**
www.marciadario.com.br
marciadario@marciadario.com.br
(65) 9932-0493
Skype: daringhoney

# Anotações

# 26

# Uso eficaz do tempo: maior produtividade com qualidade de vida



Reserve um tempo para refletir sobre o que tem importância em sua vida e quanto tempo você deseja investir nisto. Estabeleça metas para alcançar tais objetivos, desenvolva um planejamento determinando meios e recursos para atingir resultados, se organize e, finalmente, coloque-se em ação

**Márcia Rizzi**

## Excelência para enfrentar o dia a dia

Depressa, mais depressa, vamos, acelere! Seja qual for a missão, a situação ou a tarefa, faça mais rápido. Trabalhamos mais do que nunca, corremos cada vez mais e nos cobramos por fazer cada vez melhor. Paradoxalmente, pesquisas comprovam que desperdiçamos tempo com atividades inúteis, que passamos tempo demais com atividades urgentes que poderiam diminuir drasticamente com um pouco mais de organização e muito mais disciplina.

Nos últimos anos, graças à atuação eficaz de bons parceiros, estive com milhares de pessoas em palestras e treinamentos. Produtividade pessoal foi o tema que nos colocou no mesmo caminho. O que há de comum entre estas pessoas? Todas estão ávidas por mais tempo.

Meu interesse pelo tema vem desde a década de 80, quando, iniciando carreira gerencial em um grande banco, passei a sentir a pressão das múltiplas tarefas e os sintomas do estresse por fazer mais e mais ao mesmo tempo em que desejava estar junto da família. Busquei, então, o que havia de melhor em termos de cursos e publicações sobre o tema. Montei um programa de treinamento em produtividade pessoal para o banco que, de imediato, lotou 10 turmas e ainda hoje acontece. Hoje, trabalhando com este tema em treinamentos, palestras e *coaching*, ouço depoimentos de profissionais que se sentem pressionados pelo tempo e pela busca por melhor desempenho pessoal e profissional, tal qual eu senti. Maior produtividade para fazer frente às exigências do cargo, do mercado, da empresa e principalmente da família, tem se mostrado necessidade geral.

Não há fórmulas mágicas para administrar melhor o tempo. Há, sim, estratégias que, adaptadas ao seu estilo e rotina, poderão torná-lo ainda mais produtivo.

Vamos entender o que acontece e buscar esses caminhos.

## A correria do dia a dia

É preciso matar um leão por dia! Você já ouviu essa frase? Flávia (troquei o nome), uma amiga querida, diz que um só não basta. Ela tem o hábito de acordar às seis da manhã, sem nunca conseguir ir para a cama antes da meia-noite. Correr é o que ela mais faz. Logo pela manhã, enquanto toma banho, escuta as notícias no rádio, que compete com o barulho do chuveiro. Em seguida, se "enfia" em uma roupa já deixada sobre a poltrona do quarto na noite anterior. Cafezinho ligeiro e vai acumulando nos braços a bolsa, a agenda e um dos filhos, que deixa na escola antes de ir para o trabalho. Dentro do carro, aproveita os faróis vermelhos para terminar de se maquiar e orientar o filho.

Quando chega ao escritório, pede o segundo café do dia e inicia a primeira reunião. Antes do almoço, ela já conseguiu deixar metade do seu pessoal desesperado. Lá pelas três da tarde pede um sanduíche, enquanto continua na desenfreada correria. No final do dia, olha angustiada para o relógio, tenta fechar a agenda do dia se entregando avidamente ao trabalho: é a última a sair. Diz que é assim porque trabalha em uma poderosa emissora de televisão.

Durante o jantar, quando consegue chegar a tempo, ouve o que o marido e os filhos têm a dizer, mas mal responde, enquanto engole a refeição preparada pela empregada. Ao final, sorri gentilmente para a família, diz que ainda tem muito trabalho e que sente não poder permanecer mais tempo com eles.

Então, segue em direção ao *home office* e, diante do computador, tecla compulsivamente, até que, vencida pelo sono, lá pelas tantas, vai para a cama. Segundo ela, antes que consiga dormir, ainda acessa seu *iPhone* várias vezes, para agendar algum detalhe importante de trabalho.

Flávia me faz lembrar o coelho branco de Alice no país das maravilhas, que vivia repetindo: estou atrasado, estou atrasado! Gosto dela, dou alguns toques, mas percebo que está completamente viciada. Está sempre me dizendo que assim que tiver tempo passará pelo *coaching* e seguirá minhas orientações. Temo que não venha a tempo de evitar prejuízos irrecuperáveis.



**Desacelere**

Você também deve conhecer pessoas que fazem milhões de coisas ao mesmo tempo e que se tornaram viciadas em trabalho. Vivem preocupadas por achar que não terão tempo de finalizar tudo a que se propõem, irritam-se com o trânsito ou por qualquer pequena alteração em sua programação.

Muitos desses nos procuram dizendo que não conseguem concluir sua interminável lista de coisas a fazer, dizem que precisam administrar melhor seu tempo para que mais coisas caibam na tal lista. Ao longo do *coaching* buscamos conscientizá-los, levá-los a entender o cenário, mapear a realidade, valorizar os benefícios advindos com as mudanças e partir para a ação. Mudar o jeito de fazer as coisas.

Nossa sociedade valoriza pessoas que vivem ocupadas. Dar a impressão de que não se tem tempo para mais nada virou sinal de dinamismo e competência. Desta forma, fica cada vez mais comum encontrar pessoas reclamando da correria do dia a dia.

As pessoas dormem cada vez menos, se alimentam apressadamente e querem fazer mais em menos tempo. Obviamente, o ditado "a pressa é inimiga da perfeição", cabe aqui como uma luva. A mídia alimenta esta hiperatividade anunciando mensagens como: esta é sua última oportunidade, aproveite! Venha depressa e faça o melhor negócio!

Como se não bastasse, ainda vivemos em uma era de *fastfoods*, celulares de última geração que nos colocam em contato com o mundo em poucos segundos e tudo o mais que começa e termina em pouco tempo, como relacionamentos de curta duração e encontros com amigos para tomar rapidamente um café em pé no balcão da cafeteria. Seria esta a era dos relacionamentos líquidos? Pense nisso.

Andando pelas ruas da cidade, observo como muitos têm pressa, se irritam ao esperar nas filas, motoristas buzinam assim que o farol muda para o verde e em todo lugar é comum encontrarmos pessoas impacientes, tensas, prontas para se defenderem, sentindo-se ameaçadas ao menor olhar. Só pode ser estresse.

Diferente do que imaginamos, ultrapassar nossos limites provoca uma reação que pode prejudicar nossa produtividade. Embora cada pessoa assimile o estresse de forma diferente, suas consequências podem afetar nosso sistema imunológico, comprometendo nossa saúde e bem-estar. Não espere para se dar conta de que passou dos limites somente quando a saúde ou sua vida pessoal estiverem comprometidas, fique atento e d-e-s-a-c-e-l-e-r-e!

Você já se imaginou pensando que correu tanto, a ponto de ter deixado para trás as pessoas que mais ama? Que foram poucos os momentos de alegria e descobertas juntos? Que a sua família tem histórias para contar, das quais você pouco participou? Se este é o seu caso, calma, pois sempre é tempo de rever e tomar um novo rumo.



**Um novo tempo**

Para se tornar uma pessoa bem-sucedida será necessário se conscientizar de que o bom gerenciamento do tempo nos leva a alcançar metas com equilíbrio, diminuindo significativamente a ansiedade e o estresse, promovendo desenvolvimento com qualidade de vida. Quando você programa seu tempo, encontra formas de equilibrar trabalho e vida pessoal, fator indispensável para fortalecer a autoestima e bem-estar. Também se torna capaz de aproveitar melhor cada instante, concentrando-se na tarefa priorizada para aquele momento com maior consciência do grau de importância que ela tem para você. Objetivos claros nos deixam mais confortáveis na jornada e representam um grande passo para o nosso desenvolvimento, do contrário desperdiçaremos energia. Conseguindo visualizar claramente o que está buscando, você tem maiores chances de conquistar.

Utilizando bem o tempo, ele será seu aliado, mas, negligenciando-o, ganhará um inimigo. Sabemos que o tempo é finito e não pode ser controlado, o que podemos fazer é administrar os eventos do nosso dia a dia.

De *workaholic* para *worklover*, eis a meta para Flávia, aquela que conhecemos no início deste artigo. O *worklover*, embora trabalhe bastante, consegue conciliar bem todos os seus papéis na vida.

**Faça dar tempo**

Reserve um tempo para refletir sobre o que tem importância em sua vida, e quanto tempo você deseja investir nisto. Estabeleça metas para alcançar tais objetivos, desenvolva um planejamento determinando meios e recursos para atingir resultados, se organize e, finalmente, coloque-se em ação com foco.

Lembre-se de que o dia tem apenas e tão somente 24 horas e, melhor do que trabalhar em excesso, é fazê-lo de forma inteligente.

Gerenciamento de tempo nada tem de magia, sequer funciona igualmente para todas as pessoas, já que cada um tem seu próprio ritmo e suas prioridades.

Neste livro você encontra muitas dicas que poderão ajudá-lo, uma vez colocadas em prática. Também elenco algumas:

- Priorize sua saúde. É, sem dúvida, seu bem maior;
- Planeje seu dia seguindo o critério da importância: primeiro o mais importante, sempre;
- Defina suas prioridades, assim evitará desperdício de tempo, conseguirá dar atenção à sua saúde, à família, lazer e férias, além de trabalhar;
- Mantenha-se atento aos seus sabotadores do tempo; saiba que eles o impedem de dar conta do seu dia;
- Aprenda com seus erros – caminho percorrido, lição aprendida;
- Delegue, evite a centralização, a equipe toda produzirá mais e melhor;
- Avalie o tempo gasto nas tarefas, isso melhora sua próxima programação;
- Troque viagens por teleconferências, sempre que possível;
- Programe reuniões com objetivos claros, poucos participantes, hora estabelecida para início e fim e, durante a reunião, fique atento ao foco;
- Seja assertivo e conciso ao redigir *e-mail*;
- Estabeleça horários específicos para consultar sua caixa de mensagens;
- Diga não, negocie prazos, esteja atento às consequências daquilo que adiar;
- Seja estratégico, lembre-se de que 20% das atividades correspondem a 80% dos resultados;
- Utilize parte do tempo com você, escape das expectativas alheias;
- Planejamento, organização, disciplina, prioridades e foco – eis aqui o passo a passo da gestão eficaz do tempo.

Estas são algumas das situações que, se não observadas, roubam nosso tempo e comprometem nossos resultados.

Para vencer os desperdiçadores do tempo, procure manter-se consciente e atento a você mesmo, percebendo onde o escoar dos minutos o aprisionará ao final do dia.

Como aproveitar melhor o tempo da vida sem se transformar em uma máquina? É possível? Sim, é possível, mas nada tem de mágico e sim de decisão, de atitude. É escolha pessoal.

## Márcia Rizzi



Bacharel em Ciências Jurídicas, pós-graduada em Administração pela FAAP, MBA em RH pela USP, AMANA-KEY Liderança e Gestão de pessoas, *Coach* com formação pelo ICI *Integrated Coaching Institute* e IDPH – Instituto de Desenvolvimento do Potencial Humano. Desenvolveu carreira na Caixa Federal onde esteve como Gerente Geral, Gerente Regional e Superintendente de Negócios. É *coach*, palestrante e facilitadora de treinamentos na área comportamental. É autora de diversos manuais para treinamento e coautora nos livros da Editora Ser Mais: *Ser+ com Coaching*; Ser+ com *Palestrantes Campeões*, *Manual Completo de Coaching* e Ser+ em *Gestão de Pessoas*.

**Contatos:**
marizzi@uol.com.br
www.marciarizzi.com.br
(11) 9984-3804

## Anotações

# 27

# Proteja seu tempo



Você não pode perder tempo, pois todos nós temos 24h por dia. Você pode perder-se no tempo. O tempo não passa nem muito rápido, nem muito devagar, passa exatamente do jeito que tem que ser

**Marina Augusto**

Atualmente, a alegação de falta de tempo virou rotina. Mudanças como evolução tecnológica, urgências, milhões de coisas a fazer e a falta de tempo acabam se tornando uma constante em nossa vida.

Essa falta de tempo de que as pessoas tanto reclamam beira a neurose, principalmente quando olham constantemente para o relógio, como quem deseja conter os ponteiros. Assim, nosso mundo parece uma grande roda que gira cada vez mais rápido, levando seus habitantes a uma competição desenfreada onde o imediatismo dita as regras.

Nesse ambiente, quem não está ligado à tecnologia do momento é discriminado e preterido. A velocidade das mudanças consome nossos dias.

Veja a situação comentada por uma mãe em uma das nossas turmas de treinamento: ela precisava dar uma notícia qualquer ao filho. Enquanto tentava falar, ele atendia o celular, enviava mensagens pelo computador, assistia ao futebol pela televisão e, olhando rapidamente para ela, disse: "Fala aí, mãe"! Ela sorriu e voltou depois.

A geração Y se mostra ainda mais rápida. Rápida e fortemente conectada.

Uma amiga que mora em São José dos Campos e estava chegando em minha cidade me convidou para tomarmos um café e colocarmos a conversa em dia. Combinamos pelo *Facebook* e ela sugeriu uma padaria. Convidei-a para que fosse à minha casa e ela ficou com medo de me incomodar, com dúvida se eu teria tempo para ela. Pode uma coisa dessas? Sim, pode. As amizades tornaram-se tão instantâneas, que até o café corre o risco de ser virtual. Resultado: ela veio em casa, tivemos momentos agradabilíssimos e nem por isso "perdemos" nosso tempo.



Se não estivermos atentos ao modo de utilizar a tecnologia, tudo que foi criado para ganharmos tempo pode provocar efeito contrário.

Ir ao banco para falar com o gerente se tornou uma aventura cheia de capítulos, com direito a pausa para os comerciais. Ouvi a seguinte queixa: sempre que você se senta à mesa do gerente, o celular dele toca, você aguarda o atendimento, ele volta a lhe dar atenção, toca novamente e mais uma vez. Chego a pensar que é melhor ligar para ele, assim terei mais atenção, disse-me uma cliente há poucos dias. Podemos definir esta cena como sinônimo de desrespeito e falta de profissionalismo.

É verdade que alguns empreendimentos são regidos pela velocidade, exigindo maior rapidez para atingir resultados em menos tempo. Neste caso, o estresse é inevitável, pois quem está envolvido deverá manter o foco em todos os acontecimentos, analisando situações sob vários pontos de vista para a tomada de decisões imediatas.

Antigamente, antes do desenvolvimento tecnológico, havia certo equilíbrio entre a atividade e o descanso, de modo que as pessoas respeitavam seus finais de semana e seu relógio biológico.

A "doença da pressa" parece ter tomado conta da maioria das pessoas que acreditam poder realizar tudo o que desejam, caso acelerem seu ritmo de vida. Para comprovar esta expectativa, você já deve ter ouvido frases como: nunca tenho tempo para me divertir! Nem sei mais o que é vida pessoal! Parece que o relógio se diverte comigo! Mal chego do trabalho e já está na hora de voltar!

Administrar o tempo é administrar a própria vida. O contrário também é verdadeiro: desperdiçar tempo é fazer o mesmo com a própria vida.

Para tornar-se mais produtivo com qualidade de vida é preciso observação, organização e determinação. Estabeleça objetivos, tenha metas para atingi-los, defina prioridades, seja disciplinado e mantenha seu foco nos resultados almejados. Esteja atento a como você lida com telefonemas, *e-mails*, reuniões e interrupções. Perceba se é capaz de dizer não, sem sofrimento nem constrangimento. Verifique se faz parte do grande grupo dos perfeccionistas. Aprenda também a lidar com suas emoções. Elas fornecem informações valiosas sobre a maneira como você enfrenta os desafios diários, além de também dar boas pistas de como faz para distinguir o que é importante do que é urgente.

**Duas formas de encarar o tempo**

Perspectiva temporal

Gosto da abordagem de Philip Zimbardo, especialista em comportamento e professor da Universidade Stanford. Ele nos trouxe o conceito de perspectiva temporal.



Zimbardo divide nossa perspectiva temporal em passado negativo, passado positivo, presente fatalista, presente hedonista, e futurista. A maneira como você encara o tempo reflete nos seus pensamentos, sentimentos e comportamentos.

O exemplo que ele nos traz tem como base um teste aplicado ao longo de 20 anos. Se você comparece à festa da turma após 10 anos de formado comporta-se assim: o passado positivo estaria com muitas saudades de todos, o passado negativo se lembrando só das pisadas de bola, o fatalista nem compareceria, o presente hedonista come, bebe, dança e se diverte muito, enquanto o futurista já agita o próximo encontro. Há uma que predomina, embora cada um de nós tenha um pouco de todas. É preciso observar nossos hábitos, admitir nossos limites e buscar a superação.

Eu tenho tempo

Em um dos muitos artigos do professor Shapiro, os quais acompanho com grande interesse, temos uma reflexão sobre ter tempo no dia a dia. Ei-la:

Você é um gerente. Como está a sua agenda? Lotada? E se eu lhe perguntasse: "Quando você pode me atender?"

O livro *O Gerente Minuto* fala de um gerente que respondeu: "Qualquer ocasião nesta semana será ótima, com exceção de quarta-feira pela manhã". E o próprio autor questiona, um tanto ressabiado: "Que tipo de gerente dispõe de tanto tempo assim?"

Eu me aventuro a uma resposta: "O gerente que segue um ritual virtuoso, que poucos estão dispostos a adotar. Alguns por preguiça, mas a maioria, escandalosamente, por inépcia."

Vejamos de perto que ritual é este:

Ao contratar um subordinado, o gerente o submete a um treinamento no qual serão mostradas e praticadas as atividades que este irá desempenhar. Ele dirá ao novato sobre as responsabilidades de sua função, além de "como" e "quando" serão cobradas.

A filosofia é simples: "Nada de surpresas". Desde o começo cada um sabe o que virá pela frente. Tudo é exposto em termos mensuráveis e práticos.

Este gerente permanecerá próximo e disponível nos primeiros passos do iniciante, até que ele esteja seguro em seu exercício. Aí, então, revela o grau de autonomia que terá e o desempenho que dele é esperado. Caso não corresponda às expectativas, será substituído.

O benefício desta tática? Quanto tempo você dedica a solucionar problemas que seus funcionários deveriam resolver? Se todos dependem de você, é porque faltou clareza. Há um equívoco. E isto irá depender de muito treinamento.

Um gerente ajuda o subordinado nas ocasiões mais difíceis de superar, mas não em qualquer situação.

Acabamos de provar, portanto, que "não tenho tempo" é, na verdade, a desculpa padrão com que muitos gerentes já se viciaram em justificar sua incompetência.



Dicas

É irresistível, em um artigo como este, não trazer dicas para que seu tempo o torne ainda mais produtivo. As que seguem foram compiladas de diversas fontes entre revistas e livros, pois coleciono material referente à gestão do tempo há anos. Vamos às dicas que utilizo e dão bons resultados:

- **Faça listas de tarefas:**

O ideal são listas diárias e as tarefas devem ser descritas de forma especifica, em detalhes.

- **Diga não**

Aprender a dizer não é aprender a estabelecer limites, que muitas vezes são para nós mesmos. Ex.: pare de levar trabalho para casa, saia no horário e não estique seu expediente. Saber dizer não é tão importante quanto saber dizer sim, além de facilitar quando suas prioridades são claras para você.

- **Reflita**

Reflita, com frequência, sobre os seus dilemas, dentre eles o uso do tempo. Gosto de fazer caminhadas em silêncio. Enquanto caminho, penso e planejo, assim realizo mais e melhor. Experimente!

- **Multitarefas**

Evite dedicar-se a várias tarefas ao mesmo tempo. Concentre-se em uma e entregue. Vejo muita gente, nas empresas onde dou consultoria, que inicia inúmeras tarefas e não finaliza nenhuma. Resultados são entregas.

- **Agendamento**

Planeje de 70 a 80% do seu tempo. Assim estará aberto a tudo que é importante e venha com o novo dia. Isto é agenda flexível.

- **Distração durante o expediente comercial**

Concentre-se, mantenha o foco. Distrair-se ao longo do dia de trabalho poderá torná-lo mais ágil e criativo. Passeio mental permite novas associações. Apenas mantenha o foco da atenção para os prazos e faça dos momentos de distração a exceção, não a regra.

- **Finanças**

Há um passo a passo que serve tanto para administrar nosso dinheiro quanto para a gestão do nosso tempo: planejamento, organização, disciplina, prioridades e foco.

Poupar parte da sua renda é sinal de quem se planeja, tem sonhos ou simplesmente se previne quanto às emergências.

- **Acompanhamento**

Controle e acompanhamento evitam surpresas. Por exemplo, exames médicos periódicos, alimentação balanceada, horas de sono e ginástica para mantê-lo saudável requerem controle, disciplina e acompanhamento.



- **Foco no futuro**

Valorize o passado e o aprendizado que adquiriu, mas tenha sua mira no futuro. Sonhe, sonhe alto e promova ações que o levem a realizar o que planejou.

- **Tecnologia em seu favor**

A tecnologia é um valioso aliado. Se você utilizá-la de maneira indevida, perderá seu tempo. Quanto à caixa de *e-mail*, por exemplo: tenha horários pré-determinados para abri-la. Se a cada nova mensagem você parar o que estiver fazendo para verificar o que chegou, perderá o foco.

- **Acelere/desacelere**

A agilidade se tornou um diferencial dos nossos tempos. Fazer mais rápido e com foco no médio e longo prazo o levará a se sentir mais realizado. Porém, viver só na velocidade máxima poderá estressá-lo. Fique atento ao equilíbrio entre ser ágil e desacelerar para recuperar suas energias.

- **Delegue**

Não acredite que você é o único que sabe fazer bem feito. Treine e acompanhe seu funcionário e depois o deixe assumir parcela da responsabilidade das tarefas. Isso o desafogará e dará mais espaço para boas tomadas de decisões.

O tempo passa para mim, para você, para todos nós. Repensar nossas prioridades, aquilo que realmente acreditamos e queremos, torna-se o fator primordial de nossas vidas.

## Marina Augusto



Psicóloga, especialista em Psicologia da Educação, consultora, facilitadora, palestrante, terapeuta, professora universitária, diretora da Valor Gestão Organizacional. Consultora de projetos para melhoria da Gestão dos Negócios, juntamente com a equipe Valor Gestão de Consultores nas áreas: Qualidade, Pessoas, Sistemas, Adm/Fin,Comercial, Jurídica. Desenvolvimento de eventos e convenções de vendas com treinamentos vivenciais ao ar livre, palestras, *shows*, *workshops*. Atuou junto a empresas privadas dos mais diversos segmentos, Associações Comerciais e Industriais, APL´s, Sebrae, Sindicatos, Universidades, Entidades de Classe, Rotary, Hospitais, Cooperativas, Secretaria da Educação e Cultura, IDORT, Prefeituras, Polícia Militar, Incubadoras, UNESP, Petrobrás, Samu – MG. Conselheira do Conselho da Mulher Empresária e Empreendedora da ACIRP. Participação no programa Super Bem (TV TEM): youtube.com/watch?v=QpOGE1llfp4

**Contatos:**
www.valorgestao.com.br
marina.augusto@valorgestao.com.br

# Anotações

# 28

# Vida pessoal e profissional: encontre seu equilíbrio



Convido você, leitor, a mergulhar comigo em algumas experiências e reflexões pessoais, para que isso possa ajudá-lo a refletir sobre seu próprio ponto de equilíbrio

**Nivia Maria Cecchi**

O que significa equilibrar vida pessoal e profissional? Seria dividir 50% do seu tempo para cada uma destas áreas, sem que uma interfira na outra? E como medir algo intangível como o tempo?

Na realidade, não existe fórmula mágica. O que sugiro é que tente buscar dentro de você mesmo, através de suas próprias vivências e percepções no dia a dia, o peso e a importância de cada área em sua vida. Sendo assim, gostaria de compartilhar com você uma experiência pessoal que me fez entender que o equilíbrio é único, intransferível e necessário.

Depois de uma semana corrida ministrando treinamentos, saindo cedo de casa, com meu filho ainda dormindo, e chegando tarde, com ele já adormecido, devo confessar que tudo o que eu queria era retornar do trabalho para o aconchego do meu lar.

Sem perder a linha de raciocínio, abrirei um pequeno parêntese para compartilhar minha indignação com as mulheres que decidiram queimar o sutiã, sabe?! Pois então, cá entre nós, devia ser bom demais ficar fazendo tricô e fritar bolinho de chuva para a criançada, e agora tudo que nos resta é dividir nosso precioso tempo entre vários papéis: profissional, esposa, mãe, filha, tia, amiga, gestora do lar... e tudo isso em apenas 24 horas.

Voltando "naquela semana", apesar de cansada, me sentia realizada por fazer aquilo que escolhi como missão de vida: ajudar as pessoas a "serem o melhor que podem ser". Realizada, mas com um vazio no peito por ter passado a semana toda sem brincar com meu filho, sem vê-lo acordar e sem fazê-lo adormecer.

Enfim, já era sexta-feira e comecei a tirar a máscara da mulher de negócios, pensando que ao abrir a porta de casa, meu filho ouviria o barulho da chave e com certeza iria correr ao meu encontro, sorrindo e me dando aquele abraço que só quem tem filhos sabe quanto um gesto como este renova a alma!

Pensando que ele não teria percebido minha chegada, corri em sua direção no chão da sala, onde ele brincava com meu marido e, para minha surpresa, nem sequer se mexeu. Continuou brincando como se eu não estivesse ali.

Insisti em me fazer visível e ele, sem olhar para mim, empurrou-me com a mão, com um gesto de quem dizia, "por onde você andou?". Meu coração se partiu naquele momento e uma decepção invadiu minha alma.

Mas, decepcionada com quem? Com meu filho por ter me ignorado quando o que eu mais desejava era um abraço verdadeiro, ou comigo mesma, que me fiz ausente, a ponto de ser ignorada por ele?

A culpa apareceu instantaneamente e a pergunta ecoou de forma visceral dentro de mim: será que estou dedicando tempos iguais aos vários papéis que tenho de desempenhar na minha vida? Quais são meus valores? Qual minha missão de vida? O que quero para meu futuro? Perguntas e mais perguntas borbulharam em minha cabeça incessantemente.

Agora que já compartilhei contigo minha experiência de como comecei a repensar meu ponto de equilíbrio entre o papel de mãe e mulher de negócios, te convido para que faça suas reflexões.

Você está sabendo equilibrar sua vida pessoal e profissional? Como tem feito para se dividir entre todos os papéis que esta vida lhe exige? Tem um pequeno ou alguém lhe esperando em casa sentindo sua falta enquanto trabalha incansavelmente achando que está fazendo o melhor para sua família? O que realmente importa para você?

É hora de descobrir quais são seus valores, sua missão de vida, suas metas e planos para o futuro.

Sua vida é responsabilidade única e exclusivamente sua, não devendo culpar a outrem, o mundo, o governo ou a humanidade, pelas consequências. Você é fruto das suas escolhas.

Então, vamos para nosso segundo exercício:

**Roda da Vida**

Você já se pegou dizendo "não tenho tempo"?

Neste exercício vamos substituí-la pela frase "não administro bem meu tempo".

Depois desta afirmação, quero ajudá-lo a entender como está administrando o tempo em sua vida.

Veja a figura abaixo referente à "Roda da Vida". Ela divide sua vida em dez áreas em uma escala de 1 a 10.



Agora responda a seguinte pergunta: quanto tempo (de 0 a 10) está dedicando para cada uma destas áreas? Faça uma marca na nota correspondente, ligue os pontos e terá a roda da sua vida.

Olhe para ela e reflita. Você deu notas iguais para todas elas? Se a resposta for não, sua roda não conseguirá girar! Isso já significa que há algo errado com a divisão do tempo para cada área. Agora veja as áreas mais críticas, aquelas que estão com pontuações baixas e que gostaria de dedicar mais tempo.

Roda da Vida

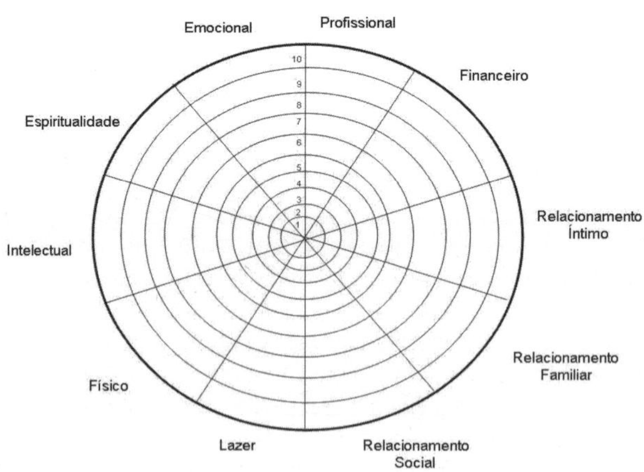


Faça um plano de ação para cada uma delas, com atividades concretas. Por exemplo: nota 2 para Saúde. Plano de Ação: nos próximos sete dias agendarei um *check-up* com o cardiologista e marcarei horário com meu dentista.

Faça esse mesmo plano de ação para todas as áreas onde achar que precisa dedicar mais tempo e cumpra-os, para que sua roda comece a girar.

**Valores e Missão de Vida**

Você está parada no farol, um trânsito terrível, muito frio lá fora, quando, de repente, vem uma criança, estende a mão lhe pedindo uma moeda em troca de um saquinho de balas. Qual sua reação?

- Imediatamente fecha os vidros e balança o dedo como quem diz "hoje não tenho" e pensa "não posso continuar contribuindo com a pobreza deste país", além de ter a certeza de que tem um marmanjo escondido abusando desta criança.

Ou:

- Aquela cena dá uma fisgada no seu coração, seus olhos se enchem de água, pensa como será a vida daquela criança e ainda se lembra do seu filho que está em casa, quentinho. Pensa também nas injustiças deste país, na desigualdade social e, com certeza, irá fazer sua parte: pega uma moeda que está no console do seu carro, abre o vidro, chama a criança, dá a moeda para ela e diz: "não quero a bala não, pode ficar com o dinheiro". A criança agradece e diz, com um sorriso no rosto: "Deus lhe abençoe". Você prossegue todo feliz, com a certeza de que fizera sua parte e já garantiu um lugarzinho no paraíso.

Você sabe o que o moveu para determinada atitude? O que o fez escolher em balançar os dedos negativamente ou abrir o vidro e oferecer sua moeda? Foi influenciado por aquilo que nos move a todo o momento e que faz com que tomemos todas as decisões em nossa vida: nossos valores. Eles decidem se casamos ou ficamos solteiros, se teremos filhos ou levaremos uma vida mais independente, se teremos o segundo filho, constituindo assim uma grande família, ou se optaremos pela melhor educação para um apenas; se trabalhamos incansavelmente para dar o melhor para nossa família ou se escolhemos ganhar menos e passar mais tempo com eles, enfim... Todas as nossas escolhas são norteadas pelos nossos valores.

Valores são nossas crenças e convicções adquiridas com nossa história e com as pessoas que passaram por ela.

E você, sabe quais são os seus valores? Sabe o que te move na vida? O que norteia seus comportamentos e atitudes? Vivemos em uma busca constante pela tão esperada felicidade, mas nem sabemos por onde começar a procurá-la. Comece descobrindo seus valores.

Mas é tão simples assim? Se estiver disposto a refletir sobre si mesmo, já é um grande passo.

Agora, então, quero ajudá-lo a descobrir seus valores para que possa tomar decisões mais acertadas.

Pense nas três últimas decisões importantes que tomou em sua vida e que o tenha deixado muito feliz. Deixe passar um filme pela sua cabeça, lembre-se dos sentimentos e sensações.

Agora responda a seguinte pergunta: por que isso é importante para você? Repita esta pergunta várias vezes, até chegar a uma sensação.

Vou exemplificar com um caso fictício: uma pessoa decidiu trocar seu emprego (onde tinha status, bom salário, benefícios e estabilidade) para abrir seu próprio negócio.

Perguntei por que motivo esta escolha havia sido importante para ela, ouvindo como resposta: "Porque eu não queria mais ter a quem me reportar. Preciso de liberdade e autonomia".

Pronto, cheguei às sensações: liberdade e autonomia. Esta pessoa encontrou dois dos seus valores. Agora encontre os seus!

Após esta reflexão, vamos descobrir a sua Missão de Vida, pois é a missão, junto de seus valores, que irão nortear suas escolhas, que o fará tomar decisões mais conectadas com seu eu, fazendo com que sua luz interior apareça aos olhos do mundo e o faça brilhar, contagiando outras pessoas. Será seu mapa, seu caminho a seguir, o motivo pelo qual está vivo.

Agora, para começar este caminho, responda as seguintes perguntas: por que eu acordo todos os dias? Sendo quem eu sou, que diferença faço no mundo? Se nos encontrássemos daqui uns 20 anos, o que gostaria de me dizer que construiu na vida?

Com estas perguntas, construa seu legado. Pode ser uma frase com duas ou três linhas.



Por último, trace planos de curto, médio e longo prazo para que tudo que declarou realmente aconteça na prática. E cada vez que não cumprir com sua meta, se pergunte: Esta atitude está me levando mais perto ou mais longe do meu propósito de vida?

Com estas descobertas, certamente se tornará mais capaz de saber equilibrar o tempo que dedica a cada uma das áreas da sua vida. Com este plano traçado, reflita se está dedicando tempo suficiente para ir de encontro à sua missão.

Será que não deveria balancear o tempo que dedica ao trabalho, com aqueles momentos únicos com sua família e amigos? Será que não deveria voltar a fazer uma atividade física? Será que não está na hora de rever velhos amigos e cultivar suas amizades? O tempo é o mesmo: o dia continuará com 24 horas, o mês com trinta dias e o ano, 365. O que tem que mudar é a forma como lida com o tempo. Não se deixe engolir, é você quem administra seu tempo, e não ele quem administra sua vida. Você é dono da sua vida e fruto das suas escolhas. Então, escolha agora!

Se não conseguir fazer estas reflexões por conta própria, procure a ajuda de um profissional, mas nunca desista de encontrar sua felicidade.

Não existe fórmula mágica, mas sim a magia da vida trazendo novas possibilidades, fazendo com que façamos escolhas mais ou menos adequadas, alinhadas aos nossos valores, crenças e missão de vida. Sempre que escolhemos algo, perdemos algo também e, como dizia nosso grande mestre, "tudo não terás".

Faça escolhas conscientes e lembre-se de olhar para dentro de si. É lá que encontrará a resposta para o tão esperado equilíbrio.

## Nivia Maria Cecchi



Formada em Psicologia pela Universidade São Judas Tadeu, especialização em Psicoterapia de abordagem Reichiana. Realiza *Coaching* Executivo e de Vida, com Formação pelo ICI (Integrated *Coaching* Institute) e pela Sociedade Brasileira de *Coaching (Personal & Professional Coaching)*. Em sua trajetória profissional atuou como Psicóloga Clínica, sendo responsável pelo Espaço Ser & Crescer, que atua com programas voltados para a qualidade de vida. Possui 16 anos de experiência na área de Recursos Humanos tendo atuado em empresas multinacionais de grande porte, sendo especialista em Recrutamento & Seleção, Treinamento e Desenvolvimento Humano. Apaixonada por desenvolvimento humano, fez a transição para carreira de Consultora, onde hoje é Sócia Diretora da Conseiller Soluções em Gestão de Pessoas. Especialista em desenvolvimento de programas para formação de Líderes, com especialização pela FGV em Dinâmica Organizacional, atua também ministrando treinamentos comportamentais de motivação, *feedback*, tomada de decisão, relacionamento com cliente, seleção e jogos por competências.

**Contatos:**
www.rhconseiller.com.br
ncecchi@rhconseiller.com.br
(11) 9914-7992

# Anotações

# 29

# Por que tempo, produtividade e projetos?



Elaborar cronogramas que contemplem todas as sequências, durações, coordenações, equipes de talentos, recursos e principais marcos faz com que a gestão do tempo acelere os trabalhos, crie sinergia e aumente os resultados

**Norah Bugano**

Por que, ao pensarmos em tempo e projetos, pensamos em recursos? Tempo e recursos otimizam resultados e exercitam o **pensamento empresarial**, tornando-o **inteligente e rentável**. Idealizar, pensar e realizar! É no círculo **virtuoso** que o século XXI está inserido com qualidade, produtividade e felicidade. A empresa, os talentos, os clientes, os fornecedores e a sociedade merecem.

Para elaborar projetos, consideramos as seguintes fases:

**Conceituação:** levantamos dados, identificamos necessidades, estabelecemos objetivos, calculamos riscos, analisamos viabilidades, criamos estratégias, estimamos recursos, desenvolvemos experiência-piloto, corrigimos falhas e apresentamos a proposta do projeto.

**Planejamento:** desenvolvemos o projeto, definimos a sua estrutura, as células empresariais e os talentos. Estabelecemos estratégias, políticas, orçamentos, processos e procedimentos. Administramos o tempo planejando e programando como e quando implantar, avaliamos riscos, estabelecemos formas de controles, de acompanhamento, de monitoramento e apresentamos novamente aos clientes e parceiros para aprovações. Sistematizamos todo o processo de concepção, planejamento, execução e conclusão.

**Planejamento de recursos:** determina os equipamentos, os recursos humanos, materiais e financeiros. Considerando um planejamento com qualidade, os custos, materiais empregados, serviços realizados, prazos intermediários e finais, apresentação física dos trabalhos com definições de atividades, de resultados esperados, de parâmetros de qualidade, **é preciso** que tudo seja assimilado e realizado, para que os objetivos sejam alcançados com o padrão de qualidade esperado.

**Execução:** estabelece os requisitos técnicos detalhados onde todos os processos e procedimentos devem ser rigorosamente utilizados e monitorados. O tempo administrado através de cronogramas com definições de prazos, responsabilidades, coordenações e a administração de custos com eficácia, são fatores primordiais para o êxito do projeto.

**Conclusão:** em todo projeto planejamos, executamos, monitoramos para acompanhar a qualidade e fazer as correções necessárias para atuarmos de forma precisa. Corrigir a rota sempre que necessário e, em tempo real, é essencial para garantir a qualidade, a *performance* dos resultados.

Na conclusão fazemos a avaliação global e transferimos a responsabilidade, total ou parcial para a célula mater dar continuidade. Todo projeto deve ser documentado, os seus resultados avaliados, as verbas e orçamentos redimensionados. O **projeto** não é propriedade de uma célula empresarial e não pode estar somente na mente e no coração de seus idealizadores e realizadores, mas sim, **fazer parte do acervo cultural e técnico das empresas** em que está inserido.

**Todo projeto deve ser documentado:** documente para evitar o retrabalho e não precisar diluir os lucros e resgatar informações históricas e técnicas através de pesquisas intermináveis.

**Conflitos:** na conceituação e no planejamento, os conflitos surgem na definição de prioridades, de procedimentos e de programação. Na execução surgem nos cronogramas, nas programações, nos padrões técnicos e com os talentos da empresa, com os parceiros e clientes internos e externos. São conflitos como a não assunção do papel de agente de mudança, o dimensionamento inadequado dos sistemas de controle e a falta de percepção na classificação do ciclo de vida dos produtos e serviços. Na conclusão são conflitos de personalidade e de poder.

É muito importante para o êxito do projeto que todos os processos sejam estabelecidos e aplicados. Uma relação cliente x fornecedor transparente e ética, padrões de relações profissionais elegantes e estéticas fazem com que o diálogo e a negociação ocupem o espaço do conflito. A relação tem que ser ganha x ganha. A falta de visão estratégica, de treinamento, de apoio da diretoria e dos empresários acarreta erros muito graves; retrabalhos levam o projeto ao insucesso. **Pense**.



**Estrutura do projeto:** deve contemplar finalidade, objetivo global, objetivos específicos, metas, justificativas, principais riscos e desafios, resultados esperados, impacto causado nos clientes e na sociedade, ligações com outros projetos, relações com fornecedores, recursos utilizados em quantidade, em tempo, orçamentos, medidas de desempenho para a qualidade, monitoramento e avaliação do projeto. A estruturação inteligente harmoniza os talentos, a empresa, os gerentes, com um sistema de comunicação eficaz e com a implementação das atividades, administrando o tempo, atingindo as metas e executando os processos dentro dos cronogramas e prazos previstos.

**Gestor do projeto:** tem que possuir e/ou adquirir algumas habilidades como liderar, comunicar, negociar prazos e recursos, ter proatividade, persuabilidade, liderança e confiabilidade. Forma a equipe considerando algumas características pessoais em seus talentos, como automotivação, criatividade, inovação, comprometimento com os resultados, confiabilidade, responsabilidade, persistência e inteligência emocional.

É muito importante considerar a interdepedência na execução de cada etapa. Através do **sequenciamento sistêmico**, a rede de atividades é processada e todos os gargalos, inflexibilidades e usos inadequados de recursos são identificados, reconhecidos e corrigidos em tempo real, evitando o retrabalho que significa prejuízo, custo de tempo e de orçamento, corroendo a produtividade, a lucratividade e a felicidade. Toda empresa feliz é motivada e estimulada! **Incorpore**.

**A programação e os processos** são etapas que detalham as fases com qualidade, estabelecendo datas e prazos, correções de rotas, provisões de esforços e resultados, adequação e alocações de recursos. Para gerar condições para a programação e os processos, precisamos detalhar a criação do projeto. Planejando e definindo os recursos e as atividades, estimando a sequência, duração e custos, elaborando cronogramas, definindo tarefas, responsabilidades, orçamentos para, só então, desenvolver o plano de ação necessário à execução do projeto.

**O trabalho sistêmico fornece o desenho do projeto e a macrovisão essencial para as tomadas de decisões.** A flexibilidade para replanejar garante a qualidade dos resultados em tempo real. A delegação da autoridade, de forma coerente e segura, multiplica a sua *performance*.

Importante: **delega-se autoridade. A responsabilidade é intransferível**. É sempre dos gestores dos projetos. Quando você delega, está delegando poder e assumindo os riscos da delegação. Quando você delarga, está abandonando o projeto. Delegar, sim, a tarefa certa para a pessoa certa e na hora certa. Delargar nunca. Use a sua **inteligência emocional**.

A interação e a integração da equipe aliadas a um sistema de comunicação eficaz, a facilidade para identificar gargalos e pontos críticos, para avaliar alternativas, administrar o tempo e tomar decisões são **ferramentas essenciais para a pedagogia da qualidade total do projeto**.



Elaborar cronogramas que contemplem todas as sequências, durações, coordenações, equipes de talentos, recursos e principais marcos faz com que a gestão do tempo acelere os trabalhos, crie sinergia e aumente os resultados. Sinergia é fazer mais com menos: menos tempo, menos esforço, maior motivação, maior *performance*, melhor produtividade e melhor qualidade. Todos os processos do planejamento devem estar em um único documento coerente e consistente que sirva de base para a implementação. **Sistematize**.

O projeto deve usar as **ferramentas do planejamento estratégico**. Responder as perguntas: o que, para quem, por que, quando, onde e como fazer. Deve contemplar o impacto que causa na sociedade, no meio ambiente e a sua responsabilidade social. A empresa que nasce pensando nesses aspectos, independentemente de tamanho, assegura a perenidade. A empresa do século XXI é **geradora de conforto e bem-estar aos clientes** e, com certeza, será escolhida pelos serviços que presta à sociedade, uma vez que a tecnologia, a qualidade e os preços são cada vez mais disponíveis e competitivos. **O diferencial é o cuidado e o respeito ao meio ambiente e a responsabilidade para com a sociedade**.

Representamos graficamente o projeto através das sequências das etapas que compõem o fluxo das atividades. O **fluxograma** é uma das ferramentas que fornecem visão global, da concepção até a conclusão, permitindo conexões entre os diferentes passos das atividades do projeto. Pode ser usado tanto na elaboração como na avaliação de um processo em execução. Identifica possíveis falhas que ocasionam problemas. O comparamos com a maquete na construção de uma casa. É como e onde melhor se visualizam as falhas e os pontos de estrangulamentos.

Durante a execução, **monitoramos** processos complementares como fluxo de distribuição de informações, desenvolvimento de equipe, asseguramos a qualidade dos serviços prestados, a seleção e manutenção de parceiros, fornecedores e administramos contratos.

Os projetos são acompanhados através do **monitoramento** dos objetivos, dos fatores críticos de sucesso, dos pontos-chaves, da visão do cliente, dos parceiros internos e externos, do fluxograma, da melhoria contínua das atividades e da excelência dos processos.

**Administramos o tempo** monitorando cronogramas: datas-chaves, prazos e atividades críticas, folga e erro zero, previsto x realizado, No orçamento: itens com alto custo, receita x despesa, gastos previstos x realizados. Na tecnologia: aquisições, treinamento e desenvolvimento, atividades conclusivas, evolução técnica, compatibilidade do planejado x produzido. Os relatórios de desempenho avaliam e comunicam como os recursos e os prazos foram utilizados.



Durante o projeto poderão surgir mudanças causadas por **fatores externos** sobre os quais não temos controle. Nesses casos corrigimos as rotas, analisamos os impactos e atuamos. São **fatores de sucesso** da atividade de **controle** a simplicidade na coleta de informações, nas ações compatíveis com a realidade e que vão ao encontro das expectativas dos clientes. Os **fatores críticos** presentes previnem a produtividade, o sistema de comunicação e garantem a qualidade, a objetividade, o poder de síntese e a abrangência dos fatos.

As **reuniões de acompanhamento** devem ser planejadas e executadas com prazos definidos para que o desempenho seja avaliado, os desvios corrigidos, as alterações necessárias realizadas e as vitórias comemoradas.

**Pós-implantação**: avaliamos a documentação, o processo de gestão, a qualificação e quantificação no alcance das metas e objetivos, riscos, custos e o desempenho dos talentos.

A **confiabilidade** que o projeto imprimiu é o símbolo de qualidade. A sua significância é o **parâmetro** para a realização de novos projetos com simplicidade, à prova de falhas, com componentes, métodos e processos comprovados e **aprendizado** para a **evolução contínua** do **desenvolvimento sustentável**. A assunção desse conceito é vetor para a **perenidade.**

**Atue nessa construção. Concretize.**

Muito obrigada, caros leitores, e até breve!

## Norah Bugano



Diretora da Bugano e Colombi, assistente social, pós-graduada em Administração, consultora há 20 anos nas áreas de Projetos, Planejamento Estratégico, Gestão, Recursos Humanos e Vendas para clientes de grande, médio e pequeno porte em empresas multinacionais e nacionais. Parceira do Sebrae/SP. Foi parceira da Fiesp/Ciesp, P.C.F. e Zank Fairbanks. Gerenciou Desenvolvimento de Recursos Humanos na Digirede; Recursos Humanos na Cambuci; Administração de Pessoal na Fepasa/Araraquara e Benefícios e Serviço Social na Metafil Condutores Elétricos, Mangels e Laborterápica Bristol. Fez parte da equipe que implantou a estrutura salarial da Fepasa. Analista de desenvolvimento gerencial na Sabesp e Fepasa. Reativou e coordenou a Diretoria de Treinamento e Desenvolvimento da APARH. Publicou artigos no Estado de S. Paulo, Folha da Manhã e Revista R.H. Participou, entre outros, do Seminário Internacional de Avaliação e Sistematização de Projetos da Abrinq.

**Contatos:**
norahbugano@terra.com.br
(11) 9254-9367

# Anotações

# 30

# O valor do amanhã: como estabelecer objetivos para auxiliar na tomada de decisão



As pessoas, em geral, tomam decisões financeiras, porém nem sempre analisam as alternativas e consequências antes de decidir. Estabelecer objetivos nos auxilia na administração e gestão do tempo, além de favorecer a tomada de decisões. O amanhã chegará para todos, por isso precisamos nos preparar hoje com decisões financeiras inteligentes para usufruirmos da velhice de maneira digna

**Ricardo de Amorim Hermes**

Nem sempre aquilo que tem valor para uma pessoa, necessariamente é valoroso para outra. Temos o sentimento de valor muito ligado aos nossos desejos, ao nosso caráter e ensinamentos recebidos. Por exemplo, alguém valoriza o fato de estar em família nos fins de semana, enquanto outra pessoa valoriza o momento do trabalho ou lazer.

Podemos afirmar que esses são valores intangíveis. Domeneghetti (2009) afirma que o ativo intangível de uma empresa só tem valor se for percebido e qualificado pelas pessoas que interagem com a empresa. Elementos como transparência, ética, clareza estratégica e foco são fundamentais ao sucesso das empresas, desde que possam ser percebidos.

Neste artigo, trataremos sobre tomar decisões, principalmente decisões financeiras, considerando os objetivos traçados a partir de princípios e experiências. O objetivo é ampliar a consciência e a percepção necessárias para uma ação financeira responsável e preparação adequada para o futuro, com direcionamento para as decisões inteligentes. Fazer isso nos possibilita economizar tempo, diminui preocupações e nos traz mais felicidade e qualidade na vida!

Tomamos decisões de toda ordem, e as nossas decisões financeiras influenciam a nossa vida em todas as áreas, dentre elas: física, emocional, profissional e os relacionamentos interpessoais. Para tomar as melhores decisões, precisamos reconhecer primeiramente o nosso valor. É sempre bom que as pessoas saibam que são necessárias, e é ótimo saber que o que temos a oferecer tem valor.



As pessoas geralmente cometem o erro de se concentrar demais nas próprias fraquezas. Porém, quando os pontos fortes de alguém são ressaltados, destaca-se a sua singularidade e cria-se um ambiente de influência. Esse ambiente é altamente favorável para a tomada de decisão.

Frequentemente, os indivíduos se encontram em carreiras muito distantes daquelas nas quais realmente desejavam e esperavam atuar, mas continuam, pois não conseguem enxergar alternativas. Essa decisão de permanecer se deve à dependência financeira gerada pelas responsabilidades assumidas, à falta de capacitação ou de oportunidades, até que alguém lhes ofereça uma chance de usar seu talento como elas realmente queriam fazê-lo desde o início.

A motivação verdadeira para qualquer decisão financeira exige ação, emoção e inteligência. Dentro de uma empresa, todos precisam de princípios para lastrear suas expectativas, decisões e ações. Conforme descreve Domeneghetti (2009), o maior objetivo financeiro de uma empresa é maximizar a riqueza de seus acionistas.

Costa (2007) nos dá um conceito de objetivo: "São resultados quantitativos ou qualitativos que se propõe a manter, ao longo do tempo, como medidas objetivas de verificação do cumprimento e da manutenção das estratégias estabelecidas". Enquanto que Hammond (2004) diz que "os objetivos formam a base de avaliação para as alternativas existentes" e, ainda, que "os objetivos estabelecidos guiam todo o processo decisório, desde a definição de alternativas até o resultado, passando pelo exame de opções e pela análise da escolha final". Além disso, Costa (2007) afirma que existem campos de investigação para a determinação de objetivos desenvolvidos historicamente, que buscam o mesmo fim: a pesquisa operacional e a gestão científica – "na prática, isso é expresso na forma de três objetivos inter-relacionados: converter dados em informações significativas, apoiar a tomada de decisões e criar sistemas de solução úteis para usuários não técnicos".

Para estabelecermos nossos objetivos pessoais e financeiros, devemos nos fazer três perguntas:

- O QUE realmente queremos?
- QUANDO queremos?
- COMO queremos?



Para conhecermos e definirmos o que realmente queremos, temos que conhecer a nossa realidade financeira, calcular e pagar o preço daquilo que queremos e, certamente, abrir mão de outras coisas. Precisamos definir o que é essencial e estipular objetivos alcançáveis. O fato de não decidir já é uma decisão. Portanto, lembre-se: temos que decidir.

Para definirmos quando queremos, é preciso entender que o momento certo ajuda a tomada de decisões, facilitando que as coisas aconteçam de acordo com o planejado. Podemos estar desejosos de coisas nobres, mas pode ser que não seja o tempo certo de recebermos. Exemplos: dirigir um carro, mas para uma criança ou adolescente está fora do tempo; ser médico, mas sem autorização não pode exercer a profissão.

Para termos ideia da necessidade, por exemplo, de guardarmos dinheiro enquanto estamos em idade economicamente ativa, o censo realizado pelo IBGE em 2010 demonstra aumento na longevidade do brasileiro. Essa demonstração nos diz que viveremos mais tempo, e para isso precisaremos de cobertura para sustentar financeiramente nossa sobrevivência. Uma solução é guardar dinheiro hoje para usufruirmos de maneira digna do nosso futuro, uma vez que na velhice deixaremos de ter a renda do trabalho.

Outra importante consideração e que nem todas as pessoas se preocupam: *como conquistar seus objetivos?* O ser humano é insaciável, sempre quer mais e faz qualquer coisa para alcançar seus objetivos. Só que as pessoas ao seu redor e que convivem com você sabem onde está e como chegou até lá. Portanto, vale a pena alcançarmos nossos objetivos de maneira justa, sempre considerando a maneira certa de alcançá-los.

Mankiw (2009) apresenta princípios de economia que explicam que, assim como uma família, uma sociedade precisa tomar muitas decisões financeiras. Uma das decisões é a de como gerenciar os seus recursos, que são escassos. A seguir, os princípios econômicos de Mankiw (2009) que dependem apenas de uma decisão individual.

1) Sempre enfrentamos **conflitos de escolhas:**

"Nada é de graça". Para conseguirmos algo, precisamos abrir mão de outra coisa. Exemplo: uma nação precisa decidir entre investir em segurança ou em comida. A segurança é importante, mas sem alimentação uma nação não subsiste. Então, chegamos a um conflito. Nem sempre conseguimos fazer ambas as coisas da maneira que gostaríamos.

2) Existe o custo de **oportunidade:**

Significa saber quanto vale aquilo de que você abre mão para obter outra coisa. Exige comparar os custos e benefícios das possibilidades. Exemplo: cursar faculdade ou ter mais tempo para a família e praticar esportes? Cursar a faculdade exigirá mais do seu tempo, então o custo de cursar a faculdade não se limita ao valor da mensalidade, mas ao tempo em que não estará com sua família ou praticando seu esporte favorito.



3) Sempre pensamos na **margem;**

Nossas decisões raramente são "preto ou branco", geralmente têm tons de cinza e nos levam às dúvidas. Uma coisa é certa: o benefício tem que ser maior do que o custo. Exemplo: no jantar não pensamos entre "jejuar ou comer até morrer", mas se aceitamos mais um pedaço de carne ou paramos por aqui.

4) Reagimos sempre a **incentivos:**

O comportamento muda quando os custos e os benefícios mudam. Exemplo: decidir entre maçã ou pera. A decisão é pelo preço, porém o consumidor decide pelo mais barato, enquanto o produtor tende a decidir pelo que lhe dará mais lucro. Se o preço de determinado produto cai, enquanto o de outro similar sobe, existe um conflito interessante: o consumidor comprará aquele que está mais barato, enquanto o produtor produzirá aquele que está mais caro e que poderá lhe proporcionar maiores ganhos financeiros.

Além de analisarmos nossas decisões financeiras por esses princípios, a experiência é um forte fator a nos conduzir à melhor decisão. Não precisamos experimentar tudo o que está ao nosso alcance. Por exemplo, sabemos os resultados maléficos do consumo de drogas;

também sabemos o efeito positivo da prática de exercícios físicos. A experiência de outra pessoa é muito importante para nossa decisão. Mesmo assim, existem situações em que apenas nossa experiência terá valor. A experiência nos permite tomar decisões adequadas.

Conforme Hammond (2004), "aprenda com a experiência. Não permita que fatos passados o limitem, mas aprenda com eles. Descubra o que outros fizeram em situações semelhantes e, caso já tenha se deparado com situações similares, considere as opções que tinha em mente naquela ocasião".

Uma das armadilhas ocultas na tomada de decisão é a do custo irrecuperável. Hammond (2006) afirma que a maioria de nós já caiu nessa cilada. "É o que ocorre quando nos negamos a sair com prejuízo de uma aplicação em ações ou em fundos de investimento, perdendo a chance de investir em algo mais atraente. É tão difícil se libertar de decisões anteriores porque não estamos dispostos a admitir que erramos. As formas de evitar essa cilada exigem esforço consciente para deixar de lado qualquer custo irrecuperável, seja psicológico ou financeiro, que turve seu raciocínio sobre a decisão". As providências sugeridas por Hammond (2006) nos livrariam da armadilha do custo irrecuperável, que são:



- Peça opinião de alguém experiente, sem envolvimento.
- Entenda por que é tão perturbador reconhecer um erro. Pode ser problema de autoestima. Decisões inteligentes também podem ter consequências ruins. Warren Buffet aconselha: "Quando estiver num buraco, o melhor a fazer é parar de cavar".
- Avalie a *qualidade* de suas decisões, não apenas os resultados.

As decisões tomadas hoje influenciarão o amanhã. Os recursos financeiros que guardarmos hoje certamente serão muito úteis no futuro, quando desfrutaremos de nossa velhice. Hammond (2004) diz para observarmos se realmente compreendemos as consequências das alternativas antes de tomar uma decisão. Caso contrário, ele afirma que certamente o faremos mais tarde e pode ser que não fiquemos muito satisfeitos.

**Referências**


- COSTA, Eliezer Arantes da. *Gestão estratégica*. São Paulo: Saraiva, 2007. 424 p.
- DOMENEGHETTI, Daniel. *Ativos intangíveis*. Rio de Janeiro: Elsevier, 2009. 304 p.
- HAMMOND, John S.; KEENEY, Ralph L.; RAIFFA, Howard. *Decisões Inteligentes*. Rio de Janeiro: Elsevier, 2004. 228 p.
- ______________________. *Tomada de decisão: Armadilhas ocultas na tomada de decisão*. Harvard Business Review, São Paulo, páginas 84 a 93, janeiro/2006.
- MANKIW, N. Gregory. Introdução à Economia. São Paulo: Cengage Learning, 2009. 852 p.
- www.ibge.gov.br/home/presidencia/noticias/noticia_visualiza.php?id_noticia=1717&id_pagina=1

# Ricardo de Amorim Hermes



Pós-graduado no MBA em Gestão de Negócios pelo Ibmec Brasília/DF; graduado em Administração pelo Centro Universitário de Brasília - UniCeub. Atua na área comercial de captação de recursos do Banco Cooperativo do Brasil - Bancoob S.A. Profissional especialista em produtos de investimento.

**Contatos:**
ricardoahermes@gmail.com; ricardoh@bancoob.com.br
(61) 9248-0311

# Anotações

# 31

# É impossível administrar o tempo!!!



Você deve achar que estou louco e que não tenho noção do que estou escrevendo, uma vez que optei por um título como este, mas é o que eu acredito. É impossível administrar o tempo

**Roberto Hirsch (Bob Hirsch RR)**

## Roberto Hirsch (Bob Hirsch RR)

É impossível administrar o tempo! Nenhum de nós pode fazer isso. O tempo já está administrado e definido há muito tempo. Cada dia tem 24 horas, cada hora 60 minutos e cada minuto 60 segundos. Por isso falamos que o tempo é **inelástico**, já que não pode ser "alongado ou esticado"; **perecível** e **irrecuperável**, já que não pode ser estocado ou armazenado e uma vez que tenha passado não poderá ser utilizado; **pessoal e intransferível**, já que só pode ser vivido de maneira individualizada e diferenciada; **irreversível e constante**, pois se não utilizado, não volta atrás e decorre sempre com a mesma velocidade; **inalienável e equitativo**, pois todos os seres humanos possuem o mesmo tempo e é distribuído igualmente, independente de sexo, idade, escolaridade, saldo bancário, profissão ou qualquer outro critério que se deseje. E, talvez o lado que mais assusta algumas pessoas, ele é **limitado**, já que decorre da própria limitação da vida, que é finita. Como disse Steve Jobs: "*...Lembrar que estarei morto em breve é a ferramenta mais importante que eu encontrei para me ajudar a fazer escolhas na vida e tomar decisões. Porque quase tudo – todas as expectativas externas, todo o orgulho, todo o medo de me envergonhar ou de errar – caem diante da morte, restando apenas o que realmente é importante. Lembrar que vou morrer é a melhor maneira que eu conheço para evitar a armadilha de pensar que tenho algo a perder...*".

Como disse o grande mestre Peter Drucker, "*o suprimento do tempo é absolutamente inelástico. Seja qual for a quantidade da demanda, o suprimento não crescerá. Não há preço para o tempo. E mais, o tempo é inteiramente perecível e não pode ser estocado. O tempo de ontem está perdido para sempre e não voltará jamais. Por isso o suprimento do tempo é excessivamente deficiente*".

Se não podemos administrar o tempo, então o que nos cabe fazer? Nos cabe administrarmo-nos no tempo. Somente podemos nos organizar ao longo das horas, dos dias, dos meses e aí administrarmos nossas vidas, atividades, trabalhos, ações e relações nestes intervalos de tempo. Com isso, teremos uma grande probabilidade de alçar uma qualidade de vida melhor e mais equilibrada.

Mas, como tornar o tempo nosso aliado e não inimigo?

A recomendação básica é uma só: estabeleça direção e, principalmente, prioridades.

O que pretendo dizer com "direção" ao falar de organização pessoal?

Pretendo dizer que o nosso olhar, ao invés de ser no relógio, deve ser o de olhar uma bússola.

Isso mesmo, esqueça o relógio e pegue uma bússola. Mais do que controlar as horas, os minutos e os segundos do dia, uma boa gestão do tempo exige, prioritariamente, a definição clara do rumo que você deseja dar à sua vida e à sua carreira. Dessa definição resultará tudo mais: dias menos desgastantes, compromissos respeitados, tarefas realizadas no prazo programado, metas alcançadas com serenidade, além de convívio saudável com a família. Essa é, na opinião dos principais estudiosos em gestão do tempo, a estratégia mais eficiente para quem sonha em assumir as rédeas da situação e, por que não, de sua vida. Agendas, relógios, *palms* e computadores, tidos por muita gente como a solução para o problema, são apenas ferramentas eficientes que poderão auxiliá-lo a alcançar esse objetivo.

E a importância de estabelecer *prioridades*?

Este será o foco de nosso artigo daqui por diante, pois apresentaremos sugestões que contribuem para a organização pessoal em qualquer contexto da vida.

A importância do estabelecimento de prioridades decorre do fato de que nem tudo tem a mesma importância, tornando-se preciso fazer escolhas de acordo com as prioridades eleitas.

Listamos abaixo possíveis ações que contribuem com a organização pessoal:



- **Criar rotinas** – Ajuda a desenvolver disciplina e reduz a dispersão, aumentando a eficiência. Por exemplo, no trabalho, reserve "horas específicas" para ler e responder aos e-mails, evite lê-los a todo o momento, pois isso gera desperdício de tempo. Evite as tarefas "picadinhas".

- **Diante de qualquer circunstância, sempre planejar** – Distribuir o tempo pelas diversas atividades de seu trabalho, bem como prever o tempo necessário para cada uma delas é um passo obrigatório. O primeiro passo é começar planejando o dia seguinte. Crie o hábito de fazer isto todo dia, confrontando com os resultados alcançados nos dias anteriores, o que é uma maneira objetiva de saber como e onde o seu tempo é empregado. Tome cuidado, pois o excesso de planejamento é tão prejudicial quanto a sua falta. O aconselhável é planejar apenas 80% do seu tempo, deixando como reserva os 20% restantes para as situações inesperadas. Seja mais flexível diante das circunstâncias. O dia a dia está cheio de contratempos. Uma dose de flexibilidade permite fazer alterações necessárias, sem perder o foco e o humor.

- **Aprender a dizer "não"** – Pessoas com dificuldade em dizer **"não"** acabam desrespeitando suas prioridades, criando dificuldades para si, para os outros e para as relações profissionais. Saber dizer **"não"** é a forma mais eficiente para acabar com os desperdiçadores de tempo. Em nossa cultura brasileira há um tabu em torno do **"não"**. A tendência é a substituição do **"não"** pelo "talvez", "quem sabe", "vamos ver", "vou ver o que posso fazer", "volte amanhã" etc., gerando não só o desperdício de tempo, como também o péssimo hábito de criar falsas expectativas. Em geral, essas pessoas apresentam baixo nível de assertividade, elevada necessidade de aceitação e preocupação constante em agradar os outros. A dificuldade em dizer **"não"** está ligada, entre outros fatores, a questões emocionais e educacionais, tais como: desejo de agradar as pessoas; desejo de ajudar os outros; crença de que a concordância constante gera melhores perspectivas de promoção; falta de justificativa (como se para dizer **"não"** fosse preciso justificar esse **"não"**); temor de represália; falta de objetivos e prioridades; querer parecer competente.

• **Desistir de ser perfeito, ser humano** – Pessoas que indicam acentuada tendência a dar importância a detalhes irrelevantes, ser exigente consigo e com os outros, dificuldade de elogiar e reconhecer, criam um clima de constante desmotivação na equipe. Os perfeccionistas estão sempre procurando erros e defeitos, provocando temor, insegurança e insatisfação consigo e com os outros. Ocasionam, além disso, desperdícios de tempo na medida em que têm dificuldade de distinguir entre o supérfluo e o necessário. O bom é inimigo do ótimo, como diz um conhecido ditado popular. A perfeição tem justificativas ligadas a um alto grau de exigência da pessoa consigo mesma e, por extensão, com os outros. Necessariamente, o perfeccionista quer que "o outro" faça como ele faz, por acreditar que "seu jeito" não só é o melhor, mas também o único.



• **Ser assertivo ao comunicar-se, transmitindo ideias, instruções, informações ou orientações de forma clara, objetiva e concisa** – As causas mais comuns na ausência de uma comunicação assertiva são relacionadas com a timidez, prolixidade, utilização de linguagem inadequada, informações incompletas, dificuldade de expressão, entre outras. Para que uma informação seja captada com perfeição, é importante que seja transmitida apenas o que for necessário e relevante. A informação concisa economiza tempo e causa maior impacto à pessoa que a recebe. Para se tornar um bom comunicador, é importante que a pessoa seja um bom ouvinte. Ouvir não pode ser algo passivo, mas, ao contrário, uma ação consciente para captar e entender o que a outra pessoa diz.

• **Tomar decisões evitando procrastinar** – Quem tem o hábito de procrastinar, muita das vezes o faz por temor de correr riscos, por falta de autoconfiança, medo de errar, entre outros. Não considerar os efeitos negativos do adiamento das decisões é um enorme desperdiçador de tempo. Tomada de decisão é "o processo através do qual avaliamos alternativas e fazemos uma escolha". A capacidade para diagnosticar a situação é um pré-requisito na tomada de decisão, o que, entretanto, torna-se difícil de ser observado por pessoas que têm o hábito de "fugir da realidade", não vendo os problemas ao seu redor. Vale lembrar que se as questões não forem resolvidas "hoje", terão consequências negativas no futuro, provocando ansiedade e tensão. Considere que não tomar decisão já é uma tomada de decisão, pela qual ainda corremos o risco dos outros decidirem por nós. Na vida, cada escolha gera uma "não-escolha" (perda). Afinal, escolher algo implica abrir mão de outras possibilidades. Aprenda a lidar com esta realidade ou você corre o risco de estar sempre frustrado.



• **Delegar, caso tenha colaboradores** – Alguns gestores revelam tendência à centralização, seja por falta de confiança na capacidade de seus colaboradores, insegurança pessoal (falta de confiança em si), necessidade de sentir-se importante e indispensável etc. Gestores com dificuldade em delegar usam mal o seu tempo e provocam desperdício de tempo dos seus colaboradores, além de atravancar o fluxo dos trabalhos, das decisões e da resolução de problemas na empresa. As causas mais comuns do não delegar são: preferência pessoal pela execução de tarefas, falta de experiência gerencial, insegurança pessoal/profissional, falta de confiança nos colaboradores, perfeccionismo, incapacidade de comunicação, medo da competição, temor de ser considerado incompetente por seu superior, subordinados ou pares e, por fim, necessidade de estar sempre em atividade. Talvez a delegação seja a mais importante ferramenta com que conta o gestor para organizar bem o seu tempo, já que implica no crescimento pessoal e profissional de quem delega e de quem recebe a delegação, já que contribui com o desenvolvimento de relações pessoais e profissionais baseadas em confiança mútua.

Concluindo: mantenha o foco ao decidir sobre o uso do tempo. Foque-se em suas necessidades e na pessoa que você quer ser amanhã. Mudar parece ser difícil, mas você não está sozinho. Invista nesta filosofia de vida.

## Roberto Hirsch (Bob Hirsch RR)

CEO da Opus Soluções Empresariais Ltda, Mestre em Psicologia pela Unimarcos e Psicólogo pela UFMG, Criatividade (*Creative Education Foundation-University* Buffalo-NY-USA), Dinâmica dos Grupos (SBDG). Presidente da Federação Ibero Americana de *Coaching* Executivo (Brasil), Idealizador da Formação Internacional em *Coaching* Executivo Organizacional, base Ontológica, no Brasil. *Coach*, *Master Coach* e Instrutor para programas de formação de *Coaches*, pela Lambent do Brasil, reconhecido pela International *Coaching Community*. Consultoria Sistêmica Empresarial, *Coaching* e Constelações Organizacionais pela Hoffmann & Partners Alemanha / Brasil. Atua como *Coaching* Executivo, de Carreira e de Equipes no Brasil e América Latina. Professor responsável pelo programa MBA Carreiras da ESPM - Programa de *Coach* de Carreira, para alunos dos programas MBA. Facilitador em CRIATÉGIA, junto ao Instituto Latino Americano de Criatividade e Estratégia. Professor do MBA na ESPM, FIA/USP, PUC/PR. Conferencista e Facilitador em Congressos no Brasil e América Latina.

**Contatos:**
www.opussol.com.br
bobhirsch@opussol.com.br
(11) 5565-0685

# Anotações

# 32

# Delegação Responsável



O tempo parece estar cada vez mais escasso. Não podemos guardá--lo nem mesmo comprá-lo. Reflexo disso é a afirmação que escutamos com frequência: "não tenho tempo". Então, o que podemos fazer para aumentarmos nosso tempo e realizarmos tarefas que realmente sejam úteis? Falarei neste artigo sobre a importância da *Delegação Responsável*, como uma das formas existentes para organizar melhor o tempo para que ele se transforme em nosso aliado na vida pessoal e profissional

**Rodrigo Peroni Cecchi**

Se você tem um papel de líder em alguma organização, para que possa delegar com responsabilidade, saiba da importância em explicar todo o processo ao colaborador de sua equipe, para que ele possa ter uma visão macro do trabalho que vai ser realizado, mesmo que sua participação seja apenas em 1/3 da tarefa. O colaborador precisa estar ciente de sua importância dentro da tarefa e da complexidade dos resultados que terão que ser apresentados na entrega final.

Na nossa experiência em coordenar equipes, percebemos que as pessoas gostam de ser escolhidas para ter participações nos projetos, sentirem-se valorizadas e vibram quando o que foi planejado e executado se conclui com êxito. Este resultado acaba gerando maior satisfação e um grupo mais integrado, interessado e confiante nas tarefas subsequentes. Traga o grupo de trabalho para perto de você, explique, ouça, dialogue, ensine e acompanhe. Sem dúvida trará benefícios imensuráveis, gerando uma maior satisfação para o trabalho.

Para lhe ajudar a entender como delegar tarefas para sua equipe, segue uma lista com o fluxo passo a passo:

1. Analisar a(s) tarefa(s);
2. Escolher a quem delegar a tarefa de acordo com a maturidade da equipe;
3. Nomear o(s) escolhido(s);
4. Instruir a(s) pessoa(s), definindo a tarefa de cada um;
5. Definir prazo de entrega;
6. Controlar, verificando possíveis falhas no caminho;
7. Avaliar, ou seja, examinar o que foi pedido e o que foi entregue;
8. Dar *feedback* à equipe sobre o resultado.

Alguns gestores podem encontrar dificuldades ao delegar tarefas para a sua equipe, passando a executá-las ele mesmo, o que, na maioria das vezes, gera insucesso dos resultados. Abaixo, seguem alguns dos problemas encontrados pela falta de delegação:

- Não acreditamos em nossa equipe, somente em nós mesmos;
- Medo de perder o poder, posição e/ou cargo;
- Medo do sucesso de outra pessoa;
- Interferência no trabalho de seu delegado, acreditando que irá sobrecarregá-lo;
- Sentimento de inveja, tendo receio que um de seus colaboradores apresente algum trabalho inovador, que o gestor ainda não havia pensado. O gestor se sente ameaçado e aquele colaborador começará a se tornar "adversário".

Se você, gestor, se percebe com tais sentimentos, consciente ou inconsciente, comece a repensar seus conceitos e seus comportamentos diários, pois poderá trazer consequências desagradáveis para sua vida profissional e pessoal.

Planejar a agenda diária e semanal é uma prioridade para a delegação de tarefas, tornando assim a *delegação responsável* mais objetiva, clara e eficiente. Se você tiver uma agenda sobrecarregada e desorganizada, não terá tempo para delegar e acompanhar os seus delegados.

Vejamos algumas atitudes que consideramos positivas para se ter êxito na *delegação responsável*:

- Confie em sua equipe e em você;
- Reconheça o esforço de sua equipe, recompense e, principalmente, elogie;
- Aproxime-se de sua equipe sem deixar de ter a responsabilidade de controlar;
- Conheça por completo sua equipe, a experiência, o conhecimento, o poder de criação de cada membro;
- Se expresse bem com seus colaboradores, tentando passar exatamente o que está sendo solicitado e o que você quer de resultado;
- Seja honesto com sua equipe quando algo não está correndo do jeito que gostaria;
- Dê *feedback* franco e construtivo;
- Permita que erros possam acontecer e vibre com resultados positivos.



Se você for um gestor que tiver alguns ou todos os comportamentos citados acima, concluímos, por nossa experiência, que você está no caminho certo e sua equipe agradecerá.

Outro ponto importante para que possa delegar com responsabilidade, é conhecer a maturidade de sua equipe e, para isso, apresentamos o "quadrante da maturidade", para que você melhor utilize em sua equipe.

No quadrante **M1**, ainda está na fase de **Orientar**. Pense que é alguém que ainda não conhece a tarefa. No **M2**, o funcionário já conhece e executa determinada tarefa, portanto já é possível **Ensinar**. No **M3** é necessário apenas **Apoiar**. Nesta fase, o funcionário já entende a tarefa e só procura o líder para algum esclarecimento. Por fim, no **M4** você já pode **Delegar**. Neste momento o funcionário já executa a tarefa sozinho e apenas apresenta o resultado ao líder. É neste nível que deverá delegar tarefas, sabendo que elas serão entregues a alguém com maturidade.

| **M2 – Ensinar**<br>Explicar suas decisões e oferecer oportunidade de esclarecimentos.<br>Maturidade: **moderada/alta** | **M1 – Orientar**<br>Fornecer instruções específicas e supervisionar estritamente o seu cumprimento.<br>Maturidade: **baixa** |
|---|---|
| **M3 – Apoiar**<br>Trocar ideias e facilitar a tomada de decisões.<br>Maturidade: **moderada/alta** | **M4 – Delegar**<br>Transferir a responsabilidade das decisões e da sua execução.<br>Maturidade: **alta** |

Se os mesmos não estiverem preparados para determinada tarefa, haverá a necessidade de dedicar mais atenção e tempo, o que, futuramente, reverter-se-à em mais tempo para você, seja para realinhar sua agenda, resolver problemas mais importantes, enfim, lhe deixando com maior flexibilidade e controle.

Para que a delegação responsável seja eficiente, não se esqueça que ao delegar as tarefas aos membros de sua equipe, estas devem ser controladas e supervisionadas. Essa supervisão deve estar sempre acompanhada da evolução das tarefas delegadas. Daí você me pergunta: uma equipe que já está no M4 pode retroceder a outros graus de maturidade? A resposta é sim, pode acontecer. Este é o seu papel como líder, o que chamamos de Liderança Situacional, ou seja atua com sua equipe de acordo com a maturidade de cada um, transitando entre eles, conhecendo cada um, para saber o que dar e o que esperar da sua equipe.

É importante frisar também que não se delegam decisões estratégicas de longo prazo, tampouco questões confidenciais, que consideramos ser importante que se mantenham sigilosas, pois normalmente são assuntos de graus superiores e estratégias maiores. Isso dependerá exclusivamente das normas da companhia aonde você trabalha.

A lealdade com sua equipe lhe trará mais confiança e comprometimento, tanto da parte do gestor, quanto da parte da equipe, isso dará cada vez mais força para a realização das tarefas. É importante também deixar explícito à sua equipe que você, como gestor, obtenha informações confiáveis e reais, criando assim uma lealdade das partes. Também deve comprometer-se com eles em estar sempre passando as informações corretas, confiáveis e reais, para que sempre permaneça um vínculo de confiança entre a equipe.

Pode surgir uma dúvida: será que eu delego ou "delargo" as tarefas? Bom, explicarei a diferença básica entre delegar e "delargar". Delegar é realizar a distribuição das tarefas, acompanhar, conhecer sua equipe, seu grau de maturidade e todas as demais dicas que descrevi neste texto. "Delargar", por sua vez, é distribuir tarefas à sua equipe sem saber se ela tem capacidade, habilidade e se está preparada para entregar o resultado que você espera. Não conhecer o potencial de sua equipe é bastante típico de "delargar".

O que o Gestor precisa ter em mente é que delegando as tarefas, aumentarão proporcionalmente as suas responsabilidades, pois além de já ser o responsável pela tarefa, ele também será responsável pela condução de sua equipe.

Um gestor descentralizador ganha mais tempo para pensar, planejar futuras tarefas e tomar decisões sem estar sob pressão, diminuindo a porcentagem de erros em suas decisões e, com certeza, melhorando os resultados da sua equipe e de sua área. O gestor tem que ter a consciência que não conseguirá fazer tudo sozinho, até porque não existe uma tarefa só acontecendo. Na maioria das vezes, diversas coisas acontecem durante o período em que está acordado e, na realidade, são várias as tarefas simultâneas que tem que estar delegando, controlando, supervisionando e entregando.

Delegue com responsabilidade e irá perceber que a frase "não tenho tempo" irá desaparecer aos poucos do seu vocabulário, trazendo uma sensação de alívio e tranquilidade para que seu poder criativo possa ser colocado em prática em prol dos resultados da organização e da sua qualidade de vida.

Para finalizar tenho uma dica importante: se você tem dificuldade para delegar, comece primeiro delegando pequenas coisas, atividades mais simples, que considera de menor importância. Com a confiança que irá adquirindo na equipe, vá aumentando o grau de complexidade das tarefas. Isso trará mais confiança para você e para seus funcionários. Com este "tempo livre", com certeza conseguirá chegar mais cedo em casa, dedicar mais tempo para sua família, fazer uma atividade física e cuidar da sua saúde, prezando pelo atleta mais importante desta maratona contra o tempo: você!

# Rodrigo Peroni Cecchi



Pós-graduado em Administração de Empresas pela UNIFEI, pós-graduado em Marketing pela UNIFEI, MBA Nacional FGV Comércio Exterior e Negócios Internacionais, MBA Internacional Irvine USA, Califórnia. Sócio e Diretor da empresa Intergard do Brasil, sendo responsável pela área de Comércio Exterior, tendo como principais responsabilidades a implementação de vendas e distribuição dos produtos para o Comércio Internacional. Também é sócio da Conseiller Soluções em Gestão de Pessoas, responsável por ministrar palestras e treinamentos de Técnicas de Vendas e Negociação e Negócios Internacionais.

**Contatos:**
www.rhconseiller.com.br
ncecchi@rhconseiller.com.br
(11) 9628-8859

# Anotações

# 33

# Gestão do Tempo e saúde mental: Síndrome de *Burnout*

Este artigo relata uma breve análise a respeito da Gestão do Tempo e sua associação com a Síndrome de *Burnout*, suas consequências para a saúde física e mental das pessoas, organizações e sociedade, além de sugerir estratégias para uma gestão mais assertiva do tempo. Pode até conter informações óbvias, mas quando esquecemos o que de fato é importante em nossas vidas, sermos relembrados do óbvio torna-se vital

**Sílvia Rodrigues**

"Hoje levantei cedo, pensando no que tenho a fazer antes que o relógio marque meia-noite". Tempos modernos? Não!

Charles Chaplin disse isso há décadas, mas este pensamento levanta comigo todos os dias. Abro os olhos de manhã, olho para o relógio. O tempo não para!

Falar sobre administração do tempo nos remete imediatamente à ideia de escravidão ao relógio. Mas, administrar bem o tempo não é se tornar refém e sim tomar posse dele para fazer as coisas que são importantes. Parece simples, mas não se engane, o processo não é nada fácil. Também não é impossível, desde que se queira fazê-lo.

São muitas as nossas prioridades: saúde, profissão, família, relacionamentos, lazer, dinheiro, etc. Administrar o tempo a ser investido em cada uma delas é uma arte que exige um olhar cuidadoso.

Alegar não ter tempo é demonstrar dificuldade em estabelecer prioridades, pois o tempo é democrático. As 24 horas disponíveis são as mesmas para todos. O problema não é a falta dele, mas a maneira como é utilizado. A grande dificuldade está em determinar o que, de fato, é importante e prioritário para cada um de nós.

Vivemos na era do conhecimento e de mudanças tão rápidas, que nossa capacidade de administrá-lo não só se tornou garantia de empregabilidade e produtividade, mas também tornou-se fundamental à nossa saúde física e mental. O progresso nos trouxe uma infinidade de informações e altas tecnologias, mas também trouxe o estresse. Parece que estar estressado e "em cima da hora" virou uma norma do mundo atual.



Não podemos eliminar o estresse de nossas vidas, mas devemos administrar melhor as situações de pressão, pois níveis intensos e prolongados de estresse no trabalho são sinônimos de adoecimento.

Foi o caso de A.L.:

Uma jovem de 29 anos, profissional de alta *performance*, graduada em Administração e pós-graduada em Gestão de Vendas foi promovida a Executiva de Vendas numa grande empresa.

Atrelados a um ótimo salário e benefícios pertinentes ao cargo, vieram também aumento de responsabilidades e níveis intensos de cobranças.

Com necessidade de provar sua capacidade aos colegas e, principalmente, a si mesma, o que era motivação transformou-se em compulsão por desempenho. Ficava até mais tarde na empresa e levava trabalho para casa nos finais de semana.

Sentia-se obrigada a fazer tudo sozinha. Delegar tarefas era algo impensável.

O trabalho era visto como a única e verdadeira medida de seu valor e autoestima.

Com dificuldade de concentração, muitos pontos importantes do seu trabalho foram "esquecidos" e A.L. desenvolveu uma total descrença em si mesma.

A sensação de vazio interior e incapacidade tornaram-se constantes.

Afastou-se dos amigos e os passatempos se transformaram literalmente em "perdas de tempo".

Mais adiante passou a apresentar sintomas de depressão, desânimo, oscilações de humor, déficit de memória e baixa autoestima.

Sentia dificuldade para dormir, cansaço constante, dores de cabeça frequentes, taquicardia, bem como distúrbios digestivos.

Eram sintomas que A.L. atribuía à falta de tempo e a uma jornada de trabalho excessiva.

Após peregrinação a vários médicos, veio o diagnóstico: *Síndrome de Burnout!*

Esta síndrome, ainda em fase de pesquisas em todo o mundo, tem sua referência no verbo inglês "*to burn out*", que significa esgotar-se, consumir (queimar, literalmente) até o fim. Algo que deixou de funcionar por absoluta falta de energia.

Pioneiro nos estudos da síndrome, Herbert J. Freudenberg (1974) a definiu como sendo "um estado de esgotamento físico e mental, cuja causa está intimamente ligada à vida profissional".

O modo como os sintomas se manifestam varia muito de pessoa para pessoa. Uns manifestam sintomas psíquicos, outros físicos ou ambos, dificultando assim o diagnóstico precoce.



O desenvolvimento da síndrome é atribuído a uma predisposição individual associada à vivência em ambientes profissionais considerados estressantes.

Inicialmente, foi observada em profissionais da área da saúde, os que trabalhavam diretamente com situações de ajuda e contatos interpessoais mais exigentes, como médicos, psiquiatras, e enfermeiros. Posteriormente foi detectada em professores. E, atualmente, em profissionais de empresas cujo ambiente exige grandes demandas emocionais, regido por altos níveis de pressão.

Além de afetar a saúde desses trabalhadores, sua qualidade de vida e de seus serviços, a doença causa prejuízos financeiros para as organizações devido ao alto índice de absenteísmo, licenças médicas e aposentadorias precoces.

Tenho percebido, através da minha vivência profissional, o quão crescente e preocupante é a demanda destes profissionais que buscam ajuda em total estado de esgotamento e desorganização pessoal.

A grande maioria apresenta um perfil típico de desrespeito aos limites físicos e emocionais, luta constante contra o tempo, preocupação exagerada com prazos e insatisfação pessoal. Além de dificuldades em estabelecer prioridades, metas e, principalmente, em utilizar seu tempo de maneira assertiva.

Não raro, vem sendo associados à síndrome o uso abusivo de álcool e outras drogas, bem como ideações suicidas.

É preciso buscar o equilíbrio entre tensão e relaxamento, o que não acontece com os afetados pela síndrome que, por motivos internos, submetem-se a sobrecargas crônicas de estresse.

Será mesmo necessário chegar a este nível de exaustão para entender o quão é importante este equilíbrio? A boa notícia é que há estratégias e ferramentas para consegui-lo!

**Tratamento de A.L.**

O tratamento e os procedimentos usados no caso de A.L. tiveram como base teórica a Terapia Cognitiva e o *Coaching*.

**Plano Pessoal – Relembrando o óbvio**

*Só você pode escolher o que é melhor para si mesmo, portanto:*

- Comece com uma reflexão pessoal, questione quais comportamentos lhe trazem prejuízos.
- Mude aquilo que precisa e pode ser mudado.
- Tenha coragem de correr riscos e sair da sua zona de conforto.
- Respeite o ritmo do seu organismo, ele tem uma inteligência própria.
- Perceba quantas vezes disse "sim" quando queria mesmo era ter dito "não".
- Valorize-se! Pare de se criticar e de se comparar negativamente com outras pessoas.
- Estabeleça suas prioridades. Em que lugar de sua lista você e sua família estão?
- Não espere ficar esgotado e preso em uma cama para repensar em seu modo de vida.
- É preciso mais que querer mudar. É preciso disciplina e dedicação.
- Divirta-se, a vida não é feita apenas de trabalho. Dê alimento à sua alma.
- Preste atenção aos seus sintomas. Eles lhes mostrarão onde iniciar as primeiras mudanças.
- Mantenha bons relacionamentos, isto provoca a sensação de pertencimento afetivo.
- Respeite seus sentimentos, são eles que nortearão suas escolhas.
- Administre melhor o seu tempo. Use-o em seu favor!



**Plano Profissional - Saindo da zona de conforto**

- Entenda que a maneira como você vem "funcionando" pode adoecê-lo e que alguns princípios que o nortearam até então precisarão ser reavaliados.
- Marque um horário consigo mesmo com o objetivo de listar todas as pendências pessoais e profissionais.
- Após listagem, enumere de acordo com a sua prioridade, entendendo como prioridade aquilo que é importante e urgente. Importantes são ações que contribuirão para que você atinja os objetivos maiores de vida. E urgentes, aquelas que precisam ser feitas independente dos seus objetivos de vida.
- Na lista das importantes devem constar seus projetos de vida, o que quer e precisa fazer a curto, médio e longo prazo. Dedique mais tempo a elas. Coloque seus objetivos, estabeleça as ações necessárias para atingi-

-los e o tempo reservado para cumpri-las. Mas, defina ações e tempo de maneira realista, isso evita frustrações.

• Evite "deixar para amanhã". Tarefas urgentes podem não ser tão motivadoras. Se puder, delegue-as a um subordinado. Caso contrário, faça-as você mesmo. Assim elas não o estressarão toda vez que olhar para elas.

• Atue primeiro nas tarefas onde tenha a certeza de que obterá êxito. Isto o motivará e agregará valor em sua autoestima.

• Agende tarefas mais complicadas e que exigem maior esforço para o período e horário onde produz melhor. Respeite seus horários internos.

• Evite anotações em papéis avulsos. Habitue-se a fazê-las em sua planilha ou agenda.

• Limpe sua mesa, arquive documentos pendentes, encaminhe os que não são de sua competência ao setor responsável e elimine papéis sem utilidade.

• Procure escrever e-mails deixando claro no assunto qual é o seu objetivo, complementando no texto as informações necessárias também de maneira concisa.

• Prefira, sempre que possível, um e-mail a um telefonema, você ganhará tempo e manterá registradas as negociações realizadas.

• Limpe sua caixa postal resolvendo as pendências. Caixa Postal lotada é entulho virtual!

• Priorize trabalhar sem interrupções para concentrar-se numa determinada tarefa.



Atualmente A.L. está muito bem, sua autoestima melhora a cada conquista, fazendo-a perceber que o sucesso profissional não é a sua única fonte de medida de valor. Trabalha na mesma empresa, conseguiu otimizar seu tempo profissional e, consequentemente melhorar sua qualidade de vida. Melhorou sua alimentação e sono, passou a fazer caminhadas, *yoga*, resgatou antigas amizades, retomou seu curso de espanhol e voltou a frequentar cinemas.

A.L. gentilmente autorizou-me a publicar o seu caso no intuito de compartilhar sua experiência.

**Considerações finais**

Importante ressaltar que não existem fórmulas mágicas e infalíveis que tragam resultados imediatos. No entanto, é possível ajustar técnicas e modificá-las de acordo com a nossa realidade. Melhorando de três a quatro pontos em nossa rotina, já teremos uma melhora significativa.

Administrar o tempo é, acima de tudo, administrar internamente a nós mesmos e nossas escolhas. Pode parecer insensato afirmar que tudo depende de nossas escolhas, que temos a vida que escolhemos, mas fazê-las é a única forma que temos para viver bem as 24 horas que ganhamos de presente a cada dia que amanhece.

Ousando plagiar Charles Chaplin, eu diria:

*Amanhã me levantarei cedo pensando no melhor que posso fazer para ser feliz, antes que o relógio marque meia noite.*

## Sílvia Rodrigues



Psicóloga graduada pela Universidade Metodista de São Paulo (UMESP), com aperfeiçoamento em Terapia Cognitiva Comportamental (Ciclo CEAP) e Terapia Cognitiva (ITC). Presta atendimento clínico a adolescentes e adultos. Atualmente, trabalha no Centro de Atenção à Saúde Mental Espaço Reviver - Cambuí- MG. Possui formação em *Coaching* Estrutural pelo Instituto Desenvolvimento Potencial Humano (IDPH) e atua como *coach* de vida e empresarial. Além de atuar como facilitadora em treinamentos, realiza também palestras em empresas, instituições públicas e escolas, abordando o tema "Trabalho e Saúde Mental", entre outras. Ministrou na PUC-Campinas uma prática sobre Autoestima e sua Importância vinculada ao Projeto de Práticas de Formação da Universidade. Possui artigos sobre comportamento humano publicados em jornais locais e participação em antologias poéticas e ensaios literários, entre eles: "Escrevendo Mulheres" – "*Sonhos*" - Ed. Casa do Novo Autor – SP.

**Contatos:**
psicoclinic@bol.com.br
(11) 8535-0344

# Anotações

# 34

# Objetivos e prioridades na gestão do tempo



Diariamente as pessoas recebem a mesma quantidade de tempo, porém algumas conseguem melhor utilizá-lo. Alguma fórmula mágica? Não. Administrar o tempo é uma importante competência para se atingir o sucesso profissional e o pessoal. Esteja atento para alguns pontos essenciais que contribuem para o melhor aproveitamento do tempo: planeje as atividades, delineie os objetivos, organize-se e, depois, faça

**Sylvia Ignacio da Costa**

Um dos grandes problemas do mundo moderno é a falta de tempo. "O tempo voa", "Não tenho tempo para nada", "O tempo é meu maior inimigo", "Corro atrás do tempo", dentre outras, são algumas das desculpas que tentamos dar quando não conseguimos realizar uma determinada atividade, tanto na vida pessoal como na profissional.

Acreditamos que se o dia tivesse 30 horas, conseguiríamos organizar a nossa vida. Essa situação reflete o nosso dia a dia e o de milhares de outras pessoas.

O que fazer, então, para que o tempo seja utilizado de forma eficaz?

Conforme afirma Drucker (1974), "o tempo é o elemento mais escasso, e se não puder ser controlado, nada mais poderá sê-lo. A análise do próprio tempo, além disso, é o único caminho facilmente acessível e sistemático para analisar o próprio trabalho e descobrir o que é realmente importante nele".

Resta-nos, portanto, a conscientização de que não podemos alterar determinadas situações.

Entender como utilizamos o tempo, nos leva a alcançar os objetivos e metas que nos propomos.

Devemos estar preparados para operacionalizar mudanças em nossos hábitos e rotinas, alterando aqueles que influenciam negativamente no desenvolvimento das nossas atividades.

Lewis Carroll, em *Alice no País das Maravilhas*, observa os problemas referentes à compreensão do tempo, no diálogo entre os personagens Alice e Chapeleiro Maluco:

*– Você já adivinhou a charada? – Perguntou o Chapeleiro, virando–se novamente para Alice.*

*– Não, eu desisto – Alice respondeu. – Qual é a solução?*

*– Eu não tenho a mínima ideia – disse o Chapeleiro.*

*Alice suspirou entediada.*

*– Eu acho que você deveria fazer coisa melhor com seu tempo em vez de gastá–lo com charadas que não têm resposta – disse ela.*

*– Se você conhecesse o Tempo tão bem quanto eu conheço – respondeu o Chapeleiro –, não falaria em gastá–lo como se fosse uma coisa. Ele é uma pessoa.*

*– Eu não sei o que você está dizendo – disse Alice.*

*– Claro que não! – Disse o Chapeleiro, sacudindo a cabeça. – É muito provável que você nunca tenha falado com o Tempo!*

*– Talvez não – replicou Alice, cautelosamente –, mas eu sei que tenho de marcar o tempo quando aprendo música.*

*–Ah! Isso explica tudo! – Concluiu o Chapeleiro. – Ele não vai ficar marcando compasso para você. Agora, se você ficar numa boa com ele, poderá fazer o que quiser com o relógio.*

Não existem segredos para se utilizar o tempo com eficácia, porém a observação de aspectos que podem interferir no controle do tempo é, para muitos, uma caixa de surpresas.

Ao se considerar que o tempo que passou não volta e que um dia tem 24 horas, como administrar algo sobre o qual não temos controle? De forma objetiva, essa análise é verdadeira, porém, se analisarmos subjetivamente, entenderemos que utilizar da melhor forma o tempo que nos é dado é algo que depende de nossa atitude.

Segundo Krausz (1986), a Administração do Tempo começa com a maneira pela qual utilizamos o nosso tempo, com o que não nos satisfaz e de que forma desejamos mudar. Considera, ainda, que resistir às mudanças é uma característica do ser humano, uma vez que situações novas tendem a criar incertezas, insegurança e até mesmo ansiedade, razão pela qual aqueles que apresentam dificuldades em mudar buscam justificativas para tal ação. Entre tais justificativas, podem–se citar: "Assim que tiver tempo vou tratar disto", "Isto não funciona comigo" ou "Não quero transformar–me em um robô".

Mackenzie (1991) afirma que o tempo é um recurso invisível e único, pois é finito.

"O relógio não pode ser adiantado ou atrasado. O tempo é o único recurso que deve ser gasto no instante em que é recebido e deve ser gasto a uma taxa fixa: sessenta segundos por minuto, sessenta minutos por hora".



Observa–se, assim, que administrar o tempo não é uma tarefa fácil, porém, segundo especialistas em gerenciamento, se compreendermos os fatores que provocam o desperdício do tempo, será possível encontrar soluções que facilitem obter uma melhor produtividade. Devemos nos gerenciar com relação ao tempo, controlando como o usamos. Tempo desperdiçado é tempo perdido e não pode ser recuperado.

Vários são os fatores denominados "desperdiçadores do tempo" ou, para muitos, "ladrões do tempo", que consomem o nosso dia, porém dois desses, que requerem análise e reflexão, estão relacionados às dificuldades em se estabelecer objetivos e prioridades para as atividades.

Nenhum resultado pode ser alcançado a partir da premissa de que o acaso é responsável pelas nossas realizações. Também é importante considerar que o mundo gira em uma velocidade cada vez maior e, mesmo controlando as nossas ações, não temos controle sobre as consequências das escolhas que fazemos.

Segundo Krausz (1986), "o tempo empregado no planejamento de amanhã traz retorno rápido, não só em maior rendimento do próprio tempo, como também em eficácia, qualidade dos resultados, satisfação pessoal e sentimento de competência".

Entender a importância de se planejar é essencial para atingir os objetivos que propomos para a nossa vida, pessoal e profissional.

Para Mackenzie (1991), os objetivos efetivos devem possuir alguns atributos.

• Ser exigente: "não torne seus objetivos muito fáceis; você estará enganando a si próprio". Um objetivo exigente nos desafia a fazermos o nosso melhor.

• Ser realizável: "os objetivos que são claramente impossíveis, destroem o moral e matam a motivação." Objetivos fora da realidade podem contribuir para que venhamos a desistir de nossos propósitos.

• Ser específico e mensurável: "caso seu objetivo seja vago e não especificado, como saberá quando o tiver atingido?" Os objetivos concretos permitem identificar se atingimos o sucesso que buscamos.

• Ter um prazo: "Um objetivo sem um prazo é um sonho". Quando não estipulamos prazos, a probabilidade de atingir o nosso propósito é bastante reduzida.

• Ser escrito: "caso não seja, é muito fácil ser esquecido". A memória nem sempre é nossa melhor companheira e pode nos trair.

• Ser flexível: "não se prenda teimosamente a algo que não é mais possível." Ajustes são necessários e precisamos estar preparados para reexaminar os objetivos. Nem sempre estamos no controle das situações.

A utilização mais eficaz do tempo aumenta o progresso quanto à consecução dos objetivos.

Segundo Covey (1994) "mais importante do que a velocidade com que está se locomovendo, é a direção que você está tomando."

Considera o autor que as dificuldades estão em se definir as prioridades. Ao defini–las evitamos as situações que nos levam a "apagar incêndios". Deixamos de agir de forma mecânica, simplesmente como um robô, o que leva à sensação de que somos atropelados pelos ponteiros do relógio.

O que fazer, então, para enfrentarmos águas tão turbulentas? Existe um salva–vidas pronto a nos acudir sempre que sentirmos que o naufrágio é evidente?

O abismo parece estar próximo, porém se refletirmos sobre a importância de se planejar, se compreendermos o que realmente é urgente e importante em nossas vidas, veremos que não existem fórmulas mágicas, mas, sim, mudanças de atitude.

Covey (1989) considera que "para colocar as coisas mais importantes em primeiro lugar, é fundamental deixar de reagir ao que é urgente e passar a entender e fazer o que é importante." Assim, devemos reconhecer o que é importante e trabalhar de maneira proativa e priorizada.

O que é urgente exige nossa atenção imediata, se impõem a nós. Para o autor, "Os assuntos urgentes normalmente são óbvios. Eles nos pressionam; insistem para que alguma providência seja tomada."

O que é importante tem a ver com resultados. "Se algo é importante, contribui para nossa missão, nossos valores e metas prioritárias. Nós *reagimos* a questões urgentes. As questões importantes que não são tão urgentes exigem mais iniciativa, mais proatividade. Precisamos *agir* para aproveitar as oportunidades, para fazer com que as coisas aconteçam."

Ação e reação, palavras que muitos não consideram importantes, mas que façam toda a diferença quando associadas à maneira como utilizamos o tempo.

Muitas pessoas focam o seu tempo no gerenciamento de crises, não controlam a vida, estão sempre insatisfeitos, sentem–se frustrados, não enxergam uma luz no fim do túnel.

Conforme Drucker, "as pessoas eficazes não vivem voltadas para os problemas, elas vivem voltadas para as oportunidades".

Para a definição de prioridades e de um planejamento adequado, é necessário observar alguns pontos básicos.

Refletir sobre a maneira como o tempo é utilizado permite a conscientização do nosso comportamento atual, analisando a rotina. É importante observarmos como distribuímos o nosso tempo. Para esta análise, podemos recorrer a alguns questionamentos: Faço parte do grupo daqueles que consideram tudo urgente? Consigo diferenciar o que é urgente do que é importante? No final do dia tenho a nítida impressão de ter deixado algo para fazer? Os resultados obtidos estão em conformidade com o planejado? Administrar o caos do urgente requer a reorganização da rotina e a implantação de estratégias a curto prazo.



Se não soubermos o que desejamos para amanhã, como poderemos decidir o que é importante hoje?

Ao planejar o dia de trabalho, teremos condições de estabelecer prioridades. Devemos classificar as atividades por ordem de importância, lembrando de rever as prioridades, uma vez que novas informações podem modificar essa classificação. Realizar diversas tarefas ao mesmo tempo pode prejudicar a concentração. Como consequência, gastaremos mais tempo do dia para refazê–las. Estabelecer objetivos claros, tanto profissionais como pessoais e definir metas equilibradas, de curto e longo prazo, é um exercício que irá contribuir para usarmos o tempo a nosso favor.

Lembrando Benjamim Franklin, "Você ama a vida? Então não desperdice tempo, pois é dele que a vida é feita".

**Referências**

COVEY, Stephen R. *First Things First*. Rio de Janeiro: Editora Campus, 1994.

COVEY, Stephen R. *Os 7 hábitos das pessoas muito eficazes* 30ª ed.São Paulo: Edit. Best Seller, 1989.

DRUCKER, Peter. *O Gerente Eficaz*. Rio de Janeiro: Zahar, 1974.

KRAUSZ, Rosa R. *Administre bem o seu tempo*. São Paulo: Nobel, 1986.

MACKENZIE, Alec. *Armadilha do Tempo – The time trap*. São Paulo: Makron, McGraw–Hill, 1991.

**Sylvia Ignacio da Costa**



Mestre em Administração de Empresas. Graduada em Economia e Administração de Empresas pela UniFECAP. Tem 26 anos de experiência administrativa com ênfase nas áreas de assessoria, comércio exterior e de secretaria executiva, em multinacionais. Professora universitária. Consultora em treinamentos empresariais e organização de eventos. Palestrante em seminários e congressos. Coautora do livro "*Secretária – Um Guia Prático*".

# Anotações

# 35

# A influência do líder no planejamento e na produtividade da equipe



Ser líder requer diversas habilidades, duas delas são a negociação de tarefas e o planejamento adequado das ações para que sua equipe consiga desenvolver as tarefas sem que o estresse negativo interfira nos resultados

**Tânia Zarpelão**

Nos cursos em que trabalho o tema liderança, pergunto aos líderes qual a maior responsabilidade deles junto às equipes, além de trazer os resultados esperados pela empresa. A resposta nem sempre vem de imediato, mas incentivo as pessoas a pensarem naquilo que defendo, pois o líder tem a responsabilidade de desenvolver pessoas. E dentro dessa responsabilidade está a habilidade no planejamento das tarefas para que o tempo seja mais bem administrado e as equipes tenham segurança para a entrega das tarefas solicitadas.

Nos meus 25 anos de experiência direcionada para o treinamento e desenvolvimento de profissionais nas empresas, observei e auxiliei os líderes nas mais diversas áreas do comportamento humano, como: administração de conflitos, liderança, comunicação assertiva, inteligência emocional, administração do tempo, planejamento, condução de reuniões, trabalho em equipe, entre outros assuntos derivados desses.

Nos últimos oito anos passou a existir uma grande demanda para o trabalho de *coach*, também com foco nos líderes dos mais diversos níveis hierárquicos. Observo que entre as maiores queixas desses líderes estão a falta de comprometimento da equipe, a dificuldade em lidar com as gerações mais jovens, como a denominada "Y", e a dificuldade no planejamento e obtenção de resultados.

Do outro lado, porém, estão as equipes, que questionam o papel do líder. Existe uma idealização quanto às expectativas do que esse profissional precisa ser. Os erros cometidos tendem a não ser aceitos, já que ele está onde está, tem que acertar sempre e, principalmente, ter uma visão estratégica do todo.

Uma grande cobrança que recai sobre os líderes, direta ou indiretamente, é a definição adequada de tarefas e suas prioridades junto à sua equipe. As equipes me repassam uma sensação de que a liderança não sabe dizer não e eles que se "virem" para dar o resultado.

Há situações em que a equipe questiona se o líder faz parte da equipe. Esse questionamento, no meu ponto de vista, é preocupante, pois se a equipe não consegue ver seu líder como membro, a motivação para atender à demanda fica abalada e então o líder tem a sensação de que seus colaboradores não estão envolvidos. No fim, todos os integrantes da equipe sentem-se culpados e ninguém se responsabiliza quando algo sai errado.

Os liderados percebem que seus líderes têm dificuldade em estabelecer procedimentos ou mesmo negociar a dilatação de prazos junto aos solicitantes ou com a equipe quando surgem novas demandas no meio de um processo já iniciado. Essa lacuna ocasiona uma sobrecarga nos colaboradores e, diversas vezes, gera a desmotivação.

A falta de planejamento e a dificuldade em negociar passa para a equipe uma imagem negativa do seu líder e insegurança em relação ao tempo que ambos têm disponível para a execução das tarefas.

As lideranças justificam o não parar para planejar com a seguinte frase: "Estamos sobrecarregados e temos que, independentemente das competências, atender às demandas." Com isso, o planejamento acaba ficando para segundo plano, o que em diversas situações obriga todos ao retrabalho.

Esse tipo de situação, se frequente, gera estresse negativo tanto no lado do líder, como no das equipes e em todos os envolvidos no resultado final da tarefa.

O que sempre indico como alternativa para a redução do estresse negativo é a negociação de novas tarefas com base em cronogramas em andamento, pois se ela não acontecer, a administração do tempo e seu planejamento deixam de existir e aparecerá para a organização a imagem de "apagadores de incêndio" e, pior ainda, com qualidade questionável.

Agora, como negociar se tudo para todos é urgente? Bem, quem tem o controle e a noção exata das tarefas que estão em andamento é a liderança. Se isso não estiver acontecendo temos, então, um grande problema para a negociação, pois, como negociar algo se não se sabe das demais atividades e prazos e, principalmente, da competência dos que serão envolvidos?



Considero importante abrir um parêntese e falar brevemente sobre o que é liderança, antes de entrar no tópico negociação para facilitar o entendimento.

Ser líder é mostrar o caminho. Um líder precisa identificar em cada membro da equipe suas competências e o empenho empregado no desenvolvimento de suas atividades, se o líder estiver distante e tratar todos os colaboradores sob o mesmo prisma, terá problemas no resultado final, pois o nível de desenvolvimento é diferente entre as pessoas, mesmo as mais experientes.

Existem momentos em que a falta de *feedback* e de acompanhamento desmotivam. Nessa circunstância, se o líder solicitar mais tarefas sem identificar as necessidades de seus colaboradores poderá criar desânimo, sensação de exploração e, como resultado, o não cumprimento de prazos, que afetará a imagem da área.

Quando o líder está mais próximo da equipe, consegue verificar falhas no início do processo, ajustando o percurso com base nas diversas atividades da sua equipe, recolhendo informações para negociar novas atividades em tempo mais próximo do real. O líder demonstrando interesse pela equipe, possibilita que o entusiasmo apareça, mesmo sob pressão, pois a equipe sabe que o líder fez o possível para amenizar o desgaste de todos.

Os líderes, principalmente os que estão em cargos gerenciais, precisam desenvolver a competência nas relações interpessoais, ou seja, aplicar *feedbacks* mais frequentes, destacando, inclusive, os acertos e as tarefas aproximadamente certas para incentivar a busca pelo resultado final positivo.

Os líderes que estão em cargos de supervisão, coordenação, chefias, encarregados, também necessitam desenvolver competências com foco no relacionamento interpessoal, mas como estão mais próximos das equipes, precisam ter conhecimentos técnicos mais aguçados para dar segurança ao grupo.

Essas habilidades, estando desenvolvidas, facilitarão a análise de novas tarefas e a preparação de cronogramas atingíveis. A influência dos líderes nos resultados é enorme. Quanto mais próximos da equipe estiverem, maior será a clareza no entendimento das possibilidades de o grupo atingir os resultados esperados e, quanto mais distantes, o inverso passa a ser verdadeiro.

Então, como negociar, conseguir estender prazos e dizer não de forma profissional?

Existem algumas frases que, se bem empregadas, poderão auxiliar na análise do prazo solicitado, como:

Quais as consequências que a não entrega no prazo poderá acarretar?

Além desta solicitação há mais duas que também estão com o mesmo prazo. Qual delas é a mais importante?

Com base nas informações que acaba de me passar, deduzo que o projeto "H" poderá ter as datas redefinidas para atender ao projeto atual?

Analisando o cronograma da área e o número de profissionais integrados na tarefa, vejo que para cumprir o prazo terei que contratar terceiros.

Esses questionamentos ou afirmativas, quando colocados de forma técnica e com base em dados concretos, farão com que o solicitante, seja de qual nível for, reavalie a solicitação e junto com o líder estabeleça novos prazos para o projeto novo ou os que já estavam em andamento.

Considero a frase "contra fatos não há argumentos", muito assertiva, pois demonstra que quando o líder tem conhecimento do todo, consegue negociar e demonstrar para sua equipe que também tem "força", influenciando positivamente o grupo.

Observei em muitos líderes que essa competência – negociação – já existe e que a utilizam com habilidade, facilitando significativamente a atividade da equipe. Ainda, quando essa equipe não consegue atingir os resultados esperados, o líder assume a responsabilidade pelo não acompanhamento e redireciona as ações. Isso não quer dizer que esses líderes, ao redirecionarem ações, deixem de reavaliar o planejamento, corrigir o percurso, alinhar outras atividades e, principalmente, definir com seus liderados mais experientes novas estratégias. Pelo contrário, eles demonstraram estar sempre juntos a essas iniciativas.

Quanto maior a facilidade do líder em desenvolver cronograma e *follow up*, melhor será a sua administração do tempo, pois terá controle sobre suas atividades e as de sua equipe. O cronograma oferece a visão geral dos projetos e tarefas desenvolvidas pela área e pelo próprio líder; o *follow up*, por sua vez, é o acompanhamento diário ou semanal das ações individuais da equipe, possibilita ajustes e desgaste menor nas relações interpessoais.

Quando a cobrança da liderança sobre tarefas no *follow up* acontece de forma profissional, o líder adquire maior respeito; a equipe, segurança; e a empresa, resultados.

Noto que muitos líderes querem pôr "a mão na massa" para obter resultados, considerando mais rápido esse tipo de ação do que investir no planejamento, demonstrando em diversos momentos aversão a qualquer instrumento ou ferramenta disponível para a melhoria dos controles. Observei nas mais variadas situações líderes que efetivamente utilizaram algum instrumento para otimizar seu tempo e conseguiram ótimos resultados. Evidentemente, quando saímos de nossa área de conforto, torna-se em princípio mais trabalhoso, mas quando se percebem os benefícios fica muito mais fácil administrar o tempo, seja na agenda, no cronograma ou nas reuniões de *follow up*, mas, se não tentarmos, ficará difícil obter melhores resultados e diminuir o estresse negativo.

Cada um sabe, ou deveria saber, onde o "calo dói", mas se é possível evitar essa dor, por que não?

Líder, conheça sua equipe, identifique as necessidades individuais, negocie prazos, trabalhe com o cronograma e a agenda e, sobretudo, faça *follow up* com o grupo para corrigir a tempo possíveis desvios. Estando próximo das pessoas que trarão os resultados que você espera, a satisfação será maior para todos.

## Tânia Zarpelão

Há 31 anos atua na área de RH, sendo 25 destes dedicados ao treinamento e desenvolvimento de pessoal. Ocupou cargos de gerência e supervisão em empresas de médio e grande porte. Pesquisa, desenvolve e aplica diversos treinamentos, sendo o trabalho em sala de aula dinâmico e produtivo. Desenvolve programas direcionados às áreas: comercial, gerencial, secretaria, telefonia e atendimento, além de cursos focados no relacionamento interpessoal. Desempenha há oito anos o papel de *coach* com líderes nos mais diversos segmentos de mercado. Atua como consultora organizacional no auxílio à melhoria de processos e qualidade nos relacionamentos. É sócio-diretora da Rede-RH Consultoria. Formações: graduada em Ciências Sociais; especialista em RH pela FGV-SP; formação na Coordenação de Grupos pela SBDG; pós-graduada em Jogos Cooperativos pela Unimonte; *coach* pela SBC; *practitioner* em PNL pela Continuum.

**Contatos:**
www.rederh.com
atendimento@rederh.com

## Anotações

# 36

# Regras de ouro para administrar o tempo e viver melhor



O tema *Administração do Tempo* tem apresentado crescente interesse no mundo corporativo por dois aspectos em especial: primeiro, porque a demanda por maior produtividade é a tônica do momento. Segundo, porque a busca pelo equilíbrio entre carreira e vida pessoal é um dos maiores objetivos dos profissionais, segundo as mais variadas pesquisas

**Tom Coelho**

*"Some dance to remember, some dance to forget"*
(Eagles, in Hotel California)

Diante desta necessidade premente, vivida por todos, de melhor administrar o tempo, resolvi que a melhor contribuição que eu poderia trazer a você, leitor, são algumas dicas simples que intitulei como "regras de ouro". Vamos a elas:

1. **Seja sempre pontual**

Há uma falha cultural em nosso país que eu mais reputo como uma falha de caráter: o desrespeito a horários. Curiosamente, parece deselegante ser pontual.

Lembre-se de que autênticos líderes não deixam ninguém esperando para um compromisso agendado. Por isso, tenha sempre em mente que é preferível chegar 30 minutos mais cedo que apenas cinco minutos atrasado.

2. **Espere 24 horas para reagir**

Quando estamos exaltados, tornamo-nos passionais em essência, inclusive aqueles que se dizem movidos pela razão.

Por isso, procure não reagir antes de 24 horas, tomando decisões das quais poderá se arrepender na manhã seguinte. Entre um dia e outro, com uma noite de descanso no meio, o que se mostrou um problema irresoluto surgirá não menor, mas com dimensões reduzidas à sua realidade.

Tenha muita atenção com as palavras que pronuncia nos momentos de irritação. Quando você diz algo que desagrada alguém, pouca valia haverá em se desculpar *a posteriori*. Não importa o que você disse, mas o que ficou depois do que você disse. Aquilo que fica instala-se no peito, dentro do coração, tomando-o por sua morada e de lá não sai mais.

3. **Ninguém está contra você**

A vida tem educado meus olhos a enxergarem a relatividade inerente a fatos e argumentos, bem como meus ouvidos a perceberem a relevância de opiniões contrárias às minhas. Esta flexibilidade, que não significa abrir mão de princípios, mas tão somente não ter compromisso com o erro, é um grande estímulo ao exercício da humildade e, por conseguinte, um antídoto contra a presunção, a prepotência e a arrogância.

E, por compreender que a natureza humana é legitimamente individualista e egoísta, aprendi que raramente as pessoas estão contra mim, pois estão apenas a favor delas próprias. Esta percepção é suficiente para evitar conflitos desnecessários e eleger as batalhas que valem a pena serem travadas.

4. **Exceção não é regra**

Na busca pelo equilíbrio entre vida pessoal e profissional, não podemos ser ingênuos. Há momentos em que precisamos nos doar com tenacidade para alcançar determinados objetivos, cumprir prazos e atingir metas. Isso pode significar refeições feitas em *fast food* ou em frente ao computador, noites em claro ou maldormidas, dias sem comparecer à academia, certa desatenção para com os familiares.

Tudo isso, embora indesejável e não recomendável, pode ser tolerado quando acontece de maneira pontual, por curtos períodos de tempo. O que é inadmissível é que se tornem regra, práticas constantes que conduzam a uma rotina tóxica.

5. **Administre a transição do ambiente profissional para o familiar**

Robert Cooper é um especialista em inteligência emocional e neurociência da liderança. Segundo seus estudos, está comprovado que situações de conflito começam ou se intensificam nos primeiros minutos após o regresso ao lar.

Assim, ao chegar em casa, estabeleça uma zona intermediária de até 15 minutos, período no qual deverá apenas cumprimentar carinhosamente seus familiares com no máximo 25 palavras. Procure desacelerar. Tome um banho, troque suas roupas, beba algo. O diálogo que seguirá será mais ameno, gentil e profícuo.

6. **Gerencie a concentração, não apenas o tempo**

A neurociência confirma que somos maus administradores de nosso tempo e com forte tendência a perder o foco.

Assim, estabeleça uma hora por dia, sem interrupções, para você e, neste intervalo, trabalhe concentradamente em três objetivos específicos, reservando 20 minutos para cada um deles.



A propósito, faça as tarefas mais desagradáveis logo no início do dia, quando sua energia, concentração e disposição são superiores. Até porque, sempre encontramos tempo para fazer aquilo de que gostamos.

Por fim, um *feedback* é importante, mas ele atua sobre um evento passado, aprisionando o cérebro e colocando-o na defensiva. Trabalhe com *feedforward*, ou seja, um impulso emocional positivo para influenciar e mudar de agora em diante.

7. **Evite o duplo manuseio**

Sabe quando você recebe as correspondências do dia, faz uma triagem, inicia a leitura de uma carta e decide interrompê-la para continuar depois em virtude de sua importância? Ou quando recebe um e-mail e começa a respondê-lo, mas opta por transferir a mensagem para uma caixa de pendências, a fim de tratar do assunto apenas depois, porque o tema exige sua atenção?

Pois bem, a cada vez que você novamente pega aquela carta em mãos ou retoma a redação daquele e-mail sem concluir a tarefa, está praticando um duplo-manuseio, ou seja, perdendo um tempo precioso, o que pode convidar a angústia a instalar-se em sua rotina. A regra é começar e terminar!

8. **Administre a energia, não o esforço**

Faça pausas estratégicas de apenas 30 segundos a cada meia hora, e pausas essenciais de dois a cinco minutos no meio da manhã e à tarde, para aumentar sua energia e concentração.

Você pode fazê-lo realinhando sua postura, respirando profundamente, bebendo água gelada, movimentando-se em direção a uma luz mais forte, entrando em contato com paisagens naturais, situações bem-humoradas e expondo-se a mudanças visuais ou mentais. Estas ações podem garantir um incremento de até 50% no seu nível de energia, elevando a produtividade em até 10%. Seja rápido sem se apressar. Mantenha a flexibilidade.

9. **Não espere pelo mundo perfeito**

Busque sempre a excelência, mas atenção com o desejo de fazer o ótimo, pois pode dilacerar a possibilidade de fazer o bom. Não espere pelo mundo perfeito para tomar decisões. Faça o que for possível com os recursos de que dispõe e dentro do tempo que lhe for concedido.

O momento certo para agir é agora. Não de qualquer jeito, não com mediocridade, mas com o máximo empenho possível. Amanhã, como diriam os espanhóis, é sempre o dia mais ocupado da semana.

10. **Ouça sua intuição**

A intuição é um processo inconsciente, uma resposta que precede a própria pergunta, referendando a origem latina da palavra que remete à "imagem refletida no espelho".

Sexto sentido ou não, aprendi a respeitar minha intuição por orientação de minha mãe, que sempre me recomendou a ficar atento aos "sinais", por mais sutis que fossem. Isso não significa necessariamente seguir à risca a intuição para tomar decisões, porém ouvi-la, sem jamais ignorá-la.

11. **Coloque VOCÊ em sua agenda**

Nossas agendas, sejam de papel ou eletrônicas, regem nosso cotidiano, impondo-nos o que faremos, aonde iremos, com quem nos relacionaremos. E, curiosamente, nosso próprio nome não é contemplado nesse planejamento.

Por isso, nada de ter seu nome apenas na primeira página da agenda com sua identificação para que ela seja devolvida em caso de perda. Vou fazer-lhe um convite bastante simples: gostaria que você determinasse um dia por semana, e apenas uma hora nesse dia, que será reservada a você e mais ninguém. Pode ser a primeira hora da segunda-feira, a última da sexta-feira ou outro momento qualquer. O importante é que nesse momento se concentre naquilo que é mais relevante para seus interesses pessoais. Desligue telefones, feche a porta da sala, não receba ninguém – apenas a si próprio.

Dê atenção e oportunidade à pessoa mais importante de sua vida: você mesmo!

12. **Tenha uma agenda de 10 segundos**

Do momento em que você desperta e se prepara para seguir ao trabalho, até seu retorno ao lar, grande parte de seu dia transcorre de maneira mecânica, automática, rotineira.

Por isso, inventei para mim uma nova agenda que gostaria de compartilhar com você. Ela não se compra em papelaria, porque nela não se escreve. Não está disponível em versão eletrônica, porque nela não se digita. Seu custo é nulo, pois não demanda investimento. É uma agenda mental – uma "agenda de 10 segundos".

A cada amanhecer, tenho a certeza de que aquele é o momento a ser vivido. Em que pesem todos os planos, a vida está acontecendo aqui e agora. Por isso, minha agenda deve contemplar somente os próximos dez segundos. Talvez breves, talvez distantes, talvez intermináveis e, talvez, inatingíveis dez segundos.

Essa consciência tem-me permitido agradecer a cada despertar em vez de hesitar em levantar-me. Tem sugerido que eu dê passagem a alguém no trânsito ao invés de brigar por insignificantes três metros. Tem me lembrado de dizer "bom dia" àqueles que me cercam. Tem me proporcionado o poder de resignação e de resiliência diante das inúmeras adversidades que se sucedem. Nem sempre tem sido assim, mas assim tem sido sempre que possível.

13. **Faça de seu trabalho um meio de diversão**

A frase acima pode ser atribuída a Richard Branson, o empresário britânico que preside o *Grupo Virgin*, um conglomerado de empresas com atuação em setores tão distintos quanto música, vestuário, combustíveis e aviação.

Trata-se de um aviso essencial àquelas pessoas que, ao entardecer do domingo, têm uma sensação de angústia diante do início de mais uma semana de trabalho que se avizinha.

É evidente que precisamos ser práticos, pois temos contas a pagar, compromissos a cumprir, entretanto, procure cultivar um trabalho digno e prazeroso, que seja fonte de alegria e não de infelicidade.



14. **Evite as saudades vazias**

Imagine-se daqui alguns anos, com idade já avançada, em um final de uma tarde ensolarada de domingo, recostado em uma cadeira de balanço na varanda de sua propriedade, observando seus netos brincando alegremente ao fundo.

Diante deste quadro, imagens resolvem visitar suas lembranças, aparentemente quase petrificadas em sua retina. Dentre as recordações, subitamente você sente com tristeza a ausência de alguns eventos. Os lugares que não visitou, as viagens que não fez, os pratos que não provou, os presentes que não ofereceu, os abraços que não acolheu, os beijos que não deu ou recebeu.

Estas são as saudades vazias: lembranças imaginárias do que poderia ter sido, mas não foi. Para evitá-las, prefira pecar por excesso do que por omissão.

15. **Aproveite o momento!**

Por fim, viva sua vida de forma extraordinária, com intensidade. Não se trata de aproveitar cada dia como se fosse o último, irresponsavelmente, mas de elevar a qualidade de cada momento, proporcionando a si e oferecendo aos demais o que você tem de melhor.

Tal qual a letra da banda Eagles, que serve de epígrafe para este artigo, alguns dançam para lembrar, outros, para esquecer. Em qual grupo você está?

## Tom Coelho



Com formação em Publicidade pela ESPM, Economia pela USP, especialização em Marketing e em Qualidade de Vida no Trabalho, além de mestrado em Gestão Integrada em Saúde do Trabalho e Meio Ambiente. Atualmente é professor em cursos de pós-graduação, conferencista e escritor com artigos publicados regularmente em 17 países. É autor de *Somos Maus Amantes – Reflexões sobre carreira, liderança e comportamento* (Editora Flor de Liz, 2011), *Sete Vidas – Lições para construir seu equilíbrio pessoal e profissional* (Saraiva, 2008) e coautor de outras quatro obras. Ministra palestras e treinamentos com temas que transitam de qualidade de vida e segurança no trabalho, passando por *marketing* e empreendedorismo, até responsabilidade social e educação. Acumula os cargos de diretor da Lyrix Desenvolvimento Humano, diretor estadual do NJE/CIESP, membro do Consocial/FIESP e fundador-conselheiro da ONG Projeto Viva.

**Contatos:**
www.tomcoelho.com.br
tomcoelho@tomcoelho.com.br

# Anotações

# 37

# Tempo corrido, tempo sentido:

## *24h de tempo no relógio para dar conta de 36h de atividades*

## Parte I



Atualmente, o tempo é um dos bens mais cobiçados e, simplesmente, não pode ser comprado, seja pelo dinheiro que for. O dia tem 24 horas e acabou. Como, então, otimizar o uso desse precioso bem? Eis sobre o que o presente artigo pretende discorrer

**Wagner Galletti Valença**

Quem já se sentiu assim? Poucas horas para o tanto por fazer! E aí vem o estresse: "não vai dar tempo"... "o que faço primeiro?"... "vão pegar no meu pé"... "ninguém consegue" (ou consegue?)... "tempus fugit"!!!

Santo Agostinho, em seu *Confissões*, já nos fez pensar que discutir o tempo é algo muito complicado, pois o tempo parece ser algo simples até que tentemos discorrer sobre ele.

Outros já discorreram sobre o paradoxo do tempo, dizendo que é o recurso mais democrático que existe, pois todos têm 24h, além de ser, também, o mais escasso, pois, passou, passou! Não dá pra recuperar.

A ficção até nos dá, por vezes, alguma esperança de voltar o tempo (H.G. Wells e a *Máquina do Tempo*, o filme *O Feitiço do Tempo*, entre outros), mas não dá pra viver na ficção. Pé no chão (ou no espaço, velocidade e movimento, segundo Einstein e a própria física quântica). Só temos hoje para usar bem, ou melhor, as 24 horas de hoje. Assim, por mais que pareça termos menos tempo, desde sempre ele é igual e assim será, até que a ciência comprove que o universo está, tanto quanto nosso cérebro e sua comprovada neuroplasticidade, em constante expansão. Já existem estudos e algumas evidências desse fenômeno, mas ainda não dá para usar esse argumento no nosso dia a dia...o de que temos mais ou menos tempo.



Será que isto tem a ver com a experimentação do tempo que tivemos na infância, puberdade, adolescência e maturidade?

Para falar sobre o uso do tempo, será perda de tempo discutir o que foi colocado acima? Filosofia? Ficção?

Seja ou não, uma coisa ou outra, refletir só usa parte do nosso tempo, mas traz conhecimento e isso não ocupa espaço. Apenas (apenas?) nos faz começar a pensar em outras dimensões de percepção do tempo e isso, diz minha experiência, facilita o uso do estoque disponível. Nos dá a possibilidade de ativar mais intensamente os nossos dois hemisférios cerebrais (racional e criativo, lógico e intuitivo) e, assim, rever alguns paradigmas.

Administrar o tempo é administrar a vida e fazer dos dois, tempo e vida, o melhor uso possível. Administrar o tempo agrega qualidade à sua vida.

Sendo assim, como gerenciar nossas 24 horas (já que, fisicamente, elas continuam valendo as mesmas 24 que sempre conhecemos)?

O trabalhador do futuro dividirá seu **tempo livre**, que tende a ser maior, em algumas áreas de cuidados: cuidado com o corpo e a mente ou lazer e desenvolvimento intelectual; cuidado com família e amigos, com a coletividade (exercício mais intenso de cidadania); cuidado com o ócio.

Que tal começar hoje com alguma faxina?

De rotinas, hábitos, pensamentos e, por que não, de algumas tarefas? Rever paradigmas.

Vou fazer apenas mais para o final algumas recomendações de

ações e atitudes, porque ainda quero provocar algumas reflexões sobre aspectos e considerações que interferem na nossa percepção e no uso do tempo.

Uma delas é sobre o direito ao ócio: já está comprovado que precisamos desse tempo, antes chamado de tempo discricionário, na minha interpretação. Quem acha que ócio é perda de tempo e assim pensa e diz "*eu, profissional sério, jamais me permitiria ficar à toa*", é bom rever este entendimento: ócio não é ficar à toa e, para não ficar fazendo você "perder" tempo (lembra que só tem 24 horas/dia?), procure ler um pouco, no seu *horário de ócio*, os trabalhos de Paul Lafargue, Bertrand Russel e, mais atualmente, Domenico de Masi sobre a importância de viver o ócio.

Outra reflexão tem a ver com o avanço das pesquisas e algumas comprovações da física de que as 24 horas de hoje, são sim, menores que antes. A expansão do universo pode alterar a medida física da dimensão do tempo.

Gary Steigman, professor da Universidade do Estado de Ohio, Estados Unidos, já comentou que, diferentemente do que previam as leis de gravidade formuladas por Isaac Newton e revisadas por Albert Einstein, o Universo está em expansão.



Outros estudiosos afirmam que a Terra está girando em torno do seu eixo imaginário com maior velocidade.

Considerando que a unidade de tempo que utilizamos é a do dia solar (24h), que é o giro do planeta em relação ao Sol, temos que saber que existe também o dia sideral (23h56m04s), que é o giro da Terra em relação ao espaço sideral. Essa constatação já dá evidências de mais uma hipótese de percepção do tempo a ser considerada, além das citadas anteriormente.

Nossa noção de passagem do tempo deriva, segundo alguns autores, do movimento de objetos, pessoas, sinais naturais e da repetição de eventos cíclicos, como o nascer e o pôr do sol (fatores externos), ou a fome, o sono e  o cansaço (fatores internos). Se alguém tirar estes sinais sensoriais da nossa vida, simplesmente perdemos a noção da passagem do tempo. Não dá para negar o quanto isso interfere na nossa percepção de tempo.

Esta constatação fez com que, por exemplo, fossem retirados os relógios na maioria das UTI(s) dos hospitais para que os pacientes não tivessem a leitura (percepção) do tempo passando e que, com isso, a angústia em permanecer no ambiente fosse aumentando.

*"A percepção do tempo também é impactada por questões psicológicas, pois nem sempre o que chamamos de 'falta de tempo' é uma questão física. Pode ser uma realidade psicológica, termo usado por Hilário Franco Junior no livro O ano 1000, no qual lembra que o tempo não passa na mesma velocidade para todas as pessoas em todas as circunstâncias".* (*Eliane*

*Lobato, em matéria publicada na Revista Isto É, nº 2046, ano 32, pg.5*).

Esta consideração dá explicações consistentes do porquê, quando fazemos o que gostamos, temos a percepção / impressão de que o tempo passa muito rápido e, quando fazemos o que não gostamos, o tempo custa a passar.

Mais uma hipótese a considerar: Zygmunt Bauman, sociólogo e pensador polonês, nos provoca a olhar o mundo, a modernidade, as relações pessoais, profissionais e o próprio amor, através de um olhar diferente daquele de anos atrás!

O mundo, a modernidade, e tudo mais são, no seu pensamento, líquidos.

Os estados, transitórios e voláteis. E, assim, a percepção do tempo é significativamente impactada.

*A globalização, palavra onde estão contidos os prós e os contras da vida contemporânea e suas consequências políticas e sociais, pode ser um conceito meio difuso, mas ninguém fica imune aos seus efeitos. A rapidez da troca de informações e as respostas imediatas que esse intercâmbio acarreta nas decisões diárias afeta nossa percepção sobre o tempo.* (Interpretação e associação livre ao tema, sobre ensaio de Gioconda Bordon sobre o autor).

Nesse contexto, insere-se a figura do *workaholic*, cuja melhor tradução e interpretação para mim é "aquele profissional que trabalha demais por prazer ou vício. É o que está pilhado todo o tempo em 220 volts".

Obs: *sabiam que na Idade Média, uma pessoa pilhada era apenas alguém que havia sido assaltada?*

O termo não significa necessariamente que a pessoa realmente goste do trabalho, mas simplesmente sente compulsão em fazê-lo. Tanto que algumas pessoas expressam sua devoção com a carreira dirigida dessa forma, "workaholicamente", de maneira positiva, enquanto outras consideram essa postura altamente prejudicial.

Isto pode se originar de várias causas (inclusive psicológicas), dentre as quais está a competitividade de mercado, empresa e pessoas nos tempos atuais.

Sem considerar outras implicações e consequências (família, saúde, estresse, vínculos sociais, etc.) é inegável não reconhecer que para esses profissionais, 24 horas sempre será pouco e a constatação do "líquido" fica evidenciada.

Como exemplo de ação para evitar / corrigir problemas como esses e suas causas e consequências, a Nokia implantou o programa "Apagar as luzes": de segunda a quinta, às 20h e às sextas, às 19h, todos os andares da empresa ficam às escuras.

Como disse anteriormente, provocativamente, estas são apenas algumas reflexões sobre tempo. Reafirmo, "algumas"!

Como somos (ainda bem) pessoas *únicas*, não dá para supor que todas as técnicas de administração de tempo já recomendadas sejam aplicáveis a todos e, portanto, minha recomendação se resumirá no que segue (essa recomendação, sim, é possível ser aplicada por todos). O que vou propor se aplica ao campo profissional, embora esse exercício também possa ser feito com sua vida pessoal (no final deste artigo relacionarei inúmeras técnicas, de várias fontes e de experiências pessoais) para que cada um dos *únicos* identifique o que possa aproveitar para si.

A Faxina

- Relacione tudo (literalmente) o que faz em dois grandes blocos; gosto e faço e faço e não gosto, bem como o tempo que utiliza para cada atividade relacionada.
- Analise criticamente os dois blocos para verificar, racionalmente, onde pode encontrar oportunidades de revisão, eliminação, delegação, substituição, consolidação de tarefas e responsabilidades, ou seja, administrar de maneira eficaz o tempo que você dispõe.



Para todas as atividades, pergunte-se:
Preciso fazer?
Posso delegar?
Para que serve?
Estou fazendo porque dá "status"?
Estou postergando alguma coisa?
Só faço porque disseram que sempre foi feita?
É preciso mesmo que seja eu quem faça, por mais que eu goste?
Como tornar a tarefa mais agradável, caso não a considere assim?
Estou trabalhando com planejamento e estabelecendo prioridades corretamente?

Essas são algumas questões que você pode (deve) se fazer, mas não são só essas. Ainda não encontrei um *script* tão completo que abordem todas as possíveis perguntas que pudessem ser feitas e que me desse a segurança em afirmar que, seguindo tudo, resolvo minha vida.

**Importante:** esse exercício parece muito simples e realmente será, caso sua intenção seja a de encontrar oportunidades de como melhorar o uso do tempo, mas requer esforço, iniciativa e coragem de admitir o que gosta e o que não gosta de fazer, ato que facilitará mudanças que possam traduzir-se em ganho de tempo, qualidade de vida e prazer em fazer, mesmo tendo de fazer aquilo que não goste tanto.

Este é um exercício que recomendo e afirmo, por experiência, ser suficiente para realizar a faxina, desde que o interesse em usar o "estoque" de tempo disponível mais racionalmente e em seu favor seja legítimo.

Tão importante quanto fazer a faxina é definir as ações decorrentes disso. E deve-se começar já, ou tudo terá sido mais do que "um novo desperdiçador de tempo" (até mesmo a leitura deste texto e reflexões a respeito).

# Wagner Galletti Valença



Cursou Administração de Empresas e aperfeiçoou sua formação com Developing Management Skills, Management Excellence – Certificação Citibank Training Center – St. Louis – MI, Presentation Skills-Communispond, Gerenciamento Integrado – Bogotá, Gerenciamento de Risco – San Juan, Porto Rico, Managing People e People Business– Citibank, Comunicação, Negociação e Vendas com Neurolinguística – ABPNL. Atuou na área financeira por 27 anos, culminando sua trajetória como Vice-Presidente Residente em RH no Citibank. Criou a Inmind Produção de Imagem e Treinamento, em sociedade com dois outros profissionais, com a qual mantém vínculo de parceiro. Atua hoje como consultor autônomo para vários clientes em vários ramos de atividades, tanto individualmente quanto como associado a outras consultorias, em projetos de treinamentos comportamentais (criação, desenvolvimento e aplicação) no Brasil, Argentina, Uruguai e Colômbia.

**Contatos:**
wgv@terra.com.br
(11) 3666-1286 / (11) 96281371

# Anotações

# 38

# Tempo corrido, tempo sentido: *24h de tempo no relógio para dar conta de 36h de atividades*

## Parte II



A segunda parte deste artigo traz algumas técnicas para melhor administrar o seu tempo, além de apresentar estudos atestando que a falta de organização na gestão do tempo pode ser um forte causador de prejuízos para a organização

**Wagner Galletti Valença**

A seguir, apresentarei técnicas que vieram ao meu conhecimento através de leituras, de exercícios, de ouvir falar, de experimentar (comprovando a sua eficácia) e que podem ser encontradas nos inúmeros livros e outras publicações que tratam do tema.

**(Não há ordem de prioridade ou execução)**

- Não adie ou postergue;
- Faça da primeira vez;
- Faça primeiro o que mais aborrece você e não aquilo que mais gosta de fazer;
- Decida;
- Bloqueie, sempre que possível, as interrupções;
- Use a Lei de Pareto (20/80);
- Analise a sua agenda;
- Reorganize a sua agenda;
- Divida tarefas longas em partes e trabalhe em cada parte até concluir cada uma delas, até que cumpra a tarefa toda;
- Aprenda a dizer não;
- Identifique desperdiçadores de tempo e resolva todos que puder;
- Tenha um planejamento diário do que você deve fazer (to do list);
- Saiba delegar;
- Faça reuniões produtivas;
- Planeje seus telefonemas;
- Resista às "falsas urgências";
- Imponha-se prazos limites;
- Faça do celular um aliado;
- Seja sempre breve ao telefone;
- Utilize a internet/e-mail como ferramentas de seu trabalho;
- Respeite e peça respeito aos horários;
- Estabeleça metas: anuais, mensais, semanais e diárias;
- Programe suas tarefas e atividades da semana e do dia em função dessas metas;
- Identifique as atividades que a levem aos resultados e concentre-se nelas;
- Faça as atividades em ordem de prioridade;
- Controle diariamente as atividades realizadas e os resultados alcançados;
- Saiba onde seu tempo é realmente empregado;
- Estabeleça data e hora para início e fim de cada atividade;
- Negocie com supervisões as interrupções que fazem;
- Conclua o que começou;
- Melhore suas rotinas e hábitos de trabalho;

- Respeite seu "relógio biológico";
- Recuse-se a participar de reuniões que não digam respeito às suas responsabilidades; negocie as convocações;
- Evite fazer várias coisas ao mesmo tempo;
- Planeje horários para leitura de e-mails.

**Um olhar organizacional**

O que foi proposto até aqui está bem vinculado a atitudes de pessoas... eu, vocês, os outros. Refletindo agora sobre o impacto de tempo e pessoas nos resultados que são necessários atingir para alcançar a produtividade que me diferencie de outras organizações, como estou lidando com isso? Estou dando a atenção adequada para identificar como o tempo do meu grupo de trabalho está sendo utilizado? Sei efetivamente onde esse tempo está sendo utilizado?

Estudos mostram alguns aspectos importantes relacionados ao custo do tempo. Um desses estudos mostra de maneira clara e irrefutável o valor do tempo, considerando o resultado anualizado do desperdício de uma hora de trabalho por dia e vou citar dois exemplos, passando a bola pra você, gestor(a), empresário(a), fazer os cálculos da sua realidade, caso identifique alguma situação que viva e a enxergue como oportunidade de ganho (afinal, deixar de gastar é ganhar).



Vejamos: para um salário anual de RS$35.000,00, o valor hora é de RS$18,83. Analisando esses dados e considerando a possibilidade de uma hora perdida diariamente, temos um desperdício (potencial de ganho) anual de RS$4.375,80. Caso o salário anual de outro colaborador seja de RS$150.000,00, o valor hora será de RS$72,12, o que representa o desperdício (na mesma proporção de perda de uma hora por dia) de RS$18.751,20 (potencial de ganho).

Os exemplos dos cálculos citados foram baseados em uma semana de trabalho de 40 horas, 52 semanas no ano que equivale a 260 dias de trabalho e a 2080 horas/ano.

Se estamos demonstrando os valores referentes ao impacto de uma hora perdida de uma pessoa, que tal fazer um cálculo estimado considerando o seu grupo de trabalho? Será que vale a pena pensar mais objetivamente sobre o assunto? Que tal levar em conta a velha premissa de que "tempo é dinheiro" e investir esse "valor" com mais sabedoria?

Para se assegurar do uso mais adequado do tempo do seu grupo de trabalho, o primeiro passo é saber o que está acontecendo hoje. Você sabe? Está satisfeito(a)? Seguro(a)? Se alguma incerteza passou pela sua cabeça, acredite na sua intuição e faça alguma coisa.

Pode, por exemplo, começar a fazer um levantamento das atividades e tempos utilizados. Impossível? Vai aqui uma provocação:

*impossível é aquilo que ainda não foi tentado ser feito por alguém.* Claro que devemos considerar nossa realidade e do nosso grupo de trabalho, mas só devemos aceitar o impossível após a tentativa concreta de alguma ação para transformar o impossível em possível.

Vários autores, dentro de uma vasta literatura, propõem testes individuais de uso do tempo. Se você trabalhar com um instrumento confiável e deflagrar uma ação de grupo (todos fazerem o teste, consolidar resultados e identificar desperdiçadores de tempo que tenham uma representação significativa), pode surpreender-se com os resultados. Já fiz isso algumas vezes na minha história profissional e identifiquei muitas atividades que eram feitas apenas para "mostrar" que as pessoas se mantinham ocupadas (por exemplo, pessoas fazendo relatório ou consolidando informações de pouco uso produtivo ou até mesmo sem necessidade). Afinal, desde quando pode se considerar produtiva uma pessoa que "se mantém ocupada"?

Você mesmo(a) pode desenvolver o teste que reflita a realidade da sua empresa ou área: volte à lista de sugestões de técnicas abordadas no início deste capítulo e elabore um questionário daquilo que seja mais aplicável às atividades da sua empresa. Construa as questões do teste sempre afirmando que o que é recomendado, é feito, solicitando que as pessoas utilizem do instrumento para mapear suas realidades individuais, considerando pesos de 6 (sempre) para 1 (nunca). A consolidação das informações dará a você um retrato de como está o grupo na adoção de práticas que representem ganho ou desperdício de tempo. Alguns exemplos:

- Eu planejo horários para leitura de e-mails.
- Eu sei dizer não.
- Eu faço minhas atividades em ordem de prioridade.

É sempre bom lembrar que numa análise de uso do tempo, o fator pessoal também deve ser considerado. As pessoas têm estilos diferentes para lidar com o tempo: detalhistas, cautelosas, ousadas, movidas a desafios, perfeccionistas, criativas, adaptáveis a mudanças (ou resistentes a elas), progressistas, ansiosas, inquietas, pouco pacientes (ou muito), autoconfiantes, motivadas, práticas, sensíveis, sonhadoras, entre outras características diferenciadoras do ser humano que há em cada um de nós. Sempre que eu, líder, gestor(a), empresário(a), adequar as características pessoais dos meus colaboradores às características das funções, mais produtivas serão as pessoas. Mesmo que eu não consiga fazer essa adequação com todas as pessoas do meu grupo, com aquelas que eu consiga vou ganhar em produtividade e uso do tempo.

Outra provocação: sua organização cultiva e valoriza pessoas que ficam além do tempo de trabalho contratual? Fique alerta: além do passivo trabalhista que pode estar produzindo, talvez seja o momento de olhar as causas que levam a esse comportamento. E uma delas pode ser exatamente a menor valorização de quem "sai no horário". literatura também evidencia que os mais produtivos podem ser exatamente aqueles que saem no horário, sinal de que conseguem planejar, organizar e controlar seu tempo útil adequadamente. Merece punição por esse comportamento?

Finalizando:

Para você, especificamente: evite envolver-se muito em problemas rotineiros, evite que sua equipe o(a) interrompa em demasia, organize seu horário de atendimento para não ser interrompido(a) no meio da execução de tarefas.

Para você, em relação aos seus colaboradores: contribua treinando-os, definindo claramente os objetivos, estabelecendo e comunicando padrões e expectativas de desempenho, monitorando resultados.

E, criativamente, pense sempre em outras opções de mudanças que levem você a usar melhor o seu tempo (aquele... único e finito!).

# Wagner Galletti Valença

Cursou Administração de Empresas e aperfeiçoou sua formação com Developing Management Skills, Management Excellence – Certificação Citibank Training Center – St. Louis – MI, Presentation Skills-Communispond, Gerenciamento Integrado – Bogotá, Gerenciamento de Risco – San Juan, Porto Rico, Managing People e People Business– Citibank, Comunicação, Negociação e Vendas com Neurolinguística – ABPNL. Atuou na área financeira por 27 anos, culminando sua trajetória como Vice-Presidente Residente em RH no Citibank. Criou a Inmind Produção de Imagem e Treinamento, em sociedade com dois outros profissionais, com a qual mantém vínculo de parceiro. Atua hoje como consultor autônomo para vários clientes em vários ramos de atividades, tanto individualmente quanto como associado a outras consultorias, em projetos de treinamentos comportamentais (criação, desenvolvimento e aplicação) no Brasil, Argentina, Uruguai e Colômbia.

**Contatos:**
wgv@terra.com.br
(11) 3666-1286 / (11) 9628-1371

# Anotações

# 39

# A escolha é sua! Fazer escolhas baseadas em objetivos é um bom exercício

Gostaria que este artigo fosse realmente educativo e que tivesse a missão de transformar o seu pensamento para que você melhore o uso do seu tempo e seja mais feliz

**Zuldene Cipriano Gomes**

## Zuldene Cipriano Gomes

Stephen Covey inicia o seu livro *Os Sete Hábitos das Pessoas Altamente Eficazes* afirmando que os paradigmas – modelos mentais ou teoria interna – são as lentes por meio das quais a pessoa vê o mundo, determinando seu modo de pensar e de agir. Priorização é o terceiro hábito que diz respeito ao exercício da vontade soberana, da autodisciplina. O que leva a pessoa a definir e concentrar–se nas prioridades, aprender a dizer não aos caminhos que a nada levam. Assim, torna–se possível definir objetivos, manter a responsabilidade por resultados, providenciar recursos e estar atento aos momentos críticos do processo de mudança.

Convido você a pensar no tempo a partir do paradigma que suas vitórias e suas dificuldades são resultados das suas escolhas. E o uso do tempo tem papel importante neste contexto.

O tempo pode ser definido como um movimento contínuo que nos afeta a todo momento.

O tempo é insubstituível, não pode ser poupado, guardado, estocado ou antecipado. Não pode ser transferido, emprestado ou comercializado. Só pode ser vivido no exato momento. É um recurso limitado e limitante.

Viver a vida é viver em um tempo limitado. Tempo este em forma de ciclo: nascimento, infância, adolescência, maturidade e morte.

Platão (427 – 348 a.C.) afirmou que o tempo nasceu quando um ser divino colocou ordem e estruturou o caos primitivo. O tempo tem, de acordo com Platão, uma origem cosmológica.

Naturalmente, a criança vive seu tempo atendendo e demandando necessidades básicas. Na adolescência usa o tempo por prazer, interesses, descobertas e experimentações. Na maturidade assume responsabilidades e consolida algumas escolhas.

Escolho aqui falar da fase da maturidade para você que é avaliado pelo seu desempenho e precisa administrar suas responsabilidades usando adequadamente o tempo.

Você pode me perguntar: em uma época de mudanças rápidas, quando novas tecnologias invadem nossa rotina, quando vivemos muitas incertezas, o que fazer para não perder a rota?

Como conciliar metas profissionais, qualidade de vida, aprendizado continuo necessário à competitividade e interesses pessoais?

Diante de tantas demandas internas e externas, é natural que nem sempre seja possível realizar tudo que idealizamos no tempo desejado.

Tenho ouvido de muitas pessoas a frase "não tenho tempo". Penso: tempo é uma questão de escolha. Às vezes me aprofundo e divago sobre as prioridades de Covey, atividades importantes, urgentes, necessárias. Mas, de uma maneira geral, é uma escolha baseada nas preferências individuais.

Contudo, é possível aprender a lidar com as "armadilhas" que nos levam a desperdiçar tempo e reverter o processo, adotando uma postura proativa e especialmente criativa para concretizar o que queremos para nossa agenda de vida.

As responsabilidades podem e devem ser planejadas dentro do tempo disponível.

Administrar o tempo significa utilizá-lo de forma racional. O bom uso do tempo é resultante de escolhas e decisões, que dizem respeito ao "o que, quando e como fazer". Decidir também sobre "o que deixar de fazer" e assumir os riscos. É uma questão de atitude frente à vida. É uma questão de organização, disciplina e foco. É importante falar de atividades e prioridades de plano de ação, porém, sem estes comportamentos, nenhuma técnica será suficiente.

Então vamos à prática e às escolhas:

Para começar, faça um registro de como tem usado seu tempo – importante para a comparação futura e avaliação do resultado. Identifique e elimine as coisas que não precisam ser feitas, pergunte a si mesmo o que aconteceria se não fizesse isso, das atividades que faz, quais podem ser feitas por outras pessoas? Por que estou fazendo isso?

Feito isso, reveja a sua visão de futuro, seus objetivos e reflita: esses objetivos são realmente meus? Considerei minhas necessidades profissionais, sociais, afetivas e de consumo? Qual o prazo para cumprir estes objetivos?

Entenda como seu trabalho impacta nos objetivos da sua empresa.

Analise como está em relação aos recursos de comunicação. Uso do telefone, computadores, correio eletrônico e participação em reuniões.

Analise os seus comportamentos: dificuldade de dizer não e de delegar.

Analise os fatores externos como trânsito e esperas por outros.

Após esta análise e de posse das suas respostas, avalie se as recomendações abaixo se aplicam a você:

1. Faça seu planejamento e suas anotações em apenas uma agenda, seja eletrônica ou de papel.
2. Esteja atento às notícias, aos meios de comunicação e aos colegas de trabalho.
3. Cultive o hábito de investir no planejamento e de tomar medidas preventivas para não ter desgastes e estresses que poderiam ter sido evitados.
4. Planeje o curso de suas ações para depois executá-las, seja flexível e deixe pelo menos 20% do seu tempo livre para imprevistos.
5. Organize-se. Comece pelo seu espaço. Mantenha arquivos, armários e gavetas arrumados para que possa localizar rapidamente

o que deseja. Entenda que não é a mesa entulhada de papéis que vai traduzir a importância de seu cargo. Pelo contrário, a sua eficácia em cumprir as solicitações é que vai consolidar a sua imagem como profissional. Pessoas desorganizadas esquecem ou confundem compromissos, perdem documentos, objetos, sendo, portanto, pouco produtivas. Você não vai querer estar nesta lista, não é mesmo?

6. Liste todas as tarefas que estão sob sua responsabilidade e priorize-as: este é um dos segredos do uso do tempo. Faça, em primeiro lugar, o que é essencial; em segundo, faça o que é necessário e, na sequência, o que é importante. Por exemplo:

| Atividade | Preparar memorando para compra de materiais de escritório |
|---|---|
| Prioridade | ( ) baixo ( ) média ( ) elevada |
| Início | Dia 3 – 14h |
| Prazo | Dia 7 – 10h |

7. Tenha seu planejamento (diário/semanal/mensal) sempre à vista.
8. Concentre-se em uma tarefa por vez.
9. Procure ter uma comunicação clara, assertiva e objetiva. Certifique-se da interpretação e do entendimento do seu interlocutor.
10. Tome decisões baseadas em fatos e dados, porém elas precisam ser tomadas. Você não tem todo tempo do mundo.
11. Delegue. Se tem uma equipe, por certo ela espera participar da elaboração e execução dos trabalhos de sua área. A delegação envolve a transferência de autoridade e responsabilidade, contudo, lembre–se que a responsabilidade final é sua, portanto, acompanhe. Não delegue atividades complexas quando não tiver tempo suficiente para explicar ou fazer o acompanhamento devido.
12. Dizer "não" para os outros é dizer "sim" para você. Um dos maiores causadores da rotina estafante é a incapacidade de dizer "não". Quer seja por medo de desagradar os outros ou por outro motivo. Dizer "sim", quando o correto seria dizer "não", tem impacto negativo na agenda.
13. Use o telefone racionalmente. Cuidado com interrupções não programadas. Ao fazer uso do telefone, não desperdice o seu tempo e o da pessoa.
14. Identifique a hora em que você é mais produtivo. Acostumamo–nos a condicionar o nosso "relógio biológico" em função dos compromissos que assumimos, mas é importante entender que há um fluxo de energia que varia ao longo do dia e identificar qual é a sua "hora mais produtiva e criativa".
15. Dilua pressões: não aguarde a aproximação do prazo para o

término de um trabalho. Procure dividir a atividade em etapas de maneira a diluir a pressão e desgaste resultantes da pressa.

16. Seja amigo da qualidade, mas evite o perfeccionismo. O perfeccionista sempre acha que falta uma informação importante e desperdiça energia no "refazer". É um ciclo vicioso e desgastante.

17. Comporte–se de forma disciplinada! O sucesso na administração das atividades e melhor uso do tempo é, sem dúvida, disciplina!

Todos os dias deparamo-nos com situações em que temos que escolher entre cuidar de nossa saúde, da família, dos objetivos profissionais ou metas pessoais. Mas, como ter a certeza de que optamos pelo melhor, se não tivermos clareza do que queremos?

Se o tempo é insubstituível, que seja um aliado no momento presente e que você possa se sentir mais feliz e de bem com a vida. A escolha é sempre sua!

*"Há um tempo em que é preciso abandonar as roupas usadas, que já tem a forma do nosso corpo, e esquecer os nossos caminhos, que nos levam sempre aos mesmos lugares. É o tempo da travessia: e, se não ousarmos fazê–la, teremos ficado, para sempre, à margem de nós mesmos".*

(Fernando Pessoa)



**Referências**


• Covey, Stephen R – *Os 7 hábitos das pessoas altamente eficazes* – Ed. Best Seller – 2002.

• Krausz, Rosa R. *"Administre bem o seu tempo"*. São Paulo Ed, Nobel 1996.

• Servan–Schreiber, Jena Louis. *"A arte do Tempo – ensaio de ação"*. São Paulo: Cultura Editores Associados. 1991.

• Hindle, Tim. *"Como Administrar o tempo – seu guia de estratégia pessoal"*. Série Sucesso Profissional. São Paulo: Publifolha, 1998/1999.

• Covey, Stephen R. *"Frist things fisrt – Como definir prioridades num mundo sem tempo"*. Rio de Janeiro: Ed. Campus, 1995.

## Zuldene Cipriano Gomes



Pedagoga com MBA em Gestão de Pessoas baseada em competências. Formação em *coach* pelo Instituto de *Coaching* Integrado – ICI. Atualmente é gerente de gestão de pessoas do Banco Cooperativo do Brasil. Consultora organizacional e educacional. Professora da disciplina Comportamento Organizacional – MBA da UniDF. Consultora do Sebrae em cursos presenciais e à distância. Instrutora de diversos cursos da área comportamental e de Gestão. Conteudista para cursos presenciais e a distância.

**Contatos:**
zuldenegomes@uol.com.br
(61) 3346-7678

# Anotações